U1012171

"十四五"普通高等教育规划教材

市场营销学理论与实务

彭澜　胡波　主编

中国财经出版传媒集团
中国财政经济出版社

图书在版编目(CIP)数据

市场营销学理论与实务 / 彭澜,胡波主编. --北京:
中国财政经济出版社,2021.2(2022.1重印)
“十四五”普通高等教育规划教材
ISBN 978-7-5223-0262-1

Ⅰ.①市… Ⅱ.①彭…②胡… Ⅲ.①市场营销学-高等学校-教材 Ⅳ.F713.50

中国版本图书馆CIP数据核字(2021)第020516号

责任编辑:康 苗 责任校对:徐艳丽
封面设计:陈宇琰 责任印制:史大鹏

中国财政经济出版社 出版
URL:http://www.cfeph.cn
E-mail:cfeph@cfeph.cn
(版权所有 翻印必究)
社址:北京市海淀区阜成路甲28号 邮政编码:100142
营销中心电话:010-88191522
天猫网店:中国财政经济出版社旗舰店
网址:https://zgczjjcbs.tmall.com
北京富生印刷厂印刷 各地新华书店经销
成品尺寸:185mm×260mm 16开 16.25印张 385 000字
2021年3月第1版 2022年1月北京第2次印刷
定价:39.00元
ISBN 978-7-5223-0262-1
(图书出现印装问题,本社负责调换,电话:010-88190548)
本社质量投诉电话:010-88190744
打击盗版举报热线:010-88191661 QQ:2242791300

前言

市场营销学是一门建立在经济科学、行为科学和现代管理理论基础上的综合性应用学科。它是研究企业市场营销活动的理论、原则、方法及其一般规律的学科，是研究企业如何适应市场、引导市场、创造市场的学问，是企业经营之道和生财之路，是解决企业生存和发展的“良方”。本书在编写时，立足于应用型本科教育培养目标，突出了学生实践能力的培养。在认真总结本课程教学实践的基础上，充分吸收了本学科理论研究和营销实践的新成果、新经验和新观点，形成由市场营销管理哲学、市场营销战略、市场营销环境、市场分析、市场细分与目标市场选择、产品策略、价格策略、分销渠道策略、促销策略、市场营销组合、市场营销组织与控制等构成的市场营销学体系。

本书由贵州商学院彭澜、波波酱酒董事长胡波担任主编，他们都是市场营销领域的实战型专家和学者。在教材的编写过程中，他们将市场实战中积累的宝贵经验和体会潜移默化地融入教材当中。同时，两位主编听取各位专家建议，扬长补短，集思广益，查漏补缺，为教材的高标准、高质量出版打下了坚实的基础。

注重市场营销学科内涵的延伸与发展，同时兼顾学科的交叉与融合是本书的一大亮点。强调启发性以及创新意识、创新思维和创新能力的培养是本书的另一大特色。除了坚持“三基（基础理论、基本知识和基本技能）和五性（思想性、科学性、先进性、启发性和适用性）”，本书更注重激发学生的思维，让他们成为自己头脑的主人，批判地看待事物，辩证地对待知识，创造性地预见未来。

本书在编写过程中，参考借鉴了大量资料，限于篇幅未能一一注名，在此表示诚挚谢意。由于作者水平有限，加上时间仓促，书中难免存在疏漏，恳请专家同行及读者不吝指正。

编者

2021 年 1 月

目录

第 1 章

市场营销与市场营销核心价值观

> 现代企业最重要的职能只有两个，一个是创新，再一个就是营销。市场营销是如此基本，以至于不能视之为一个独立的职能。从最终结果的角度或从顾客的角度来看，市场营销是整个企业活动。企业的成功并不是取决于生产者，而是取决于顾客。
>
> ——彼得·德鲁克

【知识要点】

（1）营销学的产生与发展；（2）市场营销；（3）市场营销观念；（4）4P 及 4C 理论；（5）市场营销的创新。

【能力目标】

（1）准确掌握市场营销相关核心概念和市场营销组合的科学内涵；
（2）了解市场营销价值观念，建立市场营销核心价值观；
（3）了解市场营销创新发展的方向与趋势。

导入案例

令游客满意的迪士尼乐园

享誉全球的迪士尼乐园自 1955 年 7 月 17 日开园以来，每年接待着数百万名慕名而来的游客。人们来到这里，仿佛到了童话般的世界。这里有世界建筑荟萃，海底世界珍奇，三维立体电影，地震洪水模拟，高空坠落，探险者之路，民族歌舞，彩车游行。迪士尼乐园晚间灯火璀璨、礼花绽放，真是人间胜景、美不胜收。游客们惊讶不已，流连忘返。然而，人们更为称赞的是这里的服务质量，环境清新洁净，氛围高雅欢乐，员工热情友好。

事实上，迪士尼乐园的成功之处，不仅在于其由高科技所提供的娱乐硬件，更重要的在于其服务质量管理的经验。其核心部分是迪士尼的经营理念和质量管理模式，具体包括：带给游客快乐；营造欢乐氛围；把握游客需求；提高员工素质；完善服务系统。

（资料来源：张岩松．现代市场营销案例教程．第2版．北京：清华大学出版社，2018.）

启示：最好的产品就是按照顾客的心理模型，用最低的交易成本、最愉悦的方式满足顾客需求。

1.1 营销学概述

1.1.1 营销学的性质与研究对象

1. 营销学的性质

营销学是一门以经济科学、行为科学、管理理论和现代科学技术为基础，研究以满足消费者需求为中心的企业营销活动及其计划、组织、执行、控制的应用科学。

2. 营销学的研究对象

营销学的研究对象以满足和实现消费者需求为中心的企业营销活动过程及其规律性，即研究企业在特定的环境中和调查研究的基础上如何从满足消费者和用户现实及潜在需求的愿望出发，有计划地组织企业在整体营销活动中，通过交换把产品从生产者手中转向消费者手中，以实现企业盈利目标的营销活动的全过程及其规律性。

1.1.2 营销学的产生与发展

1. 萌芽阶段

这一时期，主要资本主义国家经过工业革命，生产力迅速提高，城市经济迅猛发展，商品需求量迅速增多，出现了需过于供的卖方市场，企业产品价值实现不成问题，市场营销学开始创立。阿切·W. 肖于1915年出版《关于分销的若干问题》一书，率先把商业活动从生产活动中分离出来，并从整体上考察分销的职能。

2. 形成阶段

从1931年至第二次世界大战爆发，是市场营销理论的形成时期。1932年，克拉克和韦尔达出版《美国农产品营销》一书，对美国农产品营销进行了全面的论述，指出市场营销的目的是“使产品从种植者那儿顺利地转到使用者手中”。

3. 发展阶段

第二次世界大战后到20世纪60年代末期是市场营销学的发展阶段。这一时期的代表人物有范利（Vaile）、格雷特（Grether）、考克斯（Cox）、梅纳德（Maynard）及贝克曼（Beckman）。1952年，范利、格雷斯和考克斯合作出版《美国经济中的市场营销》一书，全面地阐述了市场营销如何分配资源、指导资源的使用，尤其是指导稀缺资源的使用；市场营销如何影响个人分配，而个人收入又如何制约营销。

4. 完善阶段

完善阶段又称成熟阶段，20 世纪 70 年代至今，市场营销的研究进入一个新的发展阶段。这一时期已形成市场营销的原理及研究方法，传统市场营销学已形成。奥尔德逊在 1957 年出版的《市场营销活动和经济行动》一书中，提出了“功能主义”。霍华德在出版的《市场营销管理：分析和决策》一书中，率先提出从营销管理角度论述市场营销理论和应用，从企业环境与营销策略的两者关系来研究营销管理问题，强调企业必须适应外部环境。

1.2　营销学与相关学科

营销学在其发展的历史进程中，充分吸收了相关学科的概念、原理和方法，博采众家之长，理论体系日趋充实、完善。营销学的发展史，就是经济学、心理学及管理学等相关学科对其不断渗透的历史。

1.2.1　经济学与营销学

营销思想在其发展过程中借鉴最多的是经济学的概念。除了营销与人类经济学活动有天然的密切联系之外，另一个重要原因是一些早期的营销学者本身就是经济学家，或者接受过大量的经济学教育。

经济学概念对营销理论的影响是十分明显的。在营销文献中可以找到许多经济学的相关概念，例如：零售中有关区位、地租、定价、一体化和经营规模的概念；广告中有关差异化生产、经营规模和转移成本的概念；批发中有关价格行为的概念；信用中有关商业周期、购买力、消费者支出和销售条件的概念等。事实上，经济学和营销学的相互依赖关系从一些营销书名中就可以得到证明，如《消费经济学原理》《零售经济学》《流行经济学》《营销和广告经济学》《营销经济学》《广告经济学》等。

1.2.2　心理学与营销学

心理学概念对营销思想发展的贡献巨大，在所有社会科学各分支中仅次于经济学。心理学研究心理、意识和行为以及个体如何与其周围的自然环境和社会环境发生关系。这些知识对营销的重要性是显而易见的，因为心理学研究的对象即个体正是市场交易的当事人。纳入营销思想的心理学概念可分为以下三类：

第一类心理学概念是有关动机的，在营销学中就是销售吸引力。动机概念本身就说明了加入市场抱有某种目的，并暗示了某些对市场行为产生影响的因素。早期的一些营销学著作讨论了本能、欲望和冲动，并以此作为购买的基础；满意、舒适和方便则被解释为从感觉中产生的动机。市场动机特定地被称为购买动机，分为始发动机和选择动机、理性动机和感性动机、购买动机和惠顾动机以及最终动机（或个人动机）和产业动机等。刺激的概念可用于解释销售吸引力，即产品和服务刺激满足欲望的特征，它们能激起购买动机。对刺激的无反应或冷淡被称为销售阻力，但这可以通过适当的行为刺激来克服。

第二类心理学概念与沟通和教育的心理功能有关。某种想法通过知觉、顿悟和直觉被意识接受，通过思考、推理、联想被理解和发展，通过记忆来保留和回忆，通过判断被应用。这样，功能心理学的概念解释了学习的过程、被营销者对营销者渴望传递的信息如何感兴趣的过程以及沟通如何成功的过程。

第三类心理学概念与营销信息通过何种方式才能有效地传递到人们心中有关。例如，销售过程分为知晓、兴趣、欲望、确信和行动五个阶段。在某种环境下，个体按照冲动而不是逻辑推理来采取行动。另一个概念是意象或者可以说仅仅由于心目中对某人的印象而形成的对他的性格特征的认识意象，是由暗示、教育和经历发展而来。意象的存在仅仅是一种心理现象。

1.2.3 管理学与营销学

对营销概念体系的发展起到重要作用的另一个学科就是管理学。通过泰勒（Frederick Winslow Taylor）、甘特（Henry Gantt）、吉尔布雷斯夫妇（Frank and Lillian Gilbreth）的理论，科学管理理论得到了很大发展，它对营销的影响早就得到了公认。从管理学引入营销领域的概念有：

（1）任务。逐渐形成的以最少的浪费和最高的效率完成一项工作的方法和观念被应用于对销售人员的时间和责任的研究，包括出访路线、销售定额分配、培训、补偿、激励、监督和评估销售人员的业绩。

（2）科学方法。阐明问题、收集信息、得出结论的步骤经修改用于市场调查，形成形势分析、信息调查、制定方案、收集信息等术语。

（3）科学管理。工作的形成、员工的挑选和培训、工人和监督者之间的合作、管理者和被管理者之间的责任分配等概念进入营销职能和营销机构体制的管理。

（4）职能化管理。引入对采购、计划、检查、人力控制和产品保养实行职能化管理的观念。

（5）简单化。这是一个管理学概念，即一个既定的量可通过较少的工作获得时，就可以做到人均产出增加、闲置设备减少、监督简化和控制容易的效果。产品线简化这一概念作为一项营销技术被接受。

（6）多样化。多样化概念在尝试满足消费者的不同需要、保持灵活和获取利润中产生，这一概念预示着产品线的增加。采用此概念减少了劳动力、机器和原材料的浪费。在营销实践中，也有相应的概念解决相应的问题。

（7）标准化。标准化用于市场领域中原材料、工具、设备、方法、检查和时间表的统一化，用于营销领域中的连锁店在经营、标准化产品线、陈列、作业程序、控制方法、商品分类等方面的统一，也用于统一的大规模生产和销售。

1.3 市场营销与市场营销管理过程

“市场营销”一词的英文为“Marketing”。我国在引进这门学科的过程中，对其翻译的方法有好几种。曾经有人将"Marketing"翻译为"销售学"，后来又有人将"Marketing"翻译为"市场学"，而"市场营销学"的译法则比较准确地反映了"Marketing"这门学科是企业以市场为导向，以实现潜在交换为目的，去分析市场、进入市场和占领市场这样一种基本的特征，所以是现有的译法中比较能被接受的一种；此外，在我国台湾地区，比较普遍地将"Marketing"翻译为"行销学"，而在我国香港地区，则曾经将其翻译为"市务学"，其语义也同"市场营销学"比较类似。讨论这一翻译方法的意义并不仅仅是语义学方面的问题，而主要是反映了对市场营销概念的认识过程。

1.3.1　市场营销及相关概念

1. 市场营销的定义

美国著名的营销学者菲利浦·科特勒对市场营销的核心定义进行了如下描述："市场营销是个人或集体通过创造，提供并同他人交换有价值的产品，以满足其需求和欲望的一种社会和管理的过程。在这个核心概念中包含了：需要、欲望、需求；产品或提供物；价值和满意；交换和交易；关系和网络；市场；营销和营销者等一系列的概念。"（如图 1－1 所示）

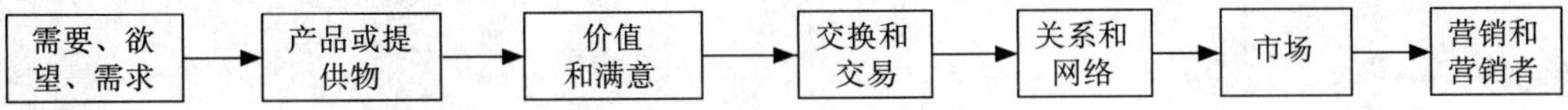

图 1－1　市场营销的核心概念

市场营销的核心概念告诉了我们以下几个基本要点：

（1）市场营销的核心功能是交换。交换是以提供某物作为回报而与他人换取所需要物品的行为。因为交换活动存在于市场经济条件下的一切社会经济生活中，如供应方用商品换取需求方的货币，纳税人用税金换取政府的服务等。因此，不论是谁，市场营销就是助其更有效地实现交换的一种重要的方法。

（2）市场交换活动的基本动因是满足交换双方的需求和欲望。用市场营销的视角观察市场交换活动，顾客购买的是对某种需求和欲望的"满足"，企业产出的是能使顾客的这种需求和欲望得到"满足"的方法或手段。企业为达成自己的效益目标而努力使顾客的需求和欲望得到"满足"。由于在买方市场条件下，顾客处于主导地位，企业利润目标能否实现将取决于顾客是否愿意购买你的产品，从而决定了企业市场营销活动的出发点是满足顾客的需求和欲望，归宿是通过满足顾客的需求和欲望而实现企业效益目标。

（3）市场营销活动的价值实现手段是创造产品与价值。"市场营销意味着企业应先开市场后开工厂"，企业必须在充分了解顾客的需求和欲望的前提下，整合各种可利用的资源，创造出能使顾客的需求和欲望得到"满足"的方法或手段，即产品与价值。

（4）市场营销活动是一个社会和管理过程，而不是某一个阶段。市场营销活动包括决策的过程和贯彻实施该决策的过程，需要全部工作的协调平衡才能达到目标。否则，如果只有某一项或某几项工作做得好，其他工作做得不好，也就无法实现决策目标，达不到应有的企业效益。

2. 市场营销相关核心概念

（1）需要、欲望、需求。需要，就是身心没有得到基本满足的一种感受状态。对于消费者而言，需要是客观存在的，且是多方面、多重的，但又是有限的。马斯洛认为人类的这种需要是与生俱来的，并可以分为生理需要、安全需要、社会需要、受尊重的需要和自我实现的需要五种类型，且人类对需要满足的追求是从低级向高级递进发展着的。

在商品经济发达的现代工业社会，企业通过自己的产品和服务去满足消费者的需要，是企业存在的唯一正当理由。当然，有远见的企业并不是完全被动地去满足消费者的需要，而是努力创造性地激发和刺激目标市场上的消费者产生更多的需要。

欲望，是人们欲获取某种能满足自己需要的东西的心愿。欲望是人类所共有的本性，是一种占有某物、感受某过程的心理冲动。在相同的需要前提下，人们的欲望各不相同，程度也有很大差异。人的欲望是无止境的，一个欲望满足之后，会有更多的欲望产生，欲望促使人们努力创造条件以使之得到满足，正是这种无止境的欲望才构成了人类社会生存和发展的原动力。欲望的多样性和发展性为市场营销打下了坚实的基础，并创造了广阔的发展空间。企业唯有认真研究人们的欲望，通过自己的生产经营活动去充分满足人们的欲望，才能在为广大消费者提供优质产品和优质服务中求得生存和发展。

需求，是人们有支付能力作保证的欲望。如前所述，人的欲望是无止境的，但人们的收入在特定时期和特定条件下是有限的。需要与欲望是强调人的主观愿望，当人们有更多的收入、有一定的支付能力时，需要与欲望才能够得到满足并构成需求。

知识拓展

笔本身只是一种书写工具，在物质短缺年代，人们的消费理由只是为了满足其因生活、工作和学习而产生的书写的需要。随着经济社会的发展，不同消费群体之间对笔类产品相应地产生了更高的要求，简单地说，不仅要好写（质量好），而且要好看（审美），最好还要便宜（价格）。正是基于这几个因素的影响，使得不同的消费人群对笔的需求日益呈现出不同的特点。就目前而言，笔类市场大致可以分为两块，即办公用笔和学生用笔。

综上所述，需求对市场营销最具现实意义，企业市场营销的全部活动目标就是为了把握消费者的需求、适应消费者的需求、引导消费者的需求、满足消费者的需求，从中获得盈利并得到发展。企业必须高度重视对市场需求的研究，研究需求的种类、规模、人群等现状，尤其是研究需求的发展趋势，准确把握市场需求的方向和水平。

（2）产品。产品是满足人们各种欲望与需要的任何方法或载体。它分为有形产品与无形产品、物质产品与精神产品。不论是有形还是无形、物质还是精神，只要是产品就具有共同点——可以满足人们的不同欲望和需要。所以，对于产品来说，重要的并不是它们的形态、性能和对它们的占有，而是它们所能解决人们因欲望和需要而产生的问题的能力。有形产品在本质上是服务的工具和传送服务的载体。对于生产商来说，不能过分重视有形产品而忽视由此产生的服务，否则就难以满足人们真正意义上的需求。就无形产品或精神产品而言，其本身就是服务，可视其满足人们需要的程度不同而显示其优劣。

（3）价值和满意。价值是产品或服务所具有的、带给消费者并使消费者在消费过程中所感受到的满足程度。价值是人们满足欲望时的主观感受和评价。一种产品或服务对消费者是否有价值，一方面要看消费者是否对它有欲望和要求；另一方面要看它是否具有满足消费者既定欲望和要求的能力。人们消费产品可以使欲望和要求不断得到满足，能够使人得到满足就是有价值的。

市场交换能否顺利实现，往往取决于人们对效用和代价的比较。如果人们认为产品的效用大于其支付的代价，再贵的商品也愿意购买；相反，如果人们认为代价大于效用，再便宜的东西也不会要，这就是人们在交换活动中的价值观。市场经济的客观规律告诉我们，人们只会去购买有价值的东西，并根据效用和代价的比较来认识价值的实现程度。人们在以适当的代价获得了适当效用的情况下，才会有真正的满足；而当感到以较小的代价获得了较大的效用时，则会十分满意。只有在交易中感到满意的顾客才可能成为企业的忠实顾客。所以，企业不仅要为顾客提供产品，更必须使顾客感到在交换中价值的实现程度比较高，这样才可能促使市场交易的顺利实现，才可能建立企业的稳定市场。

（4）交换、交易和关系。人们有了需要且对产品做出满意的评价，但这些还不足以定义营销。只有当人们决定通过交换来取得产品，满足自己的需要时，营销才会发生。交换是以某些东西从其他人手中换取所需要产品的行为，交换是定义营销的基础。买卖双方一般都有不同的要求。例如，对机器设备的购买方来说，要求生产制造者提供高质、耐用的设备，价格公平，按时交货，提供零部件和服务：而对生产制造方来说，要求卖一个好价，及时支付等。这些要求要通过双方谈判达成交换协议，才能加以解决。

市场交换一般包含五个要素：①有两个或两个以上的买卖者；②交换双方都拥有对方认为有价值的东西；③交换双方都拥有沟通信息和向另一方传送货物或服务的能力；④交换双方都可以自由接受或拒绝对方的产品；⑤交换双方都认为值得与对方进行交换。

这五个条件满足以后，交换才可能发生。但是，交换是否真正发生，最终还取决于交换双方是否找到了交换的条件，或者说，交换双方是否能认同交换的价值。如果双方确认通过交换能得到更大的利益和满意，交换就会实际发生。

交换不同于交易。交换不仅是一种现象，更是一种过程，只有当交换双方克服了各种交换障碍，达成了交换协议，我们才能称其为形成了“交易”。交易是达成意向的交换，交易的最终实现需要双方对意向和承诺的完全履行。如果仅从某一次交换活动而言，市场营销就是为了实现同交换对象之间的交易，这是营销的直接目的。

应该指出的是，交换不仅仅是一种交易，还是建立关系的过程。精明的市场推销人员总是试图与顾客、批发商、零售商以及供应商建立起长期互利、相互信任的关系。这就要求企业保证提供优质产品、良好服务以及公平价格。买卖双方要加强经济、技术和社会联系。良好的关系能大大减少交易成本和时间。交换双方不一定每次交易都要经过谈判，许多交易可按常规进行。企业拥有的销售网络是建方良好关系的标志和成果。在市场营销中，每一次交易的利润最大化要求，会逐渐被与各方建立最好关系的愿望所代替。总之，经营的原则是，只有建立了良好的关系．有利的交易才会随之而至。因此，营销不仅仅是一种交易营销，而且是一种关系营销，交易营销是关系营销概念中的一个组成部分。

关系营销的结果，是企业建立了一个营销网络，这种网络由公司及其他利益相关者构成，包括顾客、员工、供应商、分销商、零售商、广告代理人等。现代市场竞争，不仅是在公司与公司之间进行，而且是在网络与网络之间进行。因此，拥有完善的营销关系网络的企业，在市场竞争中就能取胜。

（5）市场。要深刻理解市场营销的含义，首先应理解市场的含义。一般民众所说的市场是指买卖双方聚集以实现交换的场所，如集贸市场、批发市场、零售市场等。显然，民众对市场的理解强调的是空间概念。现代经济学所说的市场是指一切交换关系的总和，包括卖主和买主，包括供求关系，认为市场是社会分工的产物，是商品生产的产物，强调的是商品的内在矛盾，揭示的是经济实质。所以，经济学上的市场概念非常抽象。市场营销学中的市场则是指一切具有特定欲望和需求并且愿意和可能从事交换来使欲望和需求得到满足的潜在顾客所组成的消费者总体。市场营销学认为卖主构成行业，买主构成市场。所以，衡量一个市场的规模大小，有三个主要尺度：人口、购买欲望和购买力。现代社会由无数的市场组成，以买主购买目的的不同进行划分，可以分为消费品市场、生产者市场、转卖者市场、政府市场等。

在市场交换的双方中，如果一方比另一方更加主动、更加积极地寻求交换，则前者被称为营销者，后者被称为预期顾客。

市场营销核心概念之间的关系如图 1－2 所示。

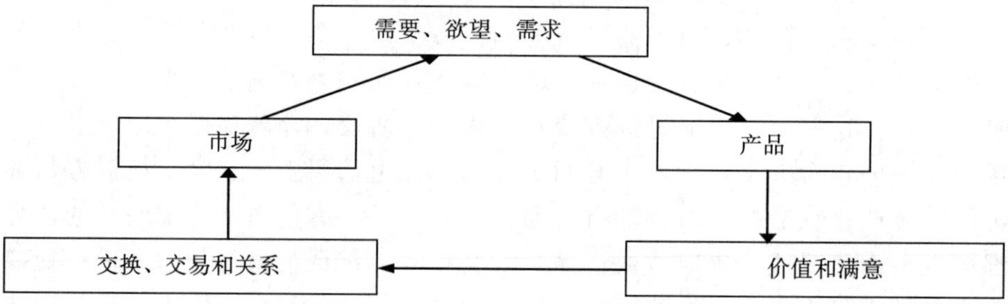

图 1－2　市场营销核心概念之间的关系

1.3.2　市场营销管理过程

1. 市场营销管理

市场营销管理是指为了实现企业目标，创造、建立和保持与目标市场之间的互利交换的关系，而对设计方案进行分析、计划、执行和控制。市场营销管理的任务，就是为促进企业目标的实现而调节需求的水平、时机和性质。市场营销管理的实质是需求管理。企业在开展市场营销的过程中，一般要设定一个在目标市场上预期要实现的交易水平，然而，实际需求水平可能低于、等于或高于这个预期的需求水平。换言之，在目标市场上，可能没有需求、需求很小或超量需求。市场营销管理就是要对付这些不同的需求情况。

2. 市场营销管理的任务

（1）负需求与改变市场营销。负需求是指绝大多数人对某个产品感到厌恶，甚至愿意出钱回避它的一种需求状况。在负需求情况下，市场营销管理的任务是改变市场营销，即分析市场为什么不喜欢这种产品以及是否可以通过产品重新设计、降低价格和积极促销的市场行销方案，来改变市场的信念和态度，将负需求转变为有需求。

（2）无需求与刺激市场营销。无需求是指目标市场对产品毫无兴趣或漠不关心的一种需求状况。在无需求情况下，市场营销管理的任务是刺激市场营销，即通过大力促销及其他市场营销措施，努力将产品所能提供的利益与人的自然需要和兴趣联系起来。

（3）潜在需求与开发市场营销。潜在需求是指消费者对市场商品和服务有消费需求而无购买力，或虽有购买力但并不急于购买的需求状况，或消费者对某物有强烈的需求，而现有产品或服务又无法使之满足的一种需求状况。在潜在需求情况下，市场营销管理的任务是开发市场营销，即开展市场营销研究和潜在市场范围的测量，进而开发有效的物品和服务来满足这些需求，将潜在需求变为现实需求。

（4）下降需求与重振市场营销。下降需求是指市场对一个或几个产品的需求呈下降趋势的一种需求状况。在下降需求情况下，市场营销管理的任务是重振市场营销，即分析需求衰退的原因，进而开拓新的目标市场，改进产品特色和外观，或采用更有效的沟通手段来更新刺激需求，使老产品开始新的生命周期，并通过创造性的产品再营销来扭转需求下降的趋势。

（5）不规则需求与协调市场营销。不规则需求是指某些物品或服务的市场需求在一年的不同季节，或一周的不同日子，甚至一天的不同时间下波动很大的一种需求状况。在不规则需求情况下，市场营销管理的任务是协调市场营销，即通过灵活定价、大力促销及其他刺激手段来改变需求的时间模式，使物品或服务的市场供给与渴求在时间上协调一致。

（6）充分需求与维持市场营销。充分需求是指某种物品或服务目前的需求水平和时间等于预期的需求水平和时间的一种需求状况。这是企业最理想的一种需求状况。但是，在动态市场上，消费者偏好会不断变化，竞争也会日益激烈。因此，在充分需求情况下，市场营销管理的任务是维持市场营销，即努力保持产品质量，经常测量消费者满意程度，通过降低成本来保持合理价格，并激励推销人员和经销商大力推销，千方百计地维持目前的需求水平。

（7）过量需求与降低市场营销。过量需求是指某种物品或服务的市场需求超过了企业所能供给及所愿供给的水平的一种需求状况。在过量需求情况下，市场营销管理的任务是降低市场营销，即通过提高价格、合理分销产品、减少服务和促销等措施，暂时或永久地降低市场需求水平，或者是设法降低盈利较少的市场的需求水平。需要强调的是，降低市场营销并不是杜绝需求，而是降低需求水平。

（8）有害需求与反市场营销。有害需求是指消费者对某些有害物品或服务的需求。对于有害需求，市场营销管理的任务是反市场营销，即劝说喜欢有害产品或服务的消费者放弃这种爱好和需求，大力宣传有害产品或服务的严重危害性，大幅度提高价格以及停止生产供应等。降低市场营销与反市场营销的区别在于，前者是采取措施减少需求，后者是采取措施消灭需求。

1.3.3　市场营销管理步骤

市场营销管理过程包括如下步骤：分析市场机会、选择目标市场、设计市场营销策略组合、管理市场营销活动。

1. 分析市场机会

市场营销学认为，寻找和分析、评价市场机会，是市场营销管理人员的主要任务，也是市场营销管理过程的首要步骤。在现代市场经济条件下，由于市场环境要素不断变化，市场需求处于动态的变化之中，因此，任何企业都不能永远依靠其现有产品过日子。正因为这样，每一个企业都必须经常寻找、发现新的市场机会。市场营销管理人员不仅要善于寻找、发现有吸引力的市场机会，而且要善于对所发现的各种市场机会加以评价，决定哪些市场机会能成为本企业有利可图的企业机会。这是因为某种有吸引力的市场机会也许不能成为某些企业的企业机会。

在现代市场经济条件下，某种市场机会能否成为某企业的企业机会，不仅要看利用这种市场机会是否与该企业的任务和目标相一致，而且取决于该企业是否具备利用这种市场机会、经营这种业务的条件，取决于该企业是否在利用这种市场机会、经营这种业务上比其潜在的竞争者有更大的优势，因而能享有更大的“差别利益”。

2. 选择目标市场

市场营销管理人员在发现和评价市场机会以及选择目标市场的过程中，除了要广泛地分析研究市场营销环境和大体了解消费者市场、生产者市场、转卖者市场和政府市场之外，还要进行市场营销研究和信息收集工作、市场测量和市场预测工作，据以决定企业应当生产经营哪些新产品，决定企业应当以哪个或哪些市场为目标市场。

3. 设计市场营销策略组合

市场营销策略组合是现代市场营销理论的一个重要概念。市场营销策略组合中所包含的主要是以下四个策略的整合应用，即产品、价格、地点（渠道）和促销。由于这四个名词的英文开头字母都是P，所以市场营销策略组合又称为4Ps组合。

市场营销策略组合中的“产品”代表企业提供给目标市场的物品和服务及组合，包括产品质量、外观、所有权、式样、品牌名称、包装、服务、保证、退货等。

市场营销策略组合中的“价格”代表顾客购买商品时的价格，包括价目表所列的价格、折扣、折让、支付期限、信用条件等。

市场营销策略组合中的“地点”代表企业使其产品可进入和到达目标市场（或目标顾客）所进行的各种活动，包括渠道选择、仓储、运输等。

市场营销策略组合中的“促销”代表企业宣传介绍其产品的优点和说服目标顾客来购买其产品所进行的种种沟通与传播活动，包括广告、营业推广、公共关系、人员推销等。

但是近年来，在国际市场竞争日趋激烈、许多国家政府干预加强和贸易保护主义再度兴起的新形势下，企业不应单纯地顺从和适应环境，更应能动地影响自己所处的市场营销环境。因此，在市场营销策略组合的4Ps之外，还应该再加上两个P，即权力与公共关系，成为6Ps。这就是说，要运用政治力量和公共关系打破国际或国内市场上的贸易壁垒，为企业的市场营销开辟道路。这就是菲利普·科特勒提出的大市场营销理论。

4. 管理市场营销活动

企业市场营销管理过程的第四个主要步骤是管理市场营销活动，即执行和控制市场营销计划。这是整个市场营销管理过程中的一个关键性的、极其重要的步骤。因为企业制定市场营销计划不是纸上谈兵，而是为了指导企业的市场营销活动，实现企业的战略任务和目标。因此，制定市场营销计划仅仅是市场营销管理工作的开始。企业制定市场营销计划之后，还要花很大力气去执行和控制市场营销计划。

1.4　市场营销观念的演变及发展

建立与环境相适应的市场营销观念，是企业正确开展市场营销活动的重要保证。所谓市场营销观念，就是企业在开展市场营销活动的过程中，在处理企业、顾客和社会三者利益方面所持的态度和指导思想。市场营销观念的核心问题是，在企业、顾客和社会三者之间，以谁为导向来开展企业的生产经营活动。

1.4.1　市场营销观念的演变

市场营销观念是随着市场环境的变迁而不断演变的。市场环境不同，企业感受到的竞争压力也就不同。在市场竞争压力的客观作用下，企业为生存与发展必须对所持的市场营销观念进行适应性转换。

1. 传统观念

传统观念建立在以生产者为导向的基础上，市场处于一种供不应求或由供不应求趋向供求平衡的状态下，而且购买者总体呈现出的是一种无差别的需求。

（1）生产观念。生产观念是最陈旧的一种企业经营观念。以这种经营观念为指导的企业认为，获得产品的基本效用是消费者的主要目的，企业的任务就是生产并向市场提供顾客所买得起的产品。提高生产的效率和降低生产的成本是经营者所关心的全部问题。企业主要以提高劳动生产率，扩大生产规模，并以此降低产品价格来吸引顾客，获得自己的市场地位，很少关注除此之外的其他市场因素，甚至不注意对产品的更新和改良。随着科学技术和社会生产力的发展以及市场供求形势的变化，生产观念的适用范围必然受到极大的限制。

同步案例

只卖黑色汽车的福特

背景资料：

1919 年美国福特汽车公司的创始人福特先生，曾对建议其生产彩色汽车的人说过这样的话："不管顾客需要什么，我们生产的汽车就是黑的。"福特汽车公司以"黑色车"作为其象征。因为福特认为福特公司的汽车物美价廉，不愁没有销路。然而当其他公司所生产的彩色汽车开始风靡市场之后，福特才醒悟到自己决策的错误，公司在竞争中日益失利，1927 年 5 月终于停产。

问题：

福特汽车公司采取的是什么观念？对你有什么启示？

分析提示：

福特汽车公司采取的是典型的"生产观念"。由此可见，只注重生产而很少关注除此之外的其他市场因素，甚至不注意对产品的更新和改良，随着市场供求形势的变化，生产观念的适用范围必然受到极大的限制。

（2）产品观念。这一观念的假设前提是，随着市场产品供应量的增加，消费者在同样价格下会欢迎质量最优、性能最好和功能最多的产品。企业的一切生产经营活动以质量为中心，围绕质量来安排一切业务。因此，企业的任务是致力于制造优良产品并经常加以改进，认为只要产品好就会顾客盈门，因而经常迷恋自己的产品，而未看到市场需求的变化，导致产生市场营销近视症。

同步案例

营销近视症

日本有家保险箱生产公司的经理抱怨消费者没有眼光，对于该公司生产的“牢不可破”的保险箱很少有人感兴趣。一次在对一位朋友谈起此事时，他怒不可遏，竟然抬起一个该公司的产品从五楼扔了下去，然后让这位朋友去看它有没有损坏。然而这位朋友只是淡淡地一笑，说道：“我想您的顾客购买保险箱决不会是为了从楼上往下扔吧?”

问题：

这个案例对你有什么启示?

分析提示：

这个例子说明，如果不是从消费者的需要出发去开发和设计产品，自以为很好的产品可能也不会有市场。企业围绕质量来安排一切业务，而未看到市场需求的变化，导致产生市场营销近视症。

（3）推销观念。这一观念的假设前提是，随着市场产品的供应量更为丰富，市场供求趋势由卖方市场向买方市场过渡，消费者一般不会自觉地购买足够用的产品，因而，企业的一切经营活动以推销为中心，重在诱导消费者购买产品。其具体表现是“企业卖什么，人们就买什么”，企业十分重视采用广告术与推销术去推销产品。然而，当市场进一步形成买方市场后，广告术与推销术似乎也失去了原有的魅力。

知识拓展

魅族 Flyme7 增加新功能

2019 年新年伊始，魅族公司对“性价比”做出解释：性价比绝对不是便宜，性价比是同等性能体验下价钱最便宜，同等价钱下性能体验最好。2019 年 1 月 8 日，魅族正式推送了 Flyme7. 9. 1. 8 Beta 版本的更新日志，新增两大功能：一是截图弹窗新增快捷删除按钮，删除一步到位；二是打造更沉浸、更安全的驾驶体验。除了这两个功能外，在系统功能的调整上，魅族 16 全系列新增了暗光人脸解锁，录屏新增麦克风和屏幕点按效果开关。此外，还更新了安卓补丁，实时提升手机的安全性。

（资料来源：摘自《魅族 2019 年何去何从》，搜狐网，2019 年 1 月 6 日。）

2. 现代观念

现代观念建立在以消费者为导向的基础上，市场处于一种供过于求的状态下，买方市场已经形成，而且购买者总体呈现出的是一种差异性的需求。

（1）市场营销观念。这一观念的假设前提是，买方市场已实际形成，消费者个人收入和消费水平不断提高，对商品的选择性大大增强，使消费需求呈现出个性化、差异化，市场需求瞬息万变。企业在激烈的市场竞争环境中要求得生存的空间与发展的机会，就必须一切行为都以市场需求为出发点和归宿，其具体表现为“顾客需要什么，就生产或经营什么”“哪里有消费者需求，哪里就有市场营销”。

在这种经营思想的指导下，市场从以生产者为主转变为以消费者为主，决定生产者生产什么产品的主导权不在于生产者，而在于消费者，在于消费者的需求。市场营销观念的产生，是企业观念的一种质的飞跃或革命，这是因为市场营销观念与企业的传统观念存在着本质的区别。

在这种观念的指导下，企业的一切活动都以市场的需求为中心，在满足消费者需求的基础上实现企业的利润。因此，人们把这一观念也称为“顾客导向观念”。在市场营销观念指导下的营销活动具有如下四项基本特征：

①市场中心。以目标市场消费者的潜在需求为中心，并集中企业的一切资源占领目标市场是企业成功的关键。企业将消费者需求作为其经营活动的出发点，首先要发现消费者的潜在需求，重视对消费者潜在需求的挖掘，然后根据需求确定目标市场；一旦目标明确，企业就集中其一切可控资源进入目标市场。这就改变了过去仅仅注重推销手段的某一方面，使营销活动陷入顾此失彼的被动局面。

②顾客导向。市场营销观念下企业活动则以顾客需求为导向，成立专门的市场调研部门，培养专业的市场分析研究人员，花费大量的人力、物力、财力了解消费者需求的特点和变动趋势，根据市场消费需求组织生产，企业的经营过程已变为“需求—生产—销售—消费”。这种变化使顾客需求成为企业经营活动的出发点。

③营销协调。要满足顾客的需要并实现企业的营销目标，就必须综合运用各种营销手段，使企业的营销活动形成一个有机的整体。如市场调查与预测、产品设计与开发、生产组织与财务分析、分销渠道与仓储运输、销售与公关、包装商标、广告宣传等，这一切都要贯穿于企业经营活动的全过程，形成完整的体系，以便发挥营销的整体效果。

④盈利能力。在以市场为中心的营销理念的引导下，企业追求利润的目标尽管没有改变，但开始注重企业的长远利益。企业追求利润的手段应该建立在满足消费者需求的基础上。消费需求满足的程度越大，说明企业在消费者心目中的地位越高，企业盈利的可能性越大。因此，企业在营销过程中首先要注重商品或服务对消费者需求的满足程度。

市场营销观念虽然抓住了“顾客”这个市场核心，是企业指导思想的根本变革，成为在买方市场条件下影响企业行为的主流思想，但仍存在不足之处，其片面注重顾客的短期需求和眼前利益，忽视社会其他利益的存在。

（2）社会市场营销观念。这一观念的假设前提是，社会环境、自然环境恶化，资源短缺，人口爆炸等问题成为影响社会进步与发展的重大问题。如果企业只片面注重顾客的短期需求和眼前利益，忽视社会其他利益的存在，将使这些问题进一步恶化。因而要求企业提供的产品和服务，不仅要满足消费者的市场需求或短期欲望，还要符合消费者的长远利益和社会的长远发展，改善社会福利。企业决策者在确定经营目标时，应当根据自己企业的优势，既要考虑市场需求，又要注意消费者的长远利益和社会利益，综合运用各种营销手段，引导消费者合理消费，实现企业利益和社会效益的统一。

以社会市场营销观念为指导思想的营销活动的特点是：

①消费者利益和社会利益并重，成为企业经营活动的双层中心。它克服了企业单纯以消费者需求为中心的片面性，在关注消费者现实需求的同时，还关注消费者的长远利益和整个社会的整体利益，倡导资源的有效合理利用，维护人类生存的环境。

②全面、完整地运用营销手段是企业成功的关键。企业不仅综合利用各种营销手段，尽力寻找和满足消费者的需求，还通过各种措施引导消费者进行合理消费。

③重视追求企业的长远利益和社会的全面进步。它克服了企业以往作市场营销决策时主要考虑自己眼前利润的做法，开始把社会利益作为市场营销决策时必须考虑的因素，认为企业必须全面兼顾消费者利益、社会利益和企业的长远利益。

市场营销传统观念与现代观念的区别见表1－1。

表1－1　　市场营销传统观念与现代观念的区别

营销观念		市场特征	出发点	手段	策略	目标
传统观念	生产观念	供不应求	生产	提高产量、降低成本	以产定销	增加生产、取得利润
	产品观念	供不应求	产品	提高质量、增加功能	以高取胜	提高质量、获得利润
	推销观念	生产能力过剩	销售	推销与促销	以多销取胜	扩大销售、获得利润
现代观念	市场营销观念	买方市场	顾客需求	整体市场营销	比竞争对手更有效地满足顾客	满足需要、获取利益
	社会市场营销观念	买方市场	顾客需要、社会利益	整体市场营销	既考虑市场需求，又要注意消费者的长远利益和社会利益，引导消费者合理消费	满足顾客需要、增进社会利益、获得经济效益

1.4.2　市场营销观念的深化和发展

近年来随着生产的发展和消费者的日益成熟，市场环境发生了极大变化，具体表现为：各国国内市场竞争日趋激烈；顾客需求发生了极大的变化；消费者日益成熟和消费者权益保护运动的兴起。市场环境的变化，促进了市场营销观念的深化和发展。

1. 顾客让渡价值

顾客让渡价值是指顾客总价值与顾客总成本之间的差额。

（1）顾客总价值。顾客总价值是指顾客购买某一产品与服务所期望获得的一组利益。它主要包括：

①产品价值，即产品的性能、特征、质量、式样等所产生的价值。这是顾客需要的中心内容，也是顾客选购商品的首要因素。因此，它是决定顾客总价值大小的主要因素。

②服务价值，即伴随产品实体的出售，企业向顾客提供的各种附加服务。一般来说，服务项目越多越周到，服务价值越高。

③人员价值，即企业员工的经营思想、知识水平、业务能力、工作效率以及应变能力

等所产生的价值。

④形象价值，即企业及其产品在社会中形成的总体形象所产生的价值，如企业产品形象、人员形象、广告形象等产生的价值。

（2）顾客总成本。顾客总成本是指顾客在购买某种产品或接受某种服务时的总支出。顾客总成本主要由以下成本构成：

①货币成本，即购买商品或服务时所支付的货币额，这是总成本中的主要部分。

②时间成本，即顾客在购买过程中所耗费的时间的价值，如等候时间、路途时间、服务时间等。

③精神成本，即顾客在购买过程中的精力支出。

④体力成本，即顾客在购买过程中耗费的体力。

顾客在购买过程中首选那些顾客让渡价值最大的商品或服务。因此，企业在营销活动过程中，为了在市场竞争中战胜对手，就必须尽可能地使顾客让渡价值最大化，一切有利于顾客让渡价值最大化的营销策略组合都是企业所应当采用的。

企业在以顾客让渡价值为理念开展市场营销工作的过程中，应当注意以下几点：

第一，顾客是把购买总价值和总成本的各个要素作为整体看待的，其中的某一项价值最大或成本最低不一定能吸引顾客。因此，企业要着眼于总价值最大或总成本最低。

第二，顾客让渡价值的大小受顾客总价值和顾客总成本两个因素的影响，因此，必须从两个方面努力，以增加顾客让渡价值。

第三，不同顾客对顾客总价值和总成本中各因素的重视程度不同，不同时期顾客对产品价值的要求也不一样。因此，企业应区别对待，针对不同顾客群体的特点，有针对性地设计与增加顾客总价值，降低顾客总成本。

第四，追求顾客让渡价值最大化会导致企业成本增加，利润减少。因此，企业在实际运营中应掌握一个合理的界限，不要片面追求顾客让渡价值最大化。

2. 4C 理论

随着经济的发展，消费者日益成熟，个性化消费已经成为消费品市场不可逆转的大趋势。所以，营销理论也要与之相适应，20 世纪 90 年代，美国市场营销专家们提出了 4C 理论。

（1）4C 理论的基本含义。它强调消费者是企业一切经营活动的核心。企业要开发产品，但更要注重满足消费者的欲望和需求，加强顾客关系管理与产品开发并重，即“消费者请注意”已被“请注意消费者”所取代。

研究消费者的需要和欲望（consumer wants and needs），即企业应先把产品（product）放在一旁，研究“消费者的需要与欲求”（consumers）。不要卖你能制造的产品与服务，而是要卖消费者想要买的产品与服务。

了解消费者要满足其欲望所需付出的成本（cost），即企业应先暂时忘掉定价策略（price），去了解消费者，达到满足需要与欲求所需付出的“成本”（cost）。

如何使消费者更方便地购得产品（convenience），即企业应不考虑通路（place），而考虑消费者购买的“方便性”（convenience）。

正确有效的沟通（communications），即企业营销推广的重点不在促销（promotion），而是与消费者的正确“沟通”（communication）。

（2）4P 理论与 4C 理论的关系。

第一，从产品的角度比较。4P 虽然强调提高产品质量，但强调的核心是自己要把产品质量提高；4C 则强调消费者到底需要什么产品和什么样的产品。虽然产品的高质量对消费者总是具有吸引力，但并不是所有高质量的产品都为消费者所需要。所以，不能单纯强调高质量，必须是在市场需求的基础上强调高质量。

第二，从价格的角度比较。4P 所强调的价格是企业生产某商品所消耗的成本加上企业的合理利润；4C 强调的是消费者所能接受的价格减去合理利润才应该是企业生产某产品的成本。所以，市场营销强调企业要按照市场对产品确定的价格销售，而不是把工作重心放在降低成本上。

第三，从渠道的角度比较。4P 强调的是企业如何方便地把自己的产品通过合适的地点和渠道转移到消费者手中；4C 强调的是如何最大限度地便于消费者购买产品和接受服务，比如，售前多提供产品及与产品有关的准确信息，售中方便顾客挑选并免费送货上门，售后提供维修、咨询等多方面的服务。最近几年，以社区服务为根本宗旨的日用消费品连锁企业生意兴隆，就是因为它们便于消费者购买。

第四，从推销的角度比较。4P 强调的是促销，即千方百计地劝导消费者购买本企业的产品和接受本企业的服务；4C 强调的是企业与消费者之间的沟通，培养与顾客的感情，追求企业与顾客的共同利益。现阶段我国企业的产品确实应该有一定力度的推销，但实践证明，过度的推销使人反感。比如，在比较受欢迎的电视节目之前或之中把相同的广告连续播放两次以上，或在制作广告时把相同的广告词重复两次以上都属于此类。这种广告最容易使人产生一种“强卖”的感觉，有时甚至构成了对被推销者的一种精神损害。4C 强调感情、沟通与共同利益，这当然是现代企业最高超的经营之道。

4P 与 4C 的关系见表 1－2。

表 1－2　　4P 与 4C 的关系对照表

类别	4P		4C	
阐释	产品	服务范围、项目、服务产品定位和服务品牌等	产品	研究客户需求欲望，并提供相应的产品或服务
	价格	基本价格、支付方式、佣金折扣	价格	考虑客户愿意支付的成本，代价是多少
	渠道	直接渠道和间接渠道	渠道	考虑让客户享受第三方物流带来的便利
	促销	广告、人员推销、营业推广和公共关系等	促销	积极主动地与客户沟通，寻找双赢的认同感
时间	20 世纪 60 年代中期		20 世纪 90 年代初期	

3. 4R 营销理论

近年来美国营销专家提出 4R（关联、反应、关系、回报）营销理论，阐述了在新的市场环境下一个全新的营销四要素。4R 营销理论的最大特点是以竞争为导向，在新的层次上概括了营销的新框架。它根据市场不断成熟和竞争日趋激烈的态势，着眼于企业与客户的互动与双赢。4R 营销理论的营销四要素包括：

（1）关联（relevancy）。在竞争性市场中，客户具有动态性。要提高客户的忠诚度，赢得长期而稳定的市场，重要的营销策略是通过某些有效的方式在业务、需求等方面与客户建立关联，形成一种互助、互求、互需的关系。

（2）反应（respond）。在相互影响的市场中，对经营者来说最现实的问题不在于如何控制、制订和实施计划，而在于如何站在顾客的角度及时地倾听他们的希望和要求，并及时答复和迅速做出反应，满足客户的需求。

（3）关系（relation）。在企业与客户的关系发生了本质性变化的市场环境中，抢占市场的关键已转变为与客户建立长期而稳固的关系，从交易变成责任，从管理营销组合变成管理和客户的互动关系。沟通是建立关系的重要手段。从经典的 AIDA 模型“注意—兴趣—渴望—行动”来看，营销沟通基本上可完成前三个步骤。

（4）回报（return）。对企业来说，市场营销的真正价值在于其为企业带来短期或长期的收入和利润的能力。

4R 体现并落实了关系营销的思想。通过关联、关系和反应，提出了如何建立关系、长期拥有客户、保证长期利益的具体操作方式。此外，反应机制为互动与双赢，为建立关联提供了基础和保证。

“回报”兼容了成本和双赢两方面的内容。追求回报，企业必然实施低成本战略，充分考虑客户愿意付出的成本，实现成本的最小化，并在此基础上获得更多的客户份额，形成规模效益。这样，企业为客户提供价值和追求回报相辅相成、互相促进，客观上达到的是一种双赢的效果。

此外，4R 和 4P（产品、价格、地点、促销）营销理论之间不是取代关系，而是完善、发展的关系。由于企业层次不同，情况千差万别，市场、企业营销还处于发展之中，所以至少在一个时期内，4P 还是营销的一个基础框架，是有价值的理论和思路，因而该理论仍具有适用性和可借鉴性。所以，在了解、学习和掌握体现了新世纪市场营销新发展的 4R 理论的同时，根据企业的实际，把它们结合起来指导营销实践，可能会取得更好的效果。

1.5　市场营销的创新

1.5.1　绿色营销

企业作为自然社会经济复合系统中的一个组成部分，其生存与发展同所处的自然生态环境息息相关。保护生态环境、促进经济与生态的协同发展，既是企业自身生存与发展的需要，又是企业不可推卸的社会责任。同时，由于市场竞争具有优胜劣汰的规律，企业只有改变经营观念，开展绿色营销，才能有力地对付竞争对手，不断地提高市场占有率。

绿色营销是指企业在绿色消费的驱动下，从保护环境、充分利用资源的角度出发，在研制开发产品、保护自然等营销过程中融入安全、环保与健康的概念，来满足消费者的绿色需求，从而实现营销目标的全过程。

知识拓展

近日，格力光伏未来屋（集装箱版）引起了公众注意。光伏小屋建有 30m^2 和 15m^2 的居住空间以及 15m^2 的办公空间，采用直流供电系统满足基本生活需要，融合清洁发电、安全储电、可靠变电、高效用电，系统自发自用、自给自足。光伏小屋具备“外出模式”，可在家中电器不用电时，将光伏发的直流电储备起来。傍晚或阴雨天，若光伏发电无法满足用电负荷，光伏小屋的“阴天模式”可根据峰谷时段，智能调度优先使用电网供电或储能供电，光伏系统提供辅助发电。光伏是一种清洁可再生能源，对光伏能源的利用具有显著的经济效益和环境效益，对全球实现绿色可持续发展意义重大。2018 年 5 月，格力自主研发的“空调光储直流化关键技术研究及应用项目”实现了新能源与空调深度融合，这项技术的突破将有可能改变建筑的用电模式，使我们更好地利用清洁可再生能源。这样一座光伏小屋，大概便是我们憧憬的未来低碳生活的美好样板。它对转变能源消费方式、促进清洁能源发展、实现能源精细化管理、引领绿色环保的能源消费习惯有着重要的意义。

（资料来源：摘自《格力光伏小屋将低碳生活照进现实》，新华网，2018 年 7 月 6 日。）

1. 企业生产过程绿色化

在开始构思、开发和制造产品时，就以维护自然、节约自然资源为核心，以便在产品的使用寿命结束时，可回收再利用。在生产过程中，以节能、降耗、减污为目标，着重使用无公害的新能源（如太阳能、风能等），采用无污染、少污染的新技术、新设备，实施生产全过程污染控制，以使污染物的产量最小化。包装作为商品使用后的主要废弃物，企业应选用无毒性、少公害、易分解处理或可回收的材料来制成包装物，或使用可重复使用的包装盒、包装箱等。同时，还要避免过度包装，使包装材料尽可能单纯化、简单化，并加强对消费者如何使用和处理包装物的宣传说明。

2. 企业促销绿色化

在广告过程中注意环保，无论是经费的分配还是媒体的选择，都要遵循“绿色”的原则。要尽量选择能高效使用资源、顾客涵盖率高、成本低的媒体来传递绿色产品信息，避免造成资源浪费及光、声等感官污染。网络促销具有覆盖面广、非强迫性等特点，企业的各种信息能迅速地传递给众多的消费者，其受众可以自由选择是否查询、快速浏览或仔细阅读，因而为消费者节省了大量时间，并消除了对其视觉、听觉强行灌输信息的“广告污染”。

3. 企业形象绿色化

树立绿色企业形象，是营销战略绿色化的重要组成部分。它可以帮助企业把绿色信息更直接、更广泛地传达到细分市场，进而给企业带来竞争优势。企业应从高层做起，重视内部绿色教育，使员工认识到环境问题带来的挑战和机遇、环保与个人的关系、与企业的关系以及本企业将怎样把环保融入日常工作中等，在员工中逐步形成绿色文化。同时，应加强对外进行绿色宣传。在公众心目中树立绿色形象，可利用传媒宣传企业的绿色表现，积极参与有关部门组织的重大绿色活动，义务编印、分发环保知识宣传手册，进行与环保有关的赞助与慈善活动等。更要结合本企业的具体情况，突出自身特点，灵活地创造展示企业绿色环保意识的条件。企业在绿色观念的指导下，要改变传统企业只重经济效益、不顾环境利益的状况，可通过制定环境管理规划和环境管理制度，加强对企业经营全过程的环境管理。

4. 攻克绿色壁垒

在市场竞争激烈、贸易保护主义盛行的当代，许多国家以进口商品不符合健康安全和环保标准为由限制进口，对一些影响生态环境的产品除征收一般关税外，再加征额外关税，作为本国的环保基金。有些发达国家，通过立法手段制定严格的强制性环保技术标准，严禁可能导致环境污染的国外产品进口。同时，发达国家为限制外国产品的进口设置严格的卫生检疫标准，对蔬菜水果中的农药残留量、放射性残留量的要求极为苛刻。企业若想开拓国际市场，应该对这些国家的绿色保护及绿色壁垒有所认识与了解，并在努力提高自身绿色水平的前提下，攻克绿色壁垒，进军国际市场。

1.5.2　关系营销

企业与顾客之间建立长期关系是关系营销的核心，保持和发展这种关系是关系营销的重要内容。关系营销把营销活动看成是一个企业与消费者、供应商、分销商、竞争者、政府机构及其他公众发生互动作用的过程，其核心是建立和发展与这些公众的良好关系。企业与各方通过互利交换及共同履行承诺，实现各自的目标。要实现关系营销的目标，企业必须提供优质的产品、良好的服务和公平的价格，同时与各方加强经济、技术及社会等各方面的联系和交往。

1. 开展关系营销的一般原则

（1）主动沟通原则。在关系营销中，各主体都应该主动与其他关系方接触和联系，相互沟通信息，为关系方服务和为关系方解决困难和问题。关系营销强调社会组织通过恰当的媒介，与公众进行协调沟通，建立和谐、稳定、融洽的关系。

（2）承诺信任原则。在关系营销中，各关系方相互之间都应做出一系列书面或口头的承诺，并以自己的行为履行诺言，以此赢得关系方的信任。

（3）互惠原则。在关系营销中，通过企业与关系方的交往，双方必须得到相应的经济利益。因为各营销关系方通常都是经济利益的主体，在市场上地位平等，应依据经济规律，在公开、公正、公平的条件下进行等价交换，有偿让渡，使关系方都得到实惠。

2. 关系营销的一般过程

（1）创立阶段。在这个阶段中，一般要经历对顾客关系的识别、接触、销售和反馈四个过程。首先，企业根据网络中大量的数据和信息，识别潜在顾客群；其次，根据不同顾客，采用不同方式进行接触，建立起交易关系；最后，根据交易结果与信息反馈，重新完善数据和信息。

（2）维持阶段。顾客关系一旦建立，就应该千方百计地维持下去，时刻了解他们的需求与渴望、抱怨与不满，经常与他们沟通信息、交流思想。如果企业有关人员出现升迁、调动、转行、跳槽等情况，一定要在制度上保证进行全面的工作交接，并将人事变动情况以合适的方式尽快让顾客知晓，这样可以给顾客一种受到尊重的感觉。不但不因人事变动造成消极影响，反而将顾客关系稳固化和长期化。

（3）提升阶段。这是在维持顾客关系基础上的一种积极努力，使顾客与企业关系不断紧密，因而企业应不断用合适的产品与服务来满足顾客新的需求，实现其新的价值。

3. 关系营销的主要手段及选择

不同层次的市场细分，建立不同程度的顾客数据库，将顾客细分化、团体化都是一些关系营销可以采用的方法。这些手段都是直接面向顾客层的，直接考虑到他们的一些需求，重心都在于要与顾客建立一种稳定的、有价值的、密切的联系，以便更好地使企业的产品或服务能真正满足不同类型顾客的需要。关系营销的手段多种多样，不同企业应根据自身的不同特点，在发展的不同阶段，针对不同的需要进行选择，也可以多种营销手段结合使用，达到企业、顾客利益最大化。

1.5.3 个性化营销

1. 基本条件

（1）个性化需求的兴起。不同的历史时期，人们有不同的价值观、审美观、行为规范和社会心理。比如，以前人们具有趋同性的消费需求，追求的是“你有我就不能没有”，现在人们尽可能地表现得与众不同，追求的是“你有我就不想再有”。这种个性化需求，已经表现出不可逆转的趋势。

（2）传统渠道的饱和。由于商品数量、品种的增多，商品生命周期的缩短，传统的商品销售渠道诸如交易市场、百货商场、超级市场等越来越拥挤不堪。如果企业一味地固守在传统的销售渠道上，必然会增加渠道成本、降低工作效率、影响产品销售。这样一来，企业就要千方百计地寻求新的出路，自然会对新的销售渠道提出需求。

（3）信息技术的发展。随着电信业的发展、计算机网络技术的发展，建立数据库成为可能。它可以针对每一个潜在的顾客，了解其需求、喜好，同其接触并建立良好的关系，进行直销，满足各个层次的不同需求。

2. 个性化营销的方式

（1）商品目录销售。企业将完整的商品目录提供给顾客，让其自由选择。通常是采用人员销售的方式，具体做法是向顾客发放订单、目录等，形式灵活多变。美国安利公司正在推行这种新的直销方式，且取得了一定的收效，发展前景看好。企业可以根据具体情况采用，要注意的是决不能搞成传销。

（2）电视直销。随着电视事业的发展，电视机在中国广大城乡日益普及，电视销售越来越受到企业的重视。通过电视媒体销售也称为媒体直接反映营销，即在电视上做大量商品广告，顾客做出决定以后，可以采取电话订购、传真订单或其他方式联系。电视直销要求制作引人注目，以便刺激消费者马上采取选购行动。由于电视直销存在价格过高、宣传夸张等问题，影响了电视直销方式在消费者心目中的形象，但其具有广阔前景。

（3）网络直销。20世纪末，网络技术飞速发展，已经成为继报纸、杂志、电台、电视之后的第五大媒体，几乎渗入了人们的全部生活。网络之所以具有如此大的影响，主要是因为其具有如下几个特性：第一，无限制。企业可以在网站上的任何时间、地点，以任何形式向市场发布各种各样的信息，其所能承载的信息量是其他媒体不能相比的。站点的传播范围极广，没有地域的限制，可以随时调整网站的结构、风格、形式，具有很大的灵活性。第二，便利。它为企业开展跨国、跨地域的营销提供了前所未有的便利，使企业足不出户便迅速而又经济地开拓市场成为可能。因为在互联网上信息充分地流动，搜集信息的范围拓宽，所有企业都以真正平等的方式展开竞争，从中得到一切已知行业的发展趋势乃至包括竞争对手在内的有关资料，为企业决策提供了有力支持。第三，平等。网络是一个完全虚拟的世界，在这里每一个企业的机会都是平等的。通过网站的精心营造，小企业同样能夺取更大的网络市场份额。网络竞争要求的是先进理念、成功的战略以及高技术的支持。

网络营销具有不同的层次，从企业对网络营销理念的接受程度、进入网络的程度、技术支持的程度和行业、产品的特征等情况看，基本上有两个层次。第一层次是信息发布层，这是最简单、最基本的一层，企业主要利用互联网来发布信息，与外界进行双向沟通。企业对信息技术没有太高的要求，只是最基本的使用。比如，通过发 E-mail 与消费者进行沟通与交流，定期给客户发各种产品信息邮件、产品推荐邮件、电子刊物等，加强与顾客的联系；建立企业网站，将一些有关企业及产品、服务的介绍放在上面，供访问者浏览。第二层次是战术营销层。目前，国内企业的网络营销主要是进行网络营销调研和网上销售。传统的调研方式需要庞大的调查队伍，耗资巨大，而且周期太长，往往等到企业有调研结果时，市场已经发生了变化。利用互联网在线调研则可以轻松地完成大量复杂的调研工作，能够充分满足各种统计数据的要求，提高营销调研的质量。目前网络营销最具诱惑力的就是网上销售。网上销售主要利用高配置的电脑，成本低，效率高，是一种较有前景的营销手段。

本章小结

市场营销的核心定义是："市场营销是个人或集体通过创造，提供并同他人交换有价值的产品，以满足其需求和欲望的一种社会和管理的过程。"对这一定义的准确认识，要求掌握其中的核心概念。

市场营销是一种企业的管理职能，其本质是对需求进行管理，是调整企业行为，整合资源，创造满足消费需求的产品或价值的管理过程。这一过程包括如下步骤：分析市场机会、选择目标市场、设计市场营销策略组合、管理市场营销活动。

建立与环境相适应的市场营销观念，是企业正确开展市场营销活动的重要保证。市场营销观念的核心问题是：在企业、顾客和社会三者之间，以谁为导向来开展企业的生产经营活动。市场营销观念是随着市场环境的变迁而不断演变的。市场环境不同，企业感受到的竞争压力也就不同，在市场竞争压力的客观作用下，企业为了生存与发展必须对所持的市场营销观念进行适应性转换。在卖方市场条件下，企业一般信守的是传统观念，即生产观念、产品观念、推销观念。在买方市场条件下，企业一般信守的是现代观念，即市场营销观念，社会市场营销观念。在我国现阶段，买方市场已实际形成，我国工商企业应加大转变观念的力度，才能有效地适应市场的变化。

市场环境的变化，促进了市场营销观念的深化和发展。立足于市场导向的观念，为提升企业的竞争力，近年来顾客让渡价值、4C、4R 理论等新的观念，在企业追求顾客满意的竞争中已成为一部分企业的指导思想。

创新是企业营销永恒的主题。随着环境的变化、新技术的出现、企业竞争的进一步白热化，市场营销方式又出现了一些创新的形式，绿色营销、关系营销、个性化营销等方式将成为21世纪营销的最有发展前景的方式。

思考与练习

1. 理论题

(1) 单选题

①“不管顾客需要什么颜色的空调，我们只生产白色”是（　　）的典型表现。

A. 推销观念　　B. 市场营销观念

C. 生产观念　　D. 产品观念

②市场营销运行的基本要求是一切经济活动都要围绕（　　）而进行。

A. 企业　　B. 市场　　C. 市场营销　　D. 等价交换

③市场营销的核心是（　　）。

A. 生产　　B. 分配　　C. 交换　　D. 促销

④与顾客建立长期合作关系是（　　）。

A. 关系营销　　B. 绿色营销　　C. 公共关系　　D. 相互市场营销

⑤市场营销管理的实质是（　　）。

A. 刺激需求　　B. 需求管理　　C. 生产管理　　D. 销售管理

(2) 多选题

①传统的营销观念包括（　　）。

A. 生产观念　　B. 产品观念　　C. 推销观念　　D. 市场营销观念

E. 社会市场营销观念

②顾客的总价值包括（　　）。

A. 成本价值　　B. 产品价值　　C. 服务价值　　D. 人员价值

E. 形象价值

③在市场营销学中，市场由（　　）构成。

A. 人口　　B. 购买力　　C. 购买欲望　　D. 购买数量

E. 地点

④市场交换一般包含（　　）要素。

A. 有两个或两个以上的买卖者

B. 交换双方都拥有对方认为有价值的东西

C. 交换双方都拥有沟通信息和向另一方传送货物或服务的能力

D. 交换双方都可以自由接受或拒绝对方的产品

E. 交换双方都认为值得与对方进行交换

⑤4R营销理论包括（　　）。

A. 关联　　B. 反应　　C. 关系　　D. 回报

E. 渠道

(3) 判断题

①生产观念就是产品观念。（　　）

②4C和4P没有本质性的区别。（　　）

③市场营销的核心就是研究消费者的需求。（　　）

④市场是指一切具有特定欲望和需求并且愿意和可能从事交换来使欲望和需求得到满足的潜在顾客所组成的消费者总体。（　　）

⑤与顾客建立长期合作关系是绿色营销。（　　）

（4）简答题

①什么是市场营销？其核心概念有哪些？

②4P 与 4C 的关系是怎样的？

③新旧市场营销观念的区别是什么？

④试比较推销观念与营销观念的联系与区别。

2. 实务训练题

【案例分析 1】

新型捕鼠器缘何没市场？

美国一家制造捕鼠器的公司，为了试制一种适宜于老鼠生活习性的捕鼠器，组织力量花了若干年时间研究了老鼠的吃、活动和休息等各方面的特征，终于制造出了受老鼠"欢迎"的一种新型捕鼠器。新产品完成后，屡经试验，捕鼠效果确实不错，捕鼠率百分之百，同时与老式捕鼠器相比，新型捕鼠器还有以下优点：①外观大方，造型优美；②捕鼠器顶端有按钮，捕到老鼠后只要一按按钮，死鼠就会掉落；③可终日置于室内，不必夜间投器，白天收拾，绝对安全，也不会伤害儿童；④可重复使用，一个新型捕鼠器可抵好几个老式捕鼠器。新型捕鼠器上市伊始深受消费者的青睐，但好景不长，市场迅速萎缩了。是何原因致使这么好的东西没有达到预计的销售业绩呢？后来查明，其致命原因是：

第一，购买该新型捕鼠器的买主一般是家庭中的男性。他们每天就寝前安装好捕鼠器，次日起床后因急于上班，便把清理捕鼠器的任务留给了家庭主妇。主妇们见死鼠就害怕、恶心，同时又担心捕鼠器不安全，会伤害到人。结果许多家庭主妇只好将死鼠连同捕鼠器一块丢弃，由此消费者感到代价太大，因此主妇们不希望自己的丈夫再买这种捕鼠器。

第二，由于该捕鼠器造型美观，价格自然较高，所以中、低收入的家庭购买一个便重复多次使用，况且家中老鼠在捕捉几只后就可以"休息"一段时间，重复购买因而减少，销量自然下降。

高收入的家庭，虽然可以多买几个，但是用后处理很伤脑筋。老式捕鼠器捉到一只老鼠后，可以与老鼠一起扔进垃圾箱，而新型捕鼠器若扔掉有些舍不得，留下来吧又该放在哪儿呢？另外，留着捕鼠器，还容易引起有关老鼠的可怕念头。

（资料来源：百度文库，https：//wenku. baidu. com/view/16a24f8bb84ae45c3a358c9f. html。）

思考题：

结合本案例，说明美国这家制造新型捕鼠器的公司失败的根本原因是什么。

【案例分析 2】

某钟表公司逐渐失去市场

美国某钟表公司自创立以来，一直被顾客认为是美国最好的钟表制造商。该公司在市场营销管理中强调生产优质产品，并通过著名珠宝店、大百货公司等构成市场营销网络分销产品。前 10 年该公司的销售额呈上升趋势。此后，人们对钟表的需求发生了很大的变化，但该公司仍然采用原先的营销观念指导市场，结果其市场销售额和占有率逐渐下降，利润剧减。

思考题：

（1）该公司坚持了什么样的营销观念？

（2）该公司的问题出在哪里？

（3）你认为该公司应该如何确立营销观念？

第2章
市场营销环境与营销价值机会识别

世界上唯一不变的是变化。

——斯宾塞·约翰逊

今天，你必须比在同一水平者跑得更快。

——菲利普·科特勒

【知识要点】

（1）市场营销环境；（2）市场营销微观环境；（3）市场营销宏观环境；（4）SWOT分析。

【能力目标】

（1）了解市场营销环境的含义及特征；
（2）熟悉宏观环境和微观环境的主要内容；
（3）掌握SWOT分析法及营销对策。

导入案例

可口可乐的本土化

可口可乐的品牌成功秘诀何在？重要原因之一就是其国际化经营中的本土化战略。如今的可口可乐已经成为一种全球性的文化标志，但是在风靡全球的同时，可口可乐仍然保持着清醒的头脑，没有固执己见地一味传播、销售美国观念，而是在不同的地区、文化背景、宗教团体和种族中实施分而治之的策略。比如，可口可乐公司“Can’t beat that feeling”的广告口号，在日本改为“我感受可乐”（I feel cola），在意大利改为“独一无二的感受”（Unique sensation），在智利又改成“生活的感觉”（The feeling of life）。它的广告信息始终反映着当地的文化，在不同时期有不同的依托对象和显示途径、生成方式，无一不是随着具体的时空情境来及时调整自身在文化形态中的位置。换言之，可口可乐的本土化随处可见。

（资料来源：摘编自新浪网《可口可乐的本土化营销策略》。）

启示：企业总是在一定的外界环境条件下开展市场营销活动，而这些外界环境条件是不断变化的。它既给企业创造了新的市场机会，又给企业带来了某种威胁。因此，市场营销环境对企业的生存和发展具有重要意义。

2.1 市场营销环境

2.1.1 企业与环境的互动关系

企业处在复杂的环境中，环境对企业的生存和发展有着重要的影响。但早期的组织理论研究将企业看成一个封闭的系统，忽视对企业与外界环境关系的研究。随着企业生态学、企业生命周期论等理论的发展，组织和环境之间的关系得到深入的探讨，学者们提出了一系列理论来讨论、解释企业与环境之间的关系，有学者对此进行了系统的整理和回顾。

1. 开放系统理论

开放系统理论（Open System Theory）认为，组织要满足自身的各种需要，要生存和发展下去，就必须与其所处的环境进行物质、能量和信息等各方面的交换，否则就会死亡。因此，组织必须像生物体一样对环境开放，建立一种与周围环境融洽的关系。

2. 权变理论

权变理论（Contingency Theory）认为，组织除了要对环境开放外，还必须考虑如何适应环境的问题，其主要观点包括：

（1）组织是开放系统，需要精心管理以满足和平衡内部需要并适应环境；

（2）没有最佳的组织形式，组织的适当形式取决于任务或所处环境的类型；

（3）在同一组织中，完成不同的任务需要不同的管理方法，不同的环境需要不同的组织类型。

3. 资源依附理论

与组织生态学观点相似的是资源依附理论（Resource Dependence Theory）。该理论强调组织对环境的适应性，它认为既有组织能够努力提高其生存机会。资源依附理论主要着重于单个组织，从组织优势来考察环境，认为组织能够改变环境同时对其做出反应。资源依附理论的一个主要贡献就在于从缓冲、分化和兼并中，认识并描述了被组织用来改变和适应环境的各种战略。

4. 合作竞争理论

合作竞争理论（Cooperation - competition Theory）强调合作与竞争的同时性。亚当·M. 布兰登勃格和拜瑞·J. 内勒巴夫在《合作竞争》一书中提出与书名相同的新名词——

合作竞争，指出企业之间既不是单纯的竞争，也不是单纯的合作，而是合作与竞争共存。他们把与企业相关的伙伴企业分成四类顾客、供应商、互补者和竞争者，企业与它们之间形成了二维的价值网。一个企业对另一个企业来说，可能会同时扮演不同的角色。

5. 商业生态系统理论

商业生态系统理论（Business Ecosystem Theory）用商业生态系统来描述组织所处的环境，认为任何一个企业都应与其所处环境（即商业生态系统）“共同进化”，而不只是竞争或合作，或单个企业的进化。企业要成功，仅仅完善自身还不够，还要塑造整个商业生态系统的发展，因为其所处生态系统的前景制约着企业的发展。“共同进化”这一观点超越了对企业之间只是“合作竞争”这一关系的认识。

总之，企业所处的环境在不断地变化，企业与环境之间的关系也在不断地变化。企业必须正确认识和把握其与环境之间的关系，制定相应的营销策略。诚如习近平同志所指出的那样：“我们有些做法过去有效，现在未必有效；有些过去不合时宜，现在却势在必行；有些过去不可逾越，现在则需要突破。‘不日新者必日退。’明者因时而变，知者随事而制。”在企业营销实践中，必须随时监测营销环境的最新动向。环境变了，企业的营销战略战术也要随机应变。与营销环境类似的一个概念是营商环境。营商环境是指从企业开办、运营、注销各环节影响企业活动的社会要素、经济要素、政治要素和法律要素等方面。

知识拓展

为更好地实施促进各国私营部门发展的战略，世界银行于 2001 年成立 Doing Business 小组，负责企业营商环境指标体系创建，出版《营商环境报告》，应用量化的指数分析比较不同时期 190 个经济体的商业法规和产权保护，测量监管法规对商业经营的影响。2019 年《营商环境报告》中的营商便利度排名涵盖了 10 个领域：开办企业，办理施工许可证，获得电力，登记财产，获得信贷，保护少数投资者，纳税，跨境贸易，执行合同和办理破产。以往的《营商环境报告》也测量劳动力市场监管，但在 2019 年的报告中没有涉及该指标。在《2019 年营商环境报告》记录的所有商业法规改革中，金砖经济体——巴西、俄罗斯、印度和中国，一共进行了 21 项改革，其中最普遍的改进领域是获得电力和跨境贸易。营商便利度排名前 10 的经济体在监管效率和质量上都具备相同的特征，包括施工期间强制性检查、电力供应使用自动化工具恢复电力、清算程序中债权人享有强有力的保护以及专设的自动化的商事法院。

（资料来源：摘自世界银行：《2019 年营商环境报告：强化培训，促进改革》。）

2.1.2 市场营销环境及其对营销的作用

1. 市场营销环境概述

（1）市场营销环境的概念。市场营销环境是指能够决定或影响企业营销活动以至生存和发展的所有因素的总和。企业是市场的有机体，而市场营销环境是企业生存和发展的土壤和气候。对市场营销环境了解得越透彻、预计和判断得越准确，对企业的生存和发展就越有利。

（2）市场营销环境的构成。构成市场营销环境的因素是错综复杂的，它是影响企业营销活动的一个完整系统和机制。从环境对企业营销活动影响的直接程度来看，可将其区分为微观环境和宏观环境。

微观环境是企业在营销过程中与企业发生着直接联系的对象，包括供应商、企业内部员工及机构、竞争者、营销中介、顾客和其他公众。

宏观环境也称总体环境，是决定或影响企业市场营销活动的外在力量，主要包括人口环境、经济环境、自然环境、科技环境、政治环境、法律与道德环境、文化环境等。宏观环境通过影响微观环境间接地制约企业营销活动。

市场营销环境及其对企业营销活动的作用关系可用图 2－1 表示。

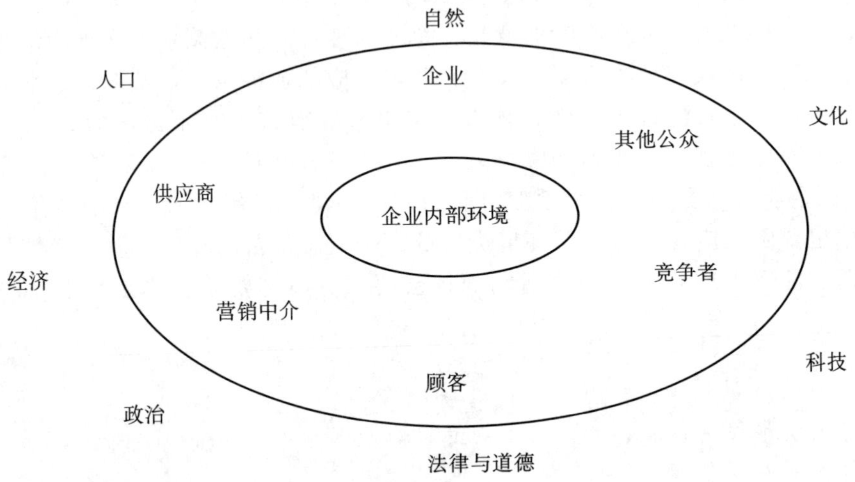

图 2－1　市场营销环境构成

2. 营销环境对企业营销活动的作用

（1）市场营销环境是企业营销的不可控制因素。企业无法改变自然条件、社会制度、人口数量及构成等环境因素。相反，营销环境的每个因素都可以决定或影响企业的营销决策。因此，现代营销理论认为，企业研究环境不是为了改造环境，而是为了能更好地适应环境、利用环境，与其协调发展、共生共荣。另外，企业营销活动可以能动地反作用于环境，从而有效地改善环境。

（2）市场营销环境对企业发生综合作用。营销环境是一个浑然一体的系统，它对企业营销产生的作用，也是一种全方位的综合效应。如电脑的应用和普及不仅使社会的政治、经济、文化、科技等环境因素发生巨变，而且使企业内部的市场调研、产品开发、生产、销售等营销因素都发生了深刻的变化。但营销环境诸因素的作用程度不会均衡，可能此强彼弱、时多时寡。因此，企业营销决策人员必须具有系统决策观念，要全面考虑，立体思维，内外兼顾，在各因素的联动关系中发现和创造企业机会，避免威胁。

（3）市场营销环境不断在变化。构成营销环境的最基本因素是自然和社会，这两大因素在一个整体中分别遵循着各自的规律一起变化和发展。任何局部或整体的变动都会触动或打破原来的制衡关系，从而影响相关企业的营销环境。一旦环境发生变化，原来适应于环境的营销策略就难以再适应，必须重新调整。企业处于动态的环境中，其营销策略与某一特定环境相适应的时间是很短暂的。因此，企业营销决策者必须进行动态平衡，跟踪决策，对环境具有高度的敏感性和超强的预见性，能够对营销环境的变化做出准确的判断，在变化中把握先机，避免威胁。

2.1.3　市场营销微观环境分析

企业的微观环境是指那些直接影响企业市场营销能力的行为者，是介于4Ps与宏观环境之间的、制约企业营销活动的组织或个人，即供应商—企业—营销中介—顾客。同时，竞争者如影随形，相伴在企业营销的每一个阶段，其他公众对各环节的影响作用也显而易见，如图2－2所示。

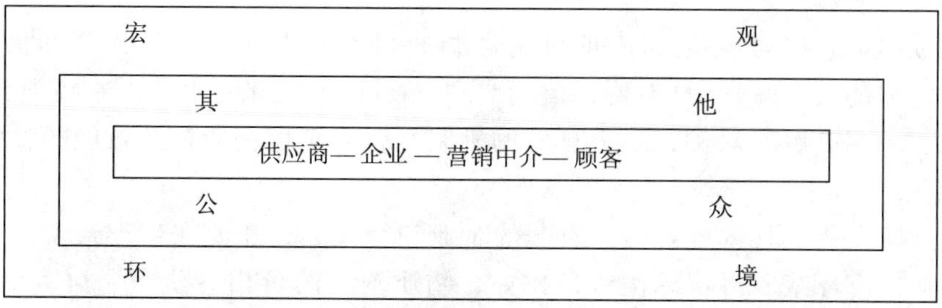

图2－2　营销环境

1. 企业

（1）企业文化。所谓企业文化，从本质上说，就是企业家及他率领的群体所拥有并积淀的赋予企业的性格。企业是以盈利为目的并为此而存在的，那么不同企业的文化就是各自盈利的思想和方法，具体表现为价值标准、企业精神、管理制度、行为规范等。企业文化的核心是企业治理道德。健康企业文化的共同之处是“见利思义”，多为他人着想，关心顾客，关心员工，关心合作对象，体现“以人为本”。良好的企业文化环境氛围有助于增进企业全体员工对企业的好感，并可以通过员工向外辐射这种感情以美化企业的对外形象。

（2）治理机制。企业内部必须有许多职能部门，它们各司其职、各行其是。企业要求各部门之间要相互联系、有效配合。但是，一旦各部门形成以后，就存在各自的利益关系，从而客观上存在着产生矛盾的可能。良好的企业运行机制可使各部门、各环节高效运转，产生“1＋1＞2”的效果；相反，如果一个企业无法处理好内部各部门之间的关系，它们各自为营、相互掣肘，势必造成内耗，从而削减总体的营销能力。

优良的企业治理机制要通过企业家良好的素养和对员工品质和技能的培养以及一系列企业制度来保证。

知识拓展

2019 年 1 月 7 日，百世快递集团召开 2019 年网络大会，提出百世将从“量变质胜”转变为“质变量胜”。在质变方面，百世将着力提升服务质量，全方位地提升客户体验；在量胜方面，将继续保持较高的业务量增速，提升经营能力，以经营精细化降低成本，提高量的规模效应及市场占有率。百世集团董事长表示，只有行业的整体盈利能力得到明显改善，网点才有能力和意愿去改善和提高快递员的待遇，从而留住优秀的快递员，提升企业形象和营销实力。百世将赋能基层网点，提高网点的整体盈利能力，把更多的收益倾斜给快递员。

（资料来源：摘自《2019 百世将赋能基层网点，收益向快递员倾斜》。）

（3）物质基础。企业文化和治理机制强调的是人的内在及与他人之间的群体关系。企业以具备优秀的“人”资源为要，但是，“巧妇难为无米之炊”，还必须具有良好的“物”资源。“人”“物”双优，加上良好的机制，就能实现企业资源效能的整体优化。

2. 供应商

供应商是向企业及其竞争者提供资源的企业和个人。企业要在生产经营中获得比较优势，就必须从供应环节取得资源优势，比如，物质资源的价格、质量、服务优势；运输、信贷及风险承担优势；人才及商誉优势等。这样才能为销售环节提供可靠的物质和精神保证。供应商对企业的影响表现在三个方面：①供货的稳定性与及时性是企业营销活动顺利进行的前提；②供货的价格变动直接影响产品的成本、利润和价格；③供货的质量水平将会直接影响产品的数量和质量。

针对上述影响，企业在寻找和选择供应商时，应特别注意两点：第一，企业必须充分考虑供应商的资信状况。要选择那些能够提供品质优良、价格合理的资源，交货及时、有良好信用，质量和效率都能信得过的供应商，并且要与主要供应商建立长期稳定的合作关系，保证企业生产资源供应的稳定性。第二，企业必须选择适当数量的供应商。如果企业过分依赖一家或少数几家供应商，受到供应变化的影响和打击的可能性就大。因此，企业应当选择适当数量的供应商，向多个供应商采购，尽量避免过于依赖单一的供应商，以免当与供应商的关系发生变化时企业陷入困境。

3. 营销中介

营销中介是指协助企业促销、销售以及把产品送到企业卖方的机构。它们包括中间商、物流机构、营销服务及金融中间机构。

企业在利用营销中介时，一方面是要尽量减少利用营销中介，因为每一个营销中介都是盈利机构，企业利用营销中介越多，费用支出也越大；另一方面，为了保证营销的迅速性和效益性，必须充分利用每一个营销中介。这是相辅相成的两个方面。

4. 顾客

顾客是企业最重要的公众。市场营销环境的每一个层级都要对顾客进行研究，其实市场研究就是研究顾客，顾客是企业营销的中心。

按需求特点和购买行为可以将顾客划分为五个市场：

（1）消费者市场。消费者市场是指满足个人或家庭生活需要而购买商品和劳务的市场。

（2）生产者市场。生产者市场指为赚取利润而购买商品和服务来生产其他产品和服务的市场。

（3）中间商市场。中间商市场指为赚取利润而购买商品和服务以再出售的市场。

（4）政府市场。政府市场指采购商品和服务以维持组织正常运转的政府机构。政府采购产品有特定的形式，与其他类市场有很大区别。

（5）国际市场。国际市场是一个与商品经济相联系，由国际市场主体、客体、载体、媒体等各种要素组成的有结构、有功能的有机统一整体。

企业营销总是面对上述一个或几个市场，被企业选中作为营销对象的市场就是企业的目标市场。企业通过研究目标市场的特征，以适当的产品、适当的价格、适当的分销渠道以及适当的促销方式去满足目标市场的特定需求。

5. 竞争者

通常人们认为竞争者就是企业的同行。他们与企业是相同的供应商、相同的营销中介，服务于同一群顾客。也就是说，企业的整个营销系统都被竞争者包围着。反过来，企业也包围着其他同行企业。他们是企业的直接威胁者，企业必须随时了解和监视竞争者。

现代企业营销扩展了竞争者的概念。从与企业销售关系的密切程度看，有四个层次的竞争者，即品牌竞争者、形式竞争者、同类竞争者和愿望竞争者。识别竞争对手以后，要研究竞争者的战略、目标，明辨竞争者的优势与劣势，评估竞争者的反应模式，这时企业可以面对竞争对手，发动竞争攻势或应对对方进攻。

（1）市场竞争者的营销目标。企业在营销活动中所承担的营销任务不同，所以有各自的营销目标。市场竞争者的营销目标一般包括以下内容：竞争对手的经营理念；竞争对手的组织结构；竞争对手的财务目标；竞争对手的控制系统。

（2）市场竞争者的营销假设。每个企业都会对自己所处的营销环境进行一系列的假设，其中既有对自身情况的假设，也包括对整个行业及行业中某些企业的情况假设。市场竞争者营销假设一般包括以下内容：竞争对手对优劣势的看法；竞争对手对市场竞争的看法；竞争对手对市场需求及行业发展趋势的看法。

（3）市场竞争者的现行战略。任何一个企业都有自己的竞争战略，从根本上讲一项具体竞争战略的制定，即为企业规定了一种广泛应用的程式，以指导企业在营销实务中该如何投入竞争、应该实现什么样的竞争目标以及在贯彻执行这些目标时需要采取的措施等。市场竞争者的现行战略一般包括以下内容：竞争对手企业内部实现营销目标的一致性；竞争对手营销目标和方针与营销环境的适应性；竞争对手的特定产品、具体营销策略的业绩。

（4）市场竞争者的营销能力。市场竞争者的营销目标、营销假设和现行战略会影响其对市场竞争做出反应的可能性，同时也决定了这种反应行为的时间选择、性质和强度。市场竞争者的营销能力一般包括以下内容：竞争对手的核心能力；竞争对手的成长发展能力；竞争对手的适应变化能力；竞争对手的持久耐力和快速反应能力。

（5）市场竞争者的反应。在对市场竞争者的营销目标、营销假设、现行战略和营销能力分析的基础上，能明确构成关于市场竞争者可能对营销活动中种种问题如何做出反应的概况。市场竞争者的反应一般包括以下内容：进攻性行为；防御性行为；跟随性行为。

同步案例

谁才是中国服装的真正对手

背景资料：

中国服装长期以来一直以国外名牌为跟随、模仿和赶超的对象，将之视作扬名立万的标杆。除国际品牌本身，国内消费者对国际品牌的偏爱与认可，竞争日益激烈的内销市场也被视作国内服装品牌莫大的挑战。但究竟谁才是中国服装的真正对手？

国际标杆的压力效应。“奢侈品牌卖的只是一个符号”，这句话曾被国内服装品牌奉为宝典，他们把大把的资金投入宣传以提升知名度，即便如此，却依旧难以抵挡国际知名品牌的大军压境。提高品牌的知名度、美誉度着实重要，但国际品牌制胜之处并不在此，其文化内涵和对消费者需求的精准把握才被视为经典的理由。

商业“特权”来自实力。在北京、上海、广州、深圳这些国内一线大城市的高档商场中，国外品牌和洋味十足的国内品牌占去了大半江山，以民族品牌自居的国内品牌只拥有少数席位。此外，国内商场租金之高，商业业态之单一等，也为人所诟病。商场之于本土品牌，依赖着，也对立着。

同行相伴，是对手更是帮手。国内服装市场的竞争激烈程度日益加剧，除了少数具有市场引领性的品牌，大部分服装企业仍在混战之中，服装同行的抄板、跟风现象几乎不可避免，这让许多品牌商对研发有力无心。

被模仿、被跟随是每一个成功品牌必然的命运。放眼中国，国际名牌之所以被称作潮流的引领者，就在于其风格、元素被不断地模仿，甚至抄袭。中国一直在大力提倡原创，将创新力作为产业进步的引擎动力，同时，国家不断完善保护知识产权的法律体系，遏制不规范的市场竞争行为，取得了显著的成果，而就品牌自身而言，不断进步的发展态势则是在竞争力中充满自信的体现。

国内品牌总是陷入一种做大做强的情怀，非一家独大不可称之为大成。在品牌不断升级的道路上，竞争者既是对手，又是帮手，跟随者的不断模仿正是品牌不断加强设计、更新款式的最大动力，连商业巨子马云也说，没有竞争对手会很孤独。

中国服装品牌的未来并不在于取代国际品牌，而是发现真正的自我，发现特有的文化，发掘具有中国特色的服装企业成长路径，从这一角度来看，其实中国服装品牌最难战胜的对手依旧是自己，这才是中国服装。

问题：

中国服装行业的真正竞争对手是谁？从以上案例可以看出企业在竞争过程中应注意些什么？

分析提示：

这个案例说明任何一个企业都有自己的竞争战略，一项具体竞争战略的制定，即为企业规定了一种广泛应用的程式，以指导企业在营销实务中该如何投入竞争、应该实现什么样的竞争目标以及在贯彻执行这些目标时需要采取的措施等。

（资料来源：摘自《纺织服装周刊》2010 年 32 期。）

（6）其他公众

这是企业核心营销系统以外的所有公众。公众就是对企业实现营销目标的能力有实际或潜在兴趣和影响的一切团体和个人，他们可以促成或阻碍企业营销。因此，企业往往设立专门协调这些公众关系的公关部门，明智的企业家会让所有员工都树立公关意识。从公众的性质上看，其他公众包括媒介公众、政府公众、群众团体、社区公众及一般公众。

2.1.4 市场营销宏观环境分析

宏观环境从总体上可分为自然环境和社会环境，社会环境又可分解为人口、经济、政治、科技等环境因素。企业和同行竞争者以及各微观环境主体，共同受宏观环境的制约。宏观环境及其变化会给企业带来机会，同时也造成威胁。

1. 自然环境

自然环境是指影响企业营销的自然资源、地形地貌和气候条件及其变化等自然因素。自然环境是最重要的营销环境，其他一切环境都依自然环境而存在。企业营销要考虑三个方面的问题，即资源问题、利用机会、生态环境问题。

（1）资源问题。地球资源可分为三类，即无限资源、有限可再生资源及有限不可再生资源。如阳光、空气是无限资源，但是随着现代工业的发展，水和空气的质量问题日益严重，以致将会影响到整个人类的生存。因此，我们要善待无限资源。生物资源是有限可再生资源，他们需要被精心利用。目前我们对它们的肆意破坏所造成的现实和潜在危机，已经越来越明显了。矿产资源属于有限不可再生资源，这类资源问题严重：一方面是使用量越来越大，另一方面是可使用量越来越少。现在有学者提出的“批判消费，反省快乐”具有现实意义。

（2）利用机会。地形地貌是天然的营销机会，四季更替、风霜雨雪更是企业营销的机会。当然，机会和威胁是并存的，机会如果运用过度或不当，就转化为威胁。

（3）生态环境问题。生态环境成为全人类关注的日益严重的问题。它的危害已经渗透到生产生活的一切领域，并且还在加速度地破坏着。企业维护环境会增加成本，而不去保护则不会带来直接危害，因此一般不会主动去保护生态环境。因此，一方面企业要自觉提升管理和营销道德，另一方面政府要进行有力的政策干预。

2. 人口环境

企业营销把人作为市场来研究。人口决定市场的存在与否，人口的数量决定市场的容量，人口的结构决定市场产品供应的结构。

（1）世界人口快速增长。进入 21 世纪以来，世界总人口增加了 14 亿，超过 2016 年的中国总人口。到 2030 年，世界人口将达到 85 亿。世界人口快速增长的主要原因是：随着科学技术的进步、生产力的发展和人民生活条件的改善，人的平均寿命大大延长，死亡率下降；发展中国家的人口出生率上升，人口迅速增加。世界人口尤其是发展中国家的人口将继续增长，这意味着世界市场将继续增长。

（2）发达国家的人口出生率下降。一些国家人口出生率下降的主要原因是：越来越多的女性参加工作；公众生育观念发生变化；避孕知识增加且技术提高。一方面，这种人口动向对儿童食品、儿童用品、儿童服装、儿童玩具等行业是一种环境威胁。因此，在发达国家经营儿童食品和用品的公司，选择到人口出生率高的国家去寻找市场，或者采取“转移”的对策，改行经营其他业务。另一方面，这种人口动向对某些行业有利。例如，许多年轻夫妇有更多的闲暇和收入用于旅游、外出就餐、娱乐，这给旅游业、餐饮业、体育娱乐业等提供了市场机会，促进了第三产业的发展。

（3）西方发达国家人口趋于老龄化。在西方发达国家，60 岁以上的人口占总人口的比例达 20% 左右，并且这个比例预计会在 2050 年前上升至 1/3。在日本，据预测到 2030 年 37% 的人口将超过 65 岁。这些年老的顾客相对富裕，50 岁以上的人群占有近 3/4 的世界财富，并且控制着一半的自由支配预算。这种人口动向，无论对社会还是对企业营销的影响都将是深刻的。由于人口老龄化，一方面，市场对摩托车、体育用品等青少年用品减少；另一方面，老年人的医疗和保健用品、助听器、眼镜、旅游、娱乐等的市场需要会迅速增加，这就给经营老年人用品的行业如旅游业、旅馆业、娱乐业提供了市场机会。

知识拓展

中国老年人的消费有七大特征：（1）求实性。包括商品的实用性、服务的可靠性、价格的合理性。（2）习惯性。人到老年以后，往往是怀旧和沿袭旧俗的心态大于对新事物的学习和接受。（3）方便性。消费中求方便是老年人生理变化促使消费生活变化的自然走向，方便性消费是生理变化的必然结果，它一般表现为对购买和消费两个方面的方便性要求。（4）补偿性。补偿性消费是一种纯粹的心理性消费，它是一种心理不平衡的自我修复。（5）服务性。通过服务形式弥补老年人生活能力和心理上的不足。（6）自我性与利他性。所谓自我性消费，主要是针对具有现代观念且子女独立性较强的那部分老年人，而利他性消费多是针对传统观念较重或由于各种原因子女难以独立的老年人。（7）情趣性。老年人的情趣性消费与年轻人不同，其情趣性消费实际上是习惯性消费的固化，或老年人为适应生理条件变化而参与的休闲消费的升华。

（资料来源：郭国庆，钱明辉．市场营销学通论．7 版．北京：中国人民大学出版社，2017.）

（4）家庭结构发生变化。一些国家离婚率高，许多人婚后少生或不生孩子，女性婚后参加工作的人数也在增加。家庭结构的这些变化引起了市场需求的相应变化。由于人们普遍晚婚，致使市场对结婚用品的需求减少；由于离婚率很高，很多人离婚后不愿再婚，致使市场对住房、汽车、日托服务等产品或服务的需求增加。2018 年，日本对 35—54 岁的单身男女做了一项结婚意向调查，调查结果显示，大约两人中有一人不想结婚。不论男女，年龄越大，不想结婚的比例越高。人们不想结婚的理由也有很多，比如结婚之后自己能自由支配的钱会变少，男性比女性更担心这个问题。如果独身更能保持精神和时间上的自由。而不论什么年龄层的男女，不想结婚最主要的理由还是独身主义。

3. 经济环境

从企业营销的角度，经济环境可以从不同层次分析：世界经济格局；“经济成长阶段”；国内经济形势及行业结构；居民货币收支；消费储蓄与信贷等。前两层是跨国公司必须考虑的。从我国的经济形势看，企业要注意三个方面：一是入世和西部开发；二是国外企业闯入对我国企业营销的影响；三是我国市场经济在走向成熟。

（1）居民收入和支出状况。居民收入是以国民生产总值和国民人均收入为前提的。它反映了一个国家或地区的居民收入和生活总体水平，在这个基础上再研究居民的总收入、可支配收入及可自由支配收入。企业在分析消费者收入时，既要分析个人收入，又要分析家庭收入。因为绝大部分产品的消费以个人为单位，但是以家庭为单位消费的产品都比较重要，或者是单位价值较大的耐用消费品；同时，还要区别货币收入和实际收入。

（2）消费支出模式。即消费者用于不同消费品的支出比例。收入水平决定着消费结构，而消费结构影响产品供应的结构，从而影响企业的投资方向。恩格尔法则是指食物支出占生活消费总支出的比例大小，可以用来反映一个国家、地区、家庭的贫富程度。这个比值就是恩格尔系数。恩格尔系数越大，说明生活越贫困，反之，则越富裕。消费者收入的变化，就会使恩格尔系数产生变化。企业必须要根据这种变化，及时调整自己的产品结构，才能适应人们消费模式的变化。

$$恩格尔系数（\%）=\frac{食物支出的总额}{家庭或个人消费支出总额}\times 100\%$$

（3）消费储蓄与信贷。消费者分配有三种倾向，即消费倾向、储蓄倾向和投资倾向。消费者的收入是一个一定的量，其中一种倾向加强了，必然减弱其他倾向。我国居民有良好的储蓄习惯，现在人们的投资意向也在逐渐养成和发展。消费者信贷，就是消费者凭借信用先取得产品使用权，再按期归还已购买产品的货款。随着住房、汽车等高价值商品消费的扩大，这种消费方式也正在转变。中国居民储蓄率和消费率对比如图 2－3 所示。

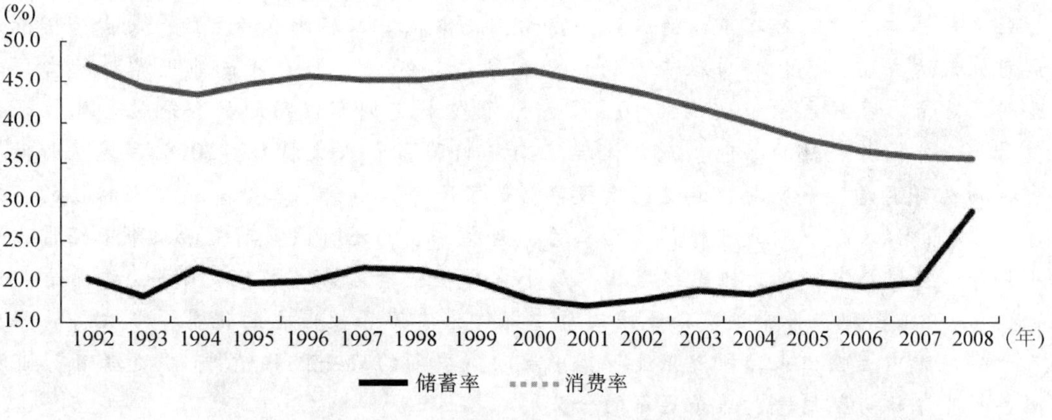

图 2－3　中国居民储蓄率和消费率对比

4. 政治环境

政府部门制定的方针政策对企业营销会产生巨大的影响。企业要善于协调与政府部门的关系，深入研究相关的方针政策及其变化趋势，从中发现机会、避免威胁。

5. 法律与道德环境

法律与道德是同一个范畴，都是规范人们行为的准则。法律提供人们行为的下限，道德提供人们行为的上限；道德规范人的思想，法律约束人的行为。企业从事市场营销活动，既要有良好的职业道德，又要有强烈的法制意识。

（1）法律。法律对于企业有双重作用，即保护企业权益和制约企业行为。市场经济是法制经济，企业必须知法懂法，全面了解法律环境，一方面要“心所欲不逾矩”，另一方面要学会运用法律来保护自己。

（2）道德。道德环境是最重要的社会环境因素。人们的一切社会活动都应该在尊崇道德的基点上展开。道德就是教导人们要多为他人着想，“见利思义”，“义，然后取，人不厌求其取”。营销是直接牟利的活动，但不可谋不义之财，否则必将害己害人。这已被中外企业的无数事实证明。

6. 科技环境

科技以前所未有的速度越来越快的发展，人们不断地创造科技奇迹的同时又被科技所左右着。人们享受着科技带来的成果，同时又去努力发展科技。科学技术是一种“破坏性的创造力量”。它破坏旧的事物的同时又创造了新的行业、技术、企业和就业机会。科技的普遍发展使专利技术和知识产权与产品的开发紧紧相连，企业用于科技的开支不断上升。

7. 文化环境

简单地说，社会文化就是提供给特定人群的一种生活方式。这种生活方式限定着不同人群，即国家、人种、地域及民族等之间的差异性。不同文化的差异性不仅体现在有形的物质上，如服饰文化、饮食文化、艺术文化、建筑文化等，还体现在无形的精神意识上，如道德观、价值观、思维方式、宗教信仰以及风俗习惯等。

知识拓展

世界杯吉祥物

每届世界杯吉祥物都有不同的名称和寓意，既象征着本届比赛的主题，又成为国际足联成员间表达友谊、合作和勇往直前的愿望和象征。例如，2010 年南非世界杯的吉祥物小狮子扎库米。扎库米意为“南非 10 号”，狮子在南非拥有较高的社会地位。扎库米的头发是和南非国旗一样的绿色，充分体现了南非的国家和人文特征。2018 年俄罗斯世界杯吉祥物也有寓意。俄罗斯曾通过网上投票初选了十个候选者，如代表俄罗斯科技的宇航员、机器人，代表俄罗斯战斗精神的远东豹、老虎、熊，还有俄罗斯童话故事中经常出现的小猫等，经过反复筛选，狼最终胜出。这个吉祥物被命名为“扎比瓦卡”，意思是“进球者”。据说狼出现在多个俄罗斯民间故事中，作为忠诚和救世主的化身，多次将故事中的王子从危难中拯救出来，所以狼能够集中反映俄罗斯的战斗民族精神。“进球者”也有鼓励各参赛球队勇猛拼杀、勇夺冠军的含义。

（资料来源：摘自《俄罗斯世界杯为什么选择“狼”作为吉祥物?》，搜狐网，2018 年 6 月 14 日。）

2.2 市场营销环境分析及营销对策

市场营销环境分析即监测跟踪市场营销环境发展趋势，发现市场机会和威胁，从而结合企业自身的竞争优势与劣势进行综合分析，能动地调整营销策略以适应环境变化。所谓市场机会，是指有利于企业营销活动的环境要素及发展趋势。所谓市场威胁，是指不利于企业营销活动的环境要素及发展趋势。

分析和评估企业的市场机会和威胁是企业选择营销对策的前提。SWOT 分析法是分析和评估企业的市场机会与威胁和选择营销对策的重要分析方法。

2.2.1 SWOT 分析法的原理

SWOT 是一种分析方法，是分析评价企业本身的竞争优势（strength）、竞争劣势（weakness）、面临的环境机会（opportunity）和环境威胁（threat），从而清楚地确定企业的资源优势和缺陷，在了解企业所面临的机会和挑战的基础上，从中找出对自己发展的有利机会及值得发挥的优势，找出对自己发展的不利威胁及应减轻或避免威胁的对策的科学分析方法。SWOT 分析法很有针对性，其优劣势分析主要是着眼于企业自身的实力及其与竞争对手的比较，而机会和威胁分析将注意力放在外部环境的变化及对企业的可能影响上。由于 SWOT 分析法能够较客观而准确地分析和研究企业现实情况，因此，使用这一方法对营销环境进行分析，对于科学制定企业未来的营销发展战略有着至关重要的意义。SWOT 分析法的主要应用步骤：一是罗列企业的优势和劣势、可能的机会与威胁；二是优势、劣势与机会、威胁相组合，形成 SO、ST、WO、WT 矩阵；三是对 SO、ST、WO、WT 策略进行甄别和选择，确定企业目前应该采取的具体战略与策略。SWOT 矩阵如图 2-4 所示。

	优势	劣势
机会	SO 战略	WO 战略
威胁	ST 战略	WT 战略

图 2-4 SWOT 矩阵

2.2.2 SWOT 分析法的应用

1. 机会与威胁分析方法（OT 分析）

（1）环境因素扫描法。由熟悉环境的专家和企业营销人员组成环境扫描小组，将所有可能出现的与企业营销活动有关的因素都列举出来，最后把比较一致的意见作为环境扫描的结果，即得出相关的主要环境因素。

例如，某烟草公司通过信息系统和市场营销调查了解了影响企业营销的一些相关环境因素，最后确定以下这些因素足以影响企业业务的动向：一是政府颁布了法令，规定所有的香烟广告和包装上都要印上关于吸烟危害健康之类的严厉警告；二是某些地方政府禁止在公共场所吸烟；三是发达国家吸烟人数下降；四是经科学研究发明了用莴笋叶制造无害烟叶的方法；五是发展中国家的吸烟人数迅速增加。

显然，上述第四、五条环境因素给烟草公司带来市场机会，使这家公司可能享有“差别利益”。第一、二、三条环境因素则给烟草公司造成威胁。

（2）矩阵图法。研究市场营销环境对企业的机会与威胁，一般都可从两个方面的内容进行分析。分析企业的机会可从其潜在的吸引力和企业成功的可能性两个方面进行分析。分析企业面临的威胁可从其对企业影响的严重性和出现的可能性两个方面进行分析。

分析可用矩阵方法来进行，如图 2－5 所示。

成功的概率		大	小
机会潜在吸引力	大	Ⅰ	Ⅱ
	小	Ⅲ	Ⅳ

出现的概率		高	低
威胁严重性	大	Ⅰ	Ⅱ
	小	Ⅲ	Ⅳ

图 2－5　机会、威胁分析矩阵图

①机会分析（机会分析矩阵图）。处于第Ⅰ象限营销的机会，机会潜在吸引力和成功的可能性都很大，表明营销机会对企业发展有利，同时，企业有能力利用营销机会，企业应采取积极的态度，分析把握。比如，当“非典”来临时，导致板蓝根、84 消毒液和纱布都供不应求，则很多销售板蓝根、84 消毒液和纱布的商家就面临着很大的机遇，而且成功的把握很大。企业就可以利用这次机会实现短期利润的增长。

处于第Ⅱ象限营销的机会，机会潜在吸引力很大，但是可能性很小，说明企业暂时还不具备利用这些机会的条件，应当放弃。面临着国人对健康的追求和渴望，企业可以开发出保健功能的产品，这对企业无疑是有很大潜在吸引力的，但对有的企业来说实现的可能性太小。这时，企业就应该好好分析当前的形势，尤其要注意企业的微观条件可否提供支持。

处于第Ⅲ象限营销的机会，机会潜在吸引力很小，成功的可能性大，虽然企业有利用机会的优势，但不值得企业去开拓。这样的情况很多，比如更换或改进产品的包装会对消费者形成新的刺激，但这种刺激的程度往往是有限的，虽然成功的可能性很大，但要考虑成本和收益的比较。

处于第Ⅳ象限营销的机会，机会潜在吸引力很小，成功可能性也小，企业应当主动放弃。这种情况企业就应该有所取舍了。

②威胁分析（威胁分析矩阵图）。第Ⅰ象限，环境威胁的严重性高，出现的概率也高，表明企业面临着严重的环境危机，面对危机企业应处于高度戒备状态，积极采取相应的对策，避免威胁造成的损失。例如，污水排放量很大的造纸厂在政府提倡环境保护而限制排污量的时候，企业面临的环境威胁就很大了，甚至面临着倒闭的危险。对此，企业就需要转变经营策略，把污水治理外包给污水处理公司，或者工厂自己加大治污力度。

第Ⅱ象限，威胁严重性高，但出现的概率低，企业不可忽视，必须密切注意其发展方向，也应制定相应的措施准备面对，力争将危害降低。这种情况也有。例如，流行性病毒对于餐饮行业的打击是惨重的，像“非典”这样的病毒出现的时候，餐饮行业只能选择加大消毒和宣传力度或者是创新，否则只能关门。但是，这种情况出现的概率是很低的。

第Ⅲ象限，营销环境威胁影响程度小，但出现的概率高，虽然企业面临的威胁不大，但是由于出现的可能性大，企业也必须充分重视。这样的情况也经常见到。

第Ⅳ象限，环境威胁严重性低，出现的概率也低，在这种情况下，企业不必担心，但应注意其发展动向。这样的情况很多，也有很大一部分情况是随机的，所以企业也不能一有什么风吹草动就草木皆兵，这样不仅使企业员工和消费者无所适从，也会使企业丧失很多机会。

③机会与威胁要素矩阵组合分析。营销环境带来的对企业的威胁和机会是并存的，威胁中有机会，机会中也有挑战。企业还可以运用威胁—环境矩阵综合分析，更清楚地认识企业在环境中的位置，如图 2 –6 所示。

		威胁水平	
		低	高
机会水平	高	I	II
	低	III	IV

图 2 –6　威胁—环境综合分析矩阵图

第Ⅰ象限为理想企业。这类企业的机会水平高，威胁水平低，说明企业有非常好的发展前景，这样的企业是很少的。比如面对全球环境保护呼声的高涨，绿色企业成为理想企业，它们前期投入了很大的人力物力，就可以在这种时候最先满足条件从而进入市场，占取先机。

第Ⅱ象限为冒险企业。这类企业的机会水平和威胁水平低，也就是说在环境中机会与挑战并存，成功和风险同在，因此，这类企业应抓住机会充分利用，同时制定避免风险的对策。前述这家烟草公司既有两个威胁出现的可能性和潜在严重性都大的市场营销环境因素，又有一个成功出现可能性和潜在吸引力都大的市场营销环境因素。总体上说，这家烟草公司处于冒险的市场营销环境中，属于冒险企业。现实中的企业，尤其是那些大中型企业，一般生产多品种的产品，市场营销环境变化不一定给每一种产品带来同等的威胁或同等的机会，但对具体产品的市场威胁和机会分析，也可采用同种方法。

第Ⅲ象限为成熟企业。这类企业的机会和威胁水平低，说明企业发展的机会已经很很少，自身发展潜力也很低，企业应该研究环境营造的新机会以进一步开拓，否则，将影响企业的生存。这样的企业有很大一部分集中在大企业，比如我国的服务行业、服装行业、工艺品行业等劳动密集型行业，都已经形成比较完备的格局，一般情况下不会面临很大的威胁和机会。

第Ⅳ象限为困难企业。这类企业面临较大的环境威胁，而营销机会也很少，这种企业如果不能减少环境威胁将陷入经营困难的境地。比如在绿色经济的呼声中，污染大的企业就很可能成为困难企业。

2. 竞争优势与竞争劣势分析（SW 分析）

（1）竞争优势。当两个企业处在同一市场或者说它们都有能力向同一顾客群体提供产品和服务时，如果其中一个企业有更高的盈利率或盈利潜力，那么，我们就认为这个企业比另外一个企业更具有竞争优势。换句话说，所谓竞争优势，是指一个企业超越其竞争对手的能力，这种能力有助于实现企业的主要目标——盈利。但值得注意的是，竞争优势并不一定完全体现在较高的盈利率上，因为有时企业更希望增加市场份额，或者多奖励管理人员或雇员。

①技术技能优势，指独特的生产技术，低成本的生产方法，领先的革新能力，雄厚的

技术实力，完善的质量控制体系，丰富的营销经验，上乘的客户服务，卓越的大规模采购技能。

②有形资产优势，指先进的生产流水线，现代化的车间和设备，拥有丰富的自然资源储存，吸引人的不动产地点，充足的资金，完备的资料信息。

③无形资产优势，指优秀的品牌形象，良好的商业信用，积极进取的公司文化。

④人力资源优势，指关键领域拥有专长的职员，积极上进的职员，很强的组织学习能力，丰富的经验。

⑤组织体系优势，指高质量的控制体系，完善的信息管理系统，忠诚的客户群，强大的融资能力。

⑥竞争能力优势，指产品开发周期短，强大的经销商网络，与供应商良好的伙伴关系，对市场环境变化的灵敏反应，市场份额的领导地位等。

（2）竞争劣势。它是指某种公司缺少或做得不好的东西，或指某种会使公司处于劣势的条件。①缺乏具有竞争意义的技能技术；②缺乏有竞争力的有形资产、无形资产、人力资源、组织资产；③关键领域里的竞争能力正在丧失等。

当然，SWOT 分析法不是仅仅列出四项清单，最重要的是通过评价公司的优势、劣势、机会、威胁，最终得出以下结论：一是在公司现有的内外部环境下，如何最优地运用自己的资源；二是如何建立公司的未来资源。

2.2.3 SWOT 分析与企业营销对策

市场营销环境变化给企业营销带来的影响是多样的、复杂的。企业应持全面、具体的评价原则，运用环境扫描法、“威胁—机会”矩阵图法，对影响企业营销的相关环境因素及其权重做出准确估析，并在环境分析与评价的基础上，对威胁与机会水平不等的各种营销业务，分别采取不同的对策。

分析评价市场营销环境，目的是为了制定应变对策。由于各个企业的具体情况不同，在同样的市场营销环境变化中，应变对策也不能一样，因此很难确定一种固定模式。

1. 应对环境威胁的对策

（1）反攻策略。反攻策略即试着限制或扭转不利因素的发展，通过法律诉讼等方式，促使政府通过某种法令或政策等保护自身合法权益不受侵犯，改变环境的威胁。

同步案例

克兰梅在感恩节的反攻策略

背景资料：

感恩节是美国的一个传统节日，这一天美国人要吃一种叫克兰梅的酸果食品。1959年11月9日，美国卫生教育福利部长弗莱明突然宣布，当年克兰梅作物由于除草剂的污染，在实验室用老鼠做试验后发现了致癌病变，虽然还不能证明在人身上是否也会有危害，但是他劝告公众自己酌情处理。

弗莱明的公告发布以后，立即在社会上引起强烈反响，克兰梅食品货架前顿时门庭冷落，生产加工克兰梅食品的企业大受其害。尤其是美国海洋浪花公司，这是一家专门生产克兰梅果汁果酱的企业，面临巨大的威胁。该公司认为，必须澄清事实，否则公司和整个行业都有可能破产。为此，他们制定了反攻策略。

首先，公司专门调查了整个过程，发现这是一个误解。于是，公司召开记者招待会，公布调查的全部情况，请有关官员，卫生、食品方面的专家、学者发表权威性意见，以消除弗莱明公告造成的不良影响。

其次，打电报给弗兰明，要求他立即采取措施，挽回影响；致电艾森豪威尔总统，请他敦促政府改正错误。

最后，当时四年一度的美国大选即将开始，两位年轻的政客——肯尼迪和尼克松的竞选即将开始。海洋浪花公司通过事先开展一系列的工作，在一次两人与公众见面的电视镜头中，肯尼迪吃了四份克兰梅果酱，尼克松喝了一杯克兰梅果汁。

通过以上一系列反攻措施，克兰梅又在感恩节前夕回到了货架上。

（资料来源：百度文库，https：//wenku. baidu. com/view/eaa78a6fd0f34693daef5ef7ba0d4a7303766c5f. html。）

问题：

克兰梅是如何做到在感恩节前夕回到货架上的？采取了哪些策略？

分析提示：

克兰梅利用反攻策略，通过请有关官员，卫生、食品方面的专家、学者发表权威性意见、开新闻发布会等一系列的公关活动澄清事实，以消除弗莱明公告造成的不良影响，让消费者对克兰梅有新的认识，使其重新回到了货架上进而起到了促销的作用。

（2）减轻策略。减轻策略即通过改变营销策略，以减轻环境威胁的程度。由于环境因素对企业营销形成一定的威胁，并且这一威胁后果不可避免，此时，减轻策略就是对付威胁的策略之一。

（3）合作策略。企业通过各种合作手段，如联合、合作、合并、参与等，由更多的社会组织组成联合体，充分利用资金、技术、设备，取长补短，分散风险，共同保护自身利益。

（4）转移策略。当受到威胁程度严重的企业，因无条件继续经营原来的业务时，可逐步转移原来的业务或调整业务范围，以减轻环境对企业的威胁。

近些年来，国内不少企业盲目走多元化发展的道路，导致资金紧张和管理失控，造成经营困难，有的公司以“壮士断臂”的决心果断压缩战线，关、停、并、转一批企业，使企业止住“出血点”，从困境中走出来。

2. 把握市场机会的对策

一是准确把握时机选择。如果看准了市场环境趋势，就应当机立断，尽早做出决策，不能等到停工待料时再去寻找市场机遇。

二是慎重行事。美国著名市场学学者西奥多·李维特曾告诫企业家们，要小心地评价市场营销机会。他说：“这里可能是一种需要，但是没有市场；或者这里可能是一个市场，但是没有顾客；或者这里可能有顾客，但没有推销员。”他的告诫说明，机会决策必须准确地预测市场需要和估价企业的能力，否则从表象出发难免导致决策失误。

三是逐步到位。实施决策应分步骤，边试验、边总结，以进一步摸清市场环境，然后全面实施。

本章小结

研究市场营销环境，表面上是研究企业的存在条件，其实是研究在不同的环境下消费者需求的表现形态，即企业如何通过自己的努力最恰当地去满足处在不同环境下的顾客需求。在营销方面，企业需要把握的就是“寻求机会，避免威胁”。

宏观环境是研究在不同的环境条件下，顾客将产生什么需求及随着环境的变化顾客的需求将如何相应变化，企业又将如何利用环境条件去满足及适应其变化。

微观环境强调的是企业如何高效地、采用什么途径去满足顾客需要，努力做到比竞争对手更好地赢得顾客的芳心。企业的“寻求机会，避免威胁”实际上就一个“寻找需求，适应需求”的问题。

营销道德和社会责任是企业营销的根本准则，任何离开道德的营销都是对社会、对消费者以及对企业的将来不负责任。“现代营销生产出太多人们并不需要的产品”，企业为追求利益而放弃自己的社会责任，造成社会资源的极大浪费。营销道德最终归结到营销者的道德素质上，提高营销者的道德素质，也是解决病态营销的根本。

市场营销环境分析即监测跟踪市场营销环境发展趋势，发现市场机会和威胁，从而结合企业自身的竞争优势与劣势进行综合分析，能动地调整营销策略以适应环境变化。所谓市场机会，是指有利于企业营销活动的环境要素及发展趋势。所谓市场威胁，是指不利于企业营销活动的环境要素及发展趋势。分析和评估企业的市场机会和威胁是企业选择营销对策的前提，SWOT 分析法是分析和评估企业的市场机会与威胁和选择营销对策的重要分析方法。

思考与练习

1. 理论题

(1) 单选题

①下列属于宏观环境因素的是（　　）。

A. 竞争者　　B. 人口环境　　C. 供应商　　D. 公众

②下列不属于宏观环境因素的是（　　）。

A. 人口　　B. 公众　　C. 经济　　D. 政治

③影响消费需求变化的最活跃的因素是（　　）。

A. 个人可支配收入　　B. 可任意支配收入

C. 个人收入　　D. 人均国内生产总值

④市场营销学认为，企业市场营销环境包括（　　）。

A. 人口环境和经济环境　　B. 自然环境和文化环境

C. 直接环境和间接环境　　D. 政治环境和法律环境

⑤企业的直接环境包括供应商、营销中介、目标顾客、竞争者、公众和（　　）。

A. 企业内部环境　　B. 国外消费者

C. 制造商　　D. 社会文化

（2）多选题

①企业的直接营销环境的构成要素主要有（　　）。

A. 竞争者　　B. 公众　　C. 供应商　　D. 营销中介

E. 目标顾客　　F. 企业内部环境

②企业的间接营销环境包括（　　）。

A. 人口　　B. 经济　　C. 科技　　D. 竞争者

E. 社会文化　　F. 自然　　G. 营销中介　　H. 政治法律

③一个国家的文化包括的亚文化群主要有（　　）。

A. 语言亚文化群　　B. 宗教亚文化群　　C. 民族亚文化群

D. 种族亚文化群　　E. 地理亚文化群

④下列属于社会文化的因素是（　　）。

A. 宗教信仰　　B. 风俗习惯　　C. 道德观念

D. 价值观念　　E. 地形地貌　　F. 风度气质

⑤企业进行经济环境分析时，要着重分析的主要因素有（　　）。

A. 人口出生率　　B. 消费者收入水平　C. 消费者文化素养

D. 消费者支出模式　E. 消费者储蓄和信贷情况的变化

（3）判断题

①决定消费者是否重复购买的最重要阶段是购后感受阶段。（　　）

②卖方构成行业，买方则构成市场。（　　）

③消费者市场的购买行为比生产者市场的购买行为更易受价格因素的影响。（　　）

④决定消费者是否重复购买的最重要阶段是购后感受阶段。（　　）

⑤需求是可以刺激的，并随着企业销售努力的大小而变动。（　　）

（4）简答题

①营销环境的含义、构成及特征是什么？

②企业的微观环境有哪些因素？宏观环境有哪些因素？

③企业对所面临的主要市场营销机会可能采取的对策有哪些？

④企业对所面临的主要环境威胁可能采取的对策有哪些？

2. 实务训练题

【案例分析 1】

星巴克的“第三空间

星巴克没有进入上海之前，上海人也喝咖啡，但随着星巴克的出现，星巴克已经成为上海人追忆往昔时光、消遣和娱乐的主要场所。它在上海经营得非常成功，一下子开了十几家连锁店。虽然星巴克不是上海唯一卖咖啡的店，但星巴克做得最好。它采用多种方法吸引消费者，例如，近几年中秋节，星巴克特制了星巴克月饼，围绕着中国月饼的是星巴克咖啡，通过月饼把星巴克与中国联系起来。又如上海黄浦江边有家星巴克，这家星巴克的景色很美。在日落时坐在咖啡厅里，一边品着咖啡，一边欣赏着落日的繁华热闹和华灯初上的迷人景色，天边彩霞漫天，杯中咖啡香浓，这是一种什么境界呢？星巴克的营销观点是："我们亲自为消费者选择咖啡豆。"从最稀少的蓝山、麽卡、巴西一直到维也纳等各种名贵咖啡，星巴克都在努力为顾客挑选咖啡豆，这就是它的一种文化。更为重要的是，星巴克提出了第三空间理论："人待的两个空间，第一个是办公室，第二个是家，如果你厌倦了自己的办公室、烦透了自己的家，请来到星巴克第三空间，去享受你的生活。"如果不是待在办公室，也不待在家里，而时常待在星巴克，它要赚多少钱？这就是所谓的第三空间策略。为什么星巴克想这么多？因为它有敏锐性，很敏锐地发现什么是新消费文化，什么是中国新新人类。他们提倡享受"第三空间"，这就是高度敏感性的规划。

（资料来源：（https：//wenku. baidu. com/view/b62d3cf6366baf1ffc4ffe4733687e21ae45ffe1. html。）

思考题：

（1）星巴克第三空间策略是指什么？

（2）星巴克运用了市场营销环境因素中什么环境因素取得了成功？

（3）星巴克与普通咖啡厅不同的地方体现在哪些方面？

【案例分析2】

小玩具熊"米沙"的失败

1977年，洛杉矶的斯坦福·布卢姆以25万美元买下西半球公司的一项专利，生产一种名叫"米沙"的小玩具熊，用作1980年莫斯科奥运会的吉祥物。此后的两年里，布卢姆先生和他的伊美治体育用品公司致力于"米沙"的推销工作，并把"米沙"商标的使用权出让给58家公司。成千上万的"米沙"被制造出来，分销到全国的玩具商店和百货商店，十几家杂志上出现了这种带4种色彩的小熊形象。开始"米沙"的销路很好，布卢姆预计这项业务的营业收入可达5000万到1亿美元。不料在奥运会开幕前，由于苏联拒绝从阿富汗撤军，美国总统宣布不参加在莫斯科举行的奥运会。骤然间，"米沙"变成被人深恶痛绝的象征，布卢姆的盈利计划成为泡影。

（资料来源：https：//zhidao. baidu. com/question/183844060. html。）

思考题：

（1）从市场营销环境的角度分析，导致小玩具熊"米沙"失败的原因是什么？

（2）如何改变小玩具熊"米沙"销售的被动局面？

第 3 章
购买行为分析与营销价值认知

消费者行为是一切，一切皆为消费者行为。

——罗格·D. 布莱克韦尔

【知识要点】

（1）消费者市场；（2）生产者市场；（3）消费者购买行为模式；（4）生产者市场购买行为模式。

【能力目标】

（1）了解消费者、生产者市场的概念、分类和特点；

（2）掌握消费者一般购买行为模式和决策过程；

（3）掌握影响消费者购买行为的主要因素。

导入案例

2019 年中国消费者市场新趋势

截至 2018 年第三季度，中国平均消费趋势指数位于 113 点，与上年持平，仍远高于全球 105 的均值。随着我国经济结构持续优化，新的经济动能成长不断加速，成为经济运行保持在合理区间的重要动力。尼尔森研究公司提醒关注 2019 年全民消费时代的到来。尼尔森认为，经济独立带来了消费独立，消费者逐渐变得更为“自我”，为自己的兴趣和享受生活买单，已经不仅仅局限在某些消费群体。曾经的消费金字塔逐渐倒塌，取而代之的是全民消费时代的到来。此外，在物质生活空前发达的今天，消费者愈发成熟，相比于盲目购买高价格的商品，不少人更倾向于理性消费。随着一线城市消费者自我认知的提高，更多的消费者特别是年轻消费者更多地通过共同的兴趣和话题来组建自己的社交圈，并更信任兴趣圈的同行的评价和推荐，56% 的消费者认为兴趣圈中的推荐是重要的参考因素。

（资料来源：摘自《从 2018 年中国消费市场特点看 2019 年趋势》，《中国经济时报》。）

启示：善于研究消费者的购买行为及心理并投其所好，以顾客的需求为一切销售工作的出发点就能成功打开市场，开创一片新天地。

3.1 消费者市场购买行为分析

市场营销的目的是满足消费者的需求。企业必须分析和研究消费者的需求及其影响因素，研究消费者的购买行为及其自身持有的规律，才能有效地开展市场营销活动，实现其营销目标。

3.1.1 消费者购买行为模式

1. 消费者市场及消费品分类

（1）消费者市场。消费者市场由为满足生活消费需要而购买货物和劳务的一切个人和家庭构成。他们是具有不同个性的个体，购买行为复杂多变，既受经济、社会等外在因素的影响，又受个性、心理等内在因素的影响。

（2）消费品分类。市场营销学通常按消费者购买行为的差异给消费品分类。

①便利品，是指售价低、不需挑选、能迅速购买的产品和服务，包括食品、香烟等，通常价格低廉，购买时不做过多挑选，以方便为要。

②选购品，是指单位价值较高、使用时间长、要经过比较选择才购买的产品，如服装、家具、家用电器等。消费者在购买此类产品时，对产品的质量、品牌、售后服务或购买地点等各方面要进行反复比较，达到满意状态时才实施购买。

③特殊品，是指需要精心挑选的具有特殊品质或品牌的消费者所偏爱的产品，如汽车、高级组合音响及收藏类产品等。此类产品属于非重复性购买，消费者往往经过慎重考虑后才决定购买。

2. 消费者市场需求特征

（1）分散性，指消费者市场上购买者众多，市场分散，成交次数频繁，数量零星。

（2）差异性，指消费者的需求呈现较大的差异性和多样性。

（3）多变性，指消费者需求多变。

（4）替代性，指消费者市场产品种类繁多，不同产品往往可以互相替代。

（5）非专业性，指购买者对产品知识和市场知识较为缺乏，属于非专业购买行为，产品选购受广告宣传的影响较大。

3.1.2 消费者行为模式

人的行为受心理活动支配。从心理到行为，心理学中有一个“刺激—行为”模式，即“刺激—需要—动机—行为”。刺激产生需求，需要强烈到一定程度时，就会诱发动机，动机强烈到一定程度就导致行为，如图 3－1 所示。

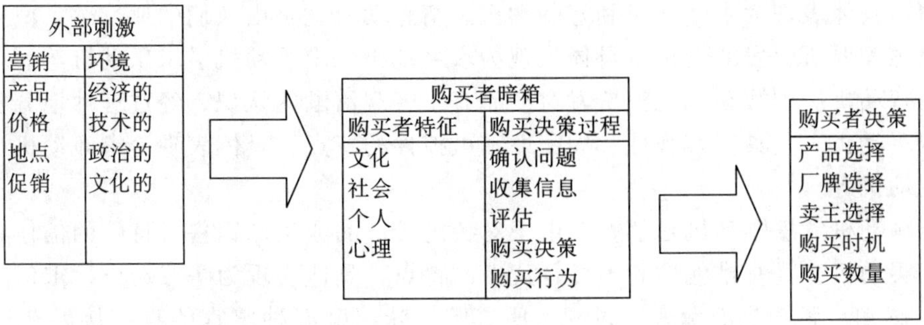

图 3-1　购买者行为模式

人们行为的动机是一种内在的心理活动过程，像一只黑箱，是一个不可捉摸的神秘过程。客观的刺激，经过黑箱（心理活动过程）产生反应，引起行为，只有通过对行为的研究，才能了解心理活动过程。

营销者的任务是去了解介于外在刺激与采购决策间的购买者黑箱。首先，消费者的背景特征对其如何反映刺激具有重大影响；其次，消费者决策过程会影响结果。

3.1.3　影响消费者购买行为的因素

影响消费者购买行为的主要因素包括心理因素、社会因素、文化因素、个人因素，如图 3-2 所示。

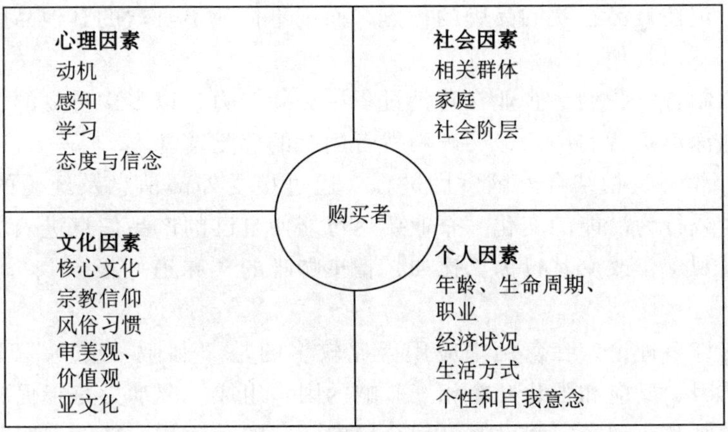

图 3-2　影响消费者购买行为的主要因素

1. 心理因素

（1）消费者的动机。动机就是由需要引起的、推动人们实施购买行为的驱动力。动机的产生必须具备两个条件：一是具有一定强度的需要；二是具有满足需要的目标和诱因。消费者的动机一般分为以下三种类型。

①感情动机。消费者对产品、生产销售的企业以及需要能否得到满足，都有亲疏好恶的态度，从而产生肯定或否定的感情体验。不同消费者对于这些体验就会形成不同的购买动机。它具有突发性、冲动性和易变性的特点。感情动机可以细分为两种情况，一种是情绪动机，另一种是情感动机。情绪动机是由于人们情绪的喜、怒、哀、乐的变化所引起的

购买欲望，具体表现为求新动机和好胜动机。情感动机就是由人们的道德感、威望感、友谊感等情感需要所引发的动机，具体表现为求名动机、求美动机、求乐动机等。

②理智动机。理智动机是消费者对产品有了客观清醒的认识，经过理性地分析比较后产生的购买动机。它具有客观性、周密性和可控性的特点，具体表现为求廉动机、求同动机、求便动机等。

③惠顾动机。惠顾动机是消费者由于对特定的产品或生产销售者特殊的信任和偏好而形成的购买动机，具有排他性和不可替代性的特点，具体表现为嗜好动机、求信动机等。

（2）感知。感知是消费者通过视、听、嗅、味、触五种感官能直接接触获得的外界刺激物或情景的形象反映。感知是一种感性认识，对消费者的购买决策和购买行为影响很大。心理学认为，感知过程是一个有选择性的心理过程，它有三种机制。

①选择性注意。一个人每时每刻都面临着许多刺激物，但不可能都会引起注意，而只能有选择地注意某些刺激物。有三种情况会引起人们的注意：一是那些与自己主观需要有关系的事物和正要购买的对象；二是期望的事物，预期将要出现的事物；三是变化幅度大于一般的事物，较为特殊的事物。

②选择性曲解。消费者即使注意到刺激物，但不一定能正确认识，如实、客观地反映，往往按照自己的偏见或先入为主来曲解客观事物。人们有一种将外界输入的信息与自己头脑中早已形成的模式相结合的倾向，这种按个人意图曲解信息的倾向叫选择性曲解。例如，有些消费者主观地认为国产不如进口，这就是“选择性曲解”。

③选择性记忆。人们对所了解的信息不可能都记住，而只记住支持自己看法和信念的信息。例如，只记住自己喜欢的品牌的优点，而记不住他不喜欢的其他品牌的优点，每次购买只记品牌，不记其他。

以上三种机制告诉我们，企业在营销过程中必须努力，以多次重复的、有吸引力的刺激、强刺激，加深消费者的印象，突破消费者固有的感觉壁垒。

（3）学习。学习是指结合人脑发展进程，通过接受外部信息及经验的积累而产生的思想观念、行为或行为潜能的变化。企业要尽可能使自己的产品信息进入消费者学习的范围，进而形成其观念，改变其行为。比如，雀巢咖啡的“味道好极了”；海尔的“真诚到永远”等。

关于学习有许多理论，在营销中应用得比较多的是“刺激—反应”理论，它由驱动力、刺激物、诱因、反应和强化几个相互影响的因素组成。驱动力是指促成行动的一种内在刺激。当这种刺激达到一定强度时，就会导向一定的刺激物。能够引起购买行为产生的提示物就是诱因，可以是相关刺激物的广告、招牌、实物等。消费者需要满足后对刺激物的评价就是反应，在不断的刺激和反应循环中，刺激物在消费者心目中得到了强化。

人的行为主要是习得行为，也就是说后天学会的行为，这是企业营销运用学习理论的基本前提。企业要设法将自身及产品的相关信息融入消费者每天的学习信息中，使他们主动或被动地接触这些信息，进而影响其购买行为。促使消费者学习可以有多种方法，例如，强化、重复、表象、适度刺激、泛刺激等。

（4）态度与信念。

①态度。态度是指人从自身出发，主观上对某一事物所持有的正向或反向的评价、感受或倾向。人对所见所闻的一切事物都会表现出自己的态度，消费者对企业及其所提供的

产品与服务形成某种态度，决定着他们对企业及其产品、品牌的好恶评价；与之距离的亲疏，从而影响他们在接受信息时的主动性与效果；还将通过影响其购买意向，决定他们的购买行为。

态度在人群中具有认同的特性，一般对于自己熟悉的或有过切身体会的事物态度就较绝对，不易改变。消费者态度的改变包括两层含义：一是态度强度的改变；二是态度方向的改变。对于企业来讲，一开始就应该以最佳的产品去迎合消费者的态度，而不应亡羊补牢，付出高代价去改变人们的态度。

②信念。信念是指人们对事物所持有的自己认为可以确信的看法。这个看法的根源是消费者对某事物带给自己或自己所代表的群体的利益。一个客观存在的事实是，人们对企业及其产品或服务所持有的信念，往往就构成了该企业及其产品、服务的形象，并成为人们行为的依据。这个原理启发我们，企业自始至终都应为消费者的利益着想。

2. 社会因素

消费者具有广泛的社会联系，这种联系也必然在购买和消费行为中体现出来，消费者购买行为受到相关群体、家庭、社会阶层等一系列社会因素的影响。

（1）相关群体。相关群体是指影响和制约消费者观念和行为的个人或人群，简言之，就是人们的社会联系。相关群体不仅仅是与个体直接接触的他人或群体，也包括与消费者没有直接接触的、但对消费者产生深刻影响的个人或群体，因此相关群体的涵盖面很广。

根据消费者与相关群体关系程度的不同，可以将其区分为四种群体：一是接受群体。如家庭、单位、朋友、同事、同学、各种党派团体等，消费者与该群体之间具有成员关系，并且认同这一群体的观念和行为标准。二是拒绝群体。与接受群体相反，他们属于某个群体但不认同该群体的观念或行为标准，往往反其道而行之。三是向往群体。如社会阶层、文化群体、各种戏迷、球迷俱乐部或追星族等，是消费者渴望加入其中获追随的群体。四是逃避群体，是与向往群体相反的群体。第三种和第四种相关群体往往有一个意见领袖，他的观念和行为会影响整个相关群体的购买行为和消费观点。因此，企业在运用意见领袖时，应充分考虑支持群体和反对群体对整个目标市场影响的结果。

知识拓展

相关群体对消费者的影响

张三发现成功的经理都穿着保守，张三相信保守的形象适合经理这个身份，于是他为自己添置了保守的衣服。

一位朋友说耐克的鞋子好穿。当需要一双新鞋子时，李四去了耐克的专卖店。

（2）家庭。家庭是最重要的相关群体。它对消费者个人价值观念、审美意识、生活方式及消费观念的形成影响最大。家庭对购买行为的影响主要体现在以下三个方面：

①家庭权威中心。在一般的家庭里，妻子购买大量商品，主要包括吃穿和日用杂货等物品，但对高价值商品的购买决策，常常取决于谁更有权力或经验。一般有四种情况：丈夫决定型：传统型家庭；妻子决定型：女权主义家庭；共同决定型：民主气氛较浓的家庭；各自决定型：现代白领女性家庭和夫妻有矛盾时期。

②家庭成员在购买过程中的角色。在消费者购买过程中，每个家庭成员可能扮演五种不同的角色，即发起者、影响着、决策者、购买者和使用者。有的成员可能扮演一种角

色，有的可能有几种或全部。了解每种角色都很重要，忽略其中任何一种角色都有失去他们购买的可能。企业要努力使每一种角色都能够认同企业的产品或服务。

③家庭寿命周期。家庭寿命周期是一个家庭从产生到消亡的全过程，一般经历五个阶段：a. 单身期，是指离开父母而单独生活的已经成年的年轻人。这时它们经济上已经独立，但收入较低或不稳定，生活上除了基本的日常开支外，还花费在时装、化妆品、旅游、房租、交通等方面。他们消费缺乏计划，容易被企业营销左右。b. 新婚期，是从形成结婚意向到第一个孩子出生的一段时间。这是家庭消费的第一个高潮，要构筑一个家庭从住房到碗筷的一切家庭设施。二人世界在这一期间处在较高的消费水平上，有大量业余时间，对奢侈性、冲动性、娱乐性消费情有独钟。c. 美满期或满巢期，指从第一个孩子出生到孩子离家独立生活的期间。这是家庭消费的第二个高潮。孩子出生后，家庭消费的重心转移到了孩子身上，父母把自己的消费压缩到一个较低标准，而把大量的金钱花费在小孩的吃、穿、玩、医疗和教育上，对家用电器有更进一步的需求，也是住房、汽车等高值商品的主要购买者。d. 空巢期，是子女离家独立生活到父母俱在期间。就城市家庭来看，这是家庭消费的第三个高潮。父母重获生活自由，他们能自由支配自己的时间和经济收入。所以他们又恢复了新婚期的消费热情，只是现在的消费趋于求实心理，愿意购买一些货真价实的、能体现自己身份的商品；同时由于健康的原因，在医疗保健上的消费也占相当比重。e. 寂寞期或鳏寡期，是指二老只剩一个，家庭进入解体的时期。如果在世的一方身体尚好，有工作或有足够的储蓄，安排生活比较容易，可能会有“黄昏恋”；退休后收入减少，疾病缠身，与晚辈不在一起生活，生活就很孤单，需要更多的社会和相关企业的关爱。

（3）社会阶层。社会阶层就是社会成员被一定的等级标准划分成许多相互区别的同质性和持久性的群体，其中的每一个群体就是一个阶层。每个阶层的所有成员在态度、消费行为模式和价值观念、兴趣爱好等方面都具有相似性。通常用权力、财富和声望三个标准来划分社会阶层。

3. 文化因素

（1）核心文化。人们的消费行为首先受核心文化的制约。核心文化是决定人们思维和行为的内在因素，体现为人们的基本信仰、价值观念和生活准则。与企业营销有关的文化特性，如中国人的“仁义忠信”“父慈子孝”“知恩必报”“勤俭朴实”“礼尚往来”“宽和忍让”“修己内圣”等都是中国人的传统文化特性。

（2）宗教信仰。世界上有许多宗教，较为盛行的有佛教、基督教、犹太教、道教、儒教等，宗教实际上是人对宇宙、生命及人生的看法。这些宗教的信仰者都有各自的生活方式和消费习惯。宗教信仰能影响人们的价值观念和行为。

（3）风俗习惯。不同的国家和民族有各自的风俗习惯。我国是一个多民族国家，各民族都有自己独特的民俗风情。现代企业经济也不断趋于国际化，所以在企业营销中，一方面，要尊重营销伙伴和消费者的民族传统和风俗习惯；另一方面，要积极利用和开发民俗风情资源，以诱导和迎合目标人群的需要。

（4）审美观。企业要充分认识不同文化背景的人群不同的审美观，在商务交往和产品、广告设计中是具有重大意义的。

（5）价值观。不同文化背景或不同时期的人群在对待财富、时间、地位和交往等方面的观念和理解存在差异，因此，我们在对外营销时要特别注意。

（6）亚文化。亚文化是指某一文化群体所属次级群体的成员共有的独特信念、价值观和生活习惯。比如民族亚文化、宗教亚文化、种族亚文化、地理亚文化等。它们是企业市场细分的标准，对企业营销有着重要意义。

4. 个人因素

（1）年龄和生命周期阶段。人们对食品、服装、家具与休闲活动的兴趣与年龄关系很大，购买与家庭生命周期阶段也有非常重要的关系。营销人员按家庭生命周期的阶段定义目标市场，为各阶段开发合适的产品，制定适当的营销计划。

（2）职业。一个人的职业会影响他所购买的产品和服务。蓝领工人一般购买较多的工作服，而白领工人则购买西装和领带。营销人员试图确认那些对他们的产品和服务有相当兴趣的职业群体，甚至专门制造既定职业群体所需的产品。例如，计算机软件公司为品牌经理、会计、工程师、律师和医生设计了不同的产品。

（3）经济状况。一个人的经济状况要影响他对产品的选择。公司在经营与收入水平相关的产品时，会很注意个人收入、储蓄和利率的变化趋势。如果经济指标预示着衰退，营销者就需要重新设计产品并定价。

（4）生活方式。生活方式是由人的心理图案反映的生活形式，包括消费者活动（工作、嗜好、购买活动、运动和社会活动）、兴趣（食品、服装、家庭、休闲）和观念（关于自己、社会事物、商业和产品等）。生活方式表现的内容远比人的社会阶层或个性要多，它勾画出一个人在社会中的行动和兴趣的形式。如果认真研究生活方式，可以帮助营销人员了解变化中的消费者的价值观，并弄清它们是如何影响购买行为的。

（5）个性和自我意念。每个人独特的个性将影响其购买行为。个性是单一的心理图案，它相对稳定。个性常用形象的语言来描绘，比如自信、权威、爱社交、自主、自我保护、适应性和野心等。个性能被用于分析消费者对某些产品或品牌的选择。例如，咖啡制造商发现喝浓咖啡的人的社交能力很强，因此麦氏公司的广告画面中表现了冒热气的咖啡和人们轻松交流的样子。许多营销者使用与个性有关的概念，比如人们所说的“意念”（也称“自我观念”）。基本的意念前提是人们所拥有的东西决定他们的身份，也就是人们说的，“我们有什么就是什么”。因此，营销者需要了解消费者“意念”和“所有”之间的关系。

3.1.4　消费者购买行为类型和过程

1. 消费者购买行为类型

根据消费者性格和购买心理不同来分析，消费者的购买行为有如下类型：

（1）习惯型购买行为。习惯型购买行为是由信任动机产生的，消费者对某种品牌或对某个企业的产品的一种经常性的购买行为。

（2）理智型购买行为。这是理智型消费者的购买行为。他们在做出购买决策之前一般经过仔细比较和考虑，不易为感情或服务态度所打动，决定后不易改变。对这类顾客的最好办法就是诚心待人，以理服人。

（3）经济型购买行为。他们对价格很敏感，善于精打细算，努力寻求比较价格的差异，并从中得到心理满足。对这类顾客要耐心，并赞美他们内行、识货。

(4) 冲动型购买行为。他们往往是年轻人，以情决断，容易受产品外观、广告宣传或相关人员的影响，决定轻率，易于动摇和反悔。如果企业能经常创造新花样，很容易被吸引。

(5) 想象型购买行为。他们可能有一定的艺术细胞，善于联想，自以为是。如果产品在设计、造型、色彩等方面有新意，再加上艺术的促销引导，会比较有效。

(6) 不定型购买行为。他们往往是一些年轻的、新近开始独立购物的消费者，易于接受新的东西，消费习惯和消费心理正在形成之中，缺乏主见，没有固定的偏好。问的多，看的多，选的多，买的少。对于这样的顾客，首先要满足他们问、选、看的要求，让销售的产品和服务在他们心中留下美好的影响。

2. 消费者购买行为过程

人们的购买行为有时复杂，有时简单，决定购买行为复杂程度的因素有两个：一是产品价值的大小，二是购买者对所购买产品的熟悉程度。简单的购买行为在瞬间完成，复杂的购买行为要历时长久。整个购买行为过程分为五个阶段。购买行为过程的每一次递进，都是基于前一个阶段量的积累，如图 3－3 所示。

图 3－3　消费者购买行为过程

(1) 唤起需要。人的需要可以由两种刺激引起：一是内部刺激，就是饥渴等生理方面刺激产生的需要；二是外部刺激，就是人感知到外界刺激物而引起的需要。生理需要只提出满足需要的对象，而不是具体的目标。比如胃的蠕动在食物消耗到一定程度时就刺激到饥饿神经，让人感到饿了，即对食物的需要。至于具体的食物，则因人、饮食、情景而定，带有强烈的心理色彩。

消费者对某种产品的需要强度，会随着环境条件的变化而变化。企业要尽可能再强化消费者需求，以让他们尽快地进入第二阶段。

(2) 收集信息。消费者需要没有被强化，就维持在这一阶段，条件发生变化时，如果被弱化，需求会消失，如果被强化，就会加强注意，主动去收集有关信息。消费者收集信息一般有四个来源：

①个人来源，即来自家庭、朋友、邻居、同事、同学等处的信息，这些信息对消费者的购买决策影响最为有效。

②商业来源，即来自广告、推销员、经销商、包装、展览等方面的信息。这是消费者接收到的最大量的信息，但是被消费者认为这些信息的可信度最低。

③公众来源，即来自大众传播媒体、消费者评审组织、政府机构等处的信息，这类信息一般是可信的。

④经验来源，即消费者自己在对产品的处理、检查和使用过程中得来的记忆信息，这种信息最可靠，但是消费者自己熟悉的产品毕竟很少。

对于企业来说，只有商业来源和公众来源是可以利用的。企业虽然不可操作其他两个来源，但是可以通过“满意的顾客”的“最好的推销”来实现。

由于消费者对信息收集是有选择的，并且不同的消费者有不同的判断标准，因此，企业应该恰如其分地宣传自己的产品，售货员的推介也应恰到好处，争取最大限度地获得顾客的信任，从而使企业的产品在顾客的选择性信息收集中被选中。否则，就无法进入消费者购买行为的后续阶段。

（3）比较评价。消费者收集了相关产品的信息后，不可能把所选的产品全部买下来，这就有一个比较评价的筛选过程。对消费者的比较评价，学者们提出了多种方法和模式，比较接近消费者的是“理想厂牌法”。所谓理想厂牌法，就是消费者根据购买目的设想出一种“理想产品”，然后将它与实际产品作比较，最接近“理想产品”的牌子就是消费者最后所选中的产品。

顾客对自己所要购买的产品会列出一系列自己认为重要的属性，而以各种属性的重要性作为决定取舍的原则。如图 3－4 所示。

家庭轿车	电脑	空调
安全、可靠	运行速度	耗电量
舒适、耐用	价格	功率与制冷、热
维修、服务	显示器类型与大小	噪音大小
价格	硬盘容量	维修、服务
有无名气	软件适用性	价格
技术和款式		

图 3－4　几个产品属性的评价标准

当然，不同的消费者对产品属性的权重是不一样的，他们会在不断地放弃“不理想”品牌和修正自己“理想品牌”的过程中作出最后的决定。企业可以采取以下方法影响消费者的购买决策：

①改变现有产品的某些属性，以接近这个消费者群的“理想产品”。

②摆事实，讲道理，科学地宣传介绍自己产品的优点，修正消费者对产品的信念和态度，树立正确的消费观念。

③向消费者介绍企业理念，以取得消费者对企业的信任，打消购买风险顾虑。

④试图改变消费者“理想产品”的标准。

（4）购买决策。消费者经过精心比较评价，已经得到了自己认为正确的结论，如果不出现意外的干扰，就会将购买的意图转向购买行为。但是消费者随时可能改变主意。

购买决策是消费者购买行为最关键的阶段，是企业最担心的阶段，也是企业一切营销努力的希望所在。消费者由购买意图转向购买行为时还会有一段时滞，有三个因素会影响他的购买：

①他人的态度。如果是消费者很在意的人，他对产品或购买行为的好恶态度会在很大程度上坚定或否定购买者的信念。

②购买风险。这是消费者关心的核心问题，在这一阶段，顾客具有强烈的风险感。企业的主要任务就是消除其风险感，以加速顾客的购买决策。

③意外情况。意外情况有两个方面：一方面是与消费者及其家庭有关的因素，比如收入变化、例外开支、个人心态、产品的预期利益等；另一方面是与产品或市场营销活动有

关的因素，如推销者的态度、购买条件、产品及价格的变动、流行趋势等。

这三个因素除了突发事件外，都是购买风险问题，企业营销的中心点就是让顾客“把商品带回家，把对产品的责任留下来”。

（5）购后感受。消费者购买后的过程还包括四个内容，即决策确认、经历评估、满意或不满意和未来反应。

①决策确认。消费者购买产品后回去确认购买决策是否明智。他会去寻求更多支持自己购买决策方案的正面信息，避免负面信息。他还会去关心产品的价格、各性能属性的变动状况、流行趋势等，以给这个产品一个最终的评价。

②经历评估。购买后，消费者在使用过程中逐渐认识和熟悉了这个产品，并且把它视为这个家庭或自己的一个部分。随着产品不断地被使用，最终形成了对这个产品和这次购买行为的一个事实评价。

③满意或不满意。如果购买产品达到购买前的预期，消费者就会满意，否则就不满意，超过预期就会非常满意。

④未来反应。它直接取决于消费者的满意程度，有三种可能的反应：退出、表达意见和忠诚。不满意时，他们就不可能再是这个品牌的顾客，下次产生需求时，就会回到行为过程的起点。有些消费者会投诉，如果投诉后得到了满意的结果，他们还可能再次光顾，不做反面宣传。许多企业认为消费者投诉是一件好事，很可能不会失去这位顾客。如果消费者满意或非常满意，很可能成为企业忠诚的顾客，他们会把忠诚扩散到企业的其他产品，把满意扩散到他的相关群体中去。

3.2 组织市场购买行为分析

组织市场是指所有为满足其各种需求而购买产品和服务的组织机构所构成的市场。它可分为三种类型：产业市场、中间商市场和政府市场。

3.2.1 组织市场的构成

1. 产业市场

所谓产业市场，又叫生产者市场或组织市场，是指一切购买产品和服务并将之用于生产其他产品或服务，以供销售、出租或供应给他人的个人和组织。它通常由以下产业所组成：农业、林业、水产业；制造业；建筑业；通信业；公用事业；银行业、金融业和保险业；服务业等。产业购买者所购买的用于加工、生产、经营的产品或服务，叫作产业用品（industrial products）。

2. 中间商市场

所谓中间商市场，是指那些通过购买产品和服务以转售或出租给他人获取利润为目的的个人和组织。中间商不提供形式效用，而是提供时间效用、地点效用和占有效用。中间商市场由各种批发商和零售商组成。批发商是指购买产品和服务并将之转卖给零售商和其他商人以及产业用户、公共机关用户和商业用户等，但不把商品大量卖给最终消费者的商业单位。而零售商的主要业务则是把产品或服务直接卖给消费者。

生产者是指工业企业和商业服务企业等生产性集团用户。由于生产者购买商品是用于生产消费，因而他们的购买行为与最终消费者的购买行为有明显区别。

3. 政府市场

所谓政府市场，是指那些为执行政府的主要职能而采购或租用商品的各级政府单位，也就是说，一个国家政府市场上的购买者是该国各级政府的采购机构。由于各国政府通过税收、财政预算等，掌握了相当大一部分国民收入，为了开展日常政务，政府机构要经常采购物资和服务，因而形成了一个很大的市场。确切地讲，政府机构是市场活动的最大买主，占有 20%—30% 的份额。

3.2.2　组织市场的特点

组织市场购买行为（简称组织购买行为）是指各类正规组织机构确定其对产品和服务的需要，并在可供选择的品牌与供应商之间进行识别、评价和挑选的决策过程。与消费者市场购买行为相比，组织市场购买行为具有以下特点。

1. 派生需求

组织需求是一种派生需求，即组织机构购买产品是为了满足其顾客的需要。显然，皮鞋制造商之所以购买皮革，是因为消费者要到鞋店去买鞋。

2. 多人决策

购买决策过程的参与者往往不只是一个人，而是由很多人组成，甚至连采购经理也很少独立决策而不受他人影响。

3. 过程复杂

由于购买金额较大，参与者较多，而且产品技术性能较为复杂，因此，组织购买行为过程持续较长一段时间，几个月甚至几年都有可能。这就使企业难以判断营销努力会给购买者带来的影响。

4. 提供服务

一般来讲，物质产品本身并不能满足组织购买者的全部需求，企业还必须为之提供技术支持、人员培训、及时交货、信贷优惠等条件与服务。

3.2.3　组织市场购买行为类型

1. 产业市场购买行为与决策

（1）产业用品及其分类。产业用品是指产业购买者购买以后用于加工、生产、经营的产品或服务。消费品和产业用品的主要区别在于购买目的不同。根据产品用途的不同，产业用品可以分为两大类：第一类是中间型产业用品，如阀门、管件、仪表、工具等，主要服务于下游产业用品企业；第二类是最终产业用品，主要服务于工业或工程。根据参与生产过程和价值转移的情况，也可将产业用品划分为材料和部件、资本项目、供应品和服务三大类。

①材料和部件。材料和部件是指完全参与生产过程，其价值全部转移到最终产品的那些物品，又可分为原材料以及半制成品和部件两大类。原材料包括农产品（小麦、棉花、家畜家禽、水果和蔬菜）和天然产品（鱼类、水产品、木材、原油、铁矿石）。半制成品

和部件则由铁、纱线、水泥、电线等材料和小型电机、轮胎、铸件等零部件组成。

②资本项目。资本项目是指辅助生产进行，其实体不形成最终产品，价值通过折旧、摊销的方式部分转移到最终产品之中的那些物品。资本项目包括设施装备和配套设备。

③供应品和服务。供应品和服务是指维持企业正常生产经营所消耗的不形成最终产品而且价值较低、购买批量较小、可替代性较强的产业用品。供应品包括磨具、润滑剂、燃料等生产补给品。服务包括维修保养服务（玻璃清洗、环境保洁、物流快递、电脑维修等）以及商业咨询服务（法律咨询、管理诊断、营销调研、数据处理、广告策划、银行保险和投资咨询等）。

（2）产业购买决策的参与者。所有参与购买决策过程的人员构成采购组织的决策单位，营销学称之为采购中心。企业采购中心通常包括五种成员：①使用者，即具体使用欲购买的某种产业用品的人员；②影响者，即在企业外部和内部直接或间接影响购买决策的人员；③采购者，即在企业中有组织采购工作（如选择供应商、与供应商谈判等）的正式职权人员；④决定者，即在企业中有批准购买产品权力的人；⑤信息控制者，即在企业外部和内部能控制市场信息流到决定者、使用者的人员，如企业的购买代理商、技术人员等。

当然，并不是任何企业采购任何产品都必须由上述五种成员参加购买决策过程。企业采购中心规模的大小和成员多少会随着采购产品的不同而有所不同。

（3）产业购买者的行为类型。产业购买者不是只做单一的购买决策，而要做一系列的购买决策。产业购买者所做购买决策的数量、其购买决策结构的复杂性，取决于产业购买者行为类型的复杂性。产业购买者的行为类型大体有三种。

①直接重构，即企业的采购部门根据过去和许多供应商打交道的经验，从供应商名单中选择供货企业，并直接重新订购过去采购的同类产业用品。

②修正重购，即企业的采购经理为了更好地完成采购工作任务，适当改变要采购的某些产业用品的规格、价格等条件或供应商。这种行为类型较复杂，因而参与购买决策过程的人较多。

③全新采购，即企业第一次采购某种产业用品。全新采购的成本费用越高、风险越大，那么需要参与购买决策过程的人数和需要掌握的市场信息就越多。这种行为类型最为复杂。

（4）影响产业购买者决策的主要因素。产业购买者做购买决策时受一系列因素的影响：①环境因素，即一个企业外部周围环境的因素。②组织因素，即企业本身的因素。③人际因素。如前所述，企业的采购中心通常包括使用者、影响者、采购者、决定者和信息控制者，这五种成员都参与购买决策过程。④个人因素，即各个参与者的年龄、受教育程度、个性等。

（5）产业购买者决策过程。①认识需求；②明确需求；③说明需求；④物色供应商；⑤征求意见；⑥选择供应商；⑦签订合同；⑧绩效评价。

2. 中间商购买行为与决策

中间商的主要购买决策包括配货决策、供应商组合决策和供货条件决策。配货决策是指决定拟经营的花色品种，即中间商的产品组合。供应商组合决策是指决定拟与之从事交换活动的各有关供应商。供货条件决策是指决定具体采购时所要求的价格交货期、相关服务及其他交易条件。在以上所有决策中，最基本、最重要的购买决策是配货决策。因为中间商经营的货品会影响到从哪家供应商进货即中间商的供应商组合，影响到中间商的营销组合和顾客组合。中间商的配货策略主要有四种：

（1）独家配货，即中间商决定只经营某一家制造商的产品。

（2）专深配货，即中间商决定经营许多家制造商生产的同类产品的各种型号规格。

（3）广泛配货，即中间商决定经营种类繁多、范围广泛但尚未超出行业界限的产品。

（4）杂乱配货，即中间商决定经营范围广泛且没有关联的多种产品。

3. 政府市场购买行为与决策

研究政府采购行为，对于满足政府市场需求，扩大企业销售范围，增加企业销售收入具有重要意义。

（1）政府采购的基本概念。为了解政府采购的行为特征，需要明确区分采购人、政府采购机构、招标代理机构、供应人等基本概念。

（2）政府采购的基本原则。政府采购应遵循如下基本原则：①公开、公平、公正和效益原则；②勤俭节约原则；③计划原则。

（3）政府采购方式。政府采购可以采用公开招标、邀请招标、竞争性谈判、单一来源采购、询价和国务院政府采购监督管理部门认定的其他采购方式。其中，公开招标应作为政府采购的主要方式。

①公开招标。公开招标应当按照采购主管部门规定的方式向社会发布招标公告，并有至少三家符合投标资格的供应人参加投标。

②邀请招标。采购项目具有特殊性，只能从有限范围的供应商处采购的，或者采用公开招标方式的费用占政府采购项目总价值的比例过大的，可采取邀请招标的方式。

③竞争性谈判。出现以下情况之一的货物或服务，可以采用竞争性谈判方式采购：招标后没有供应商投标、没有合格标的或者重新招标没有成立的；技术复杂或者性质特殊，不能确定详细规格或者具体要求的。

④单一来源采购。

⑤询价。采购的货物规格、标准统一，现货货源充足且价格变化幅度小的政府采购项目，可以采用询价方式采购。采用询价方式采购的程序是：成立询价小组；确定被询价的供应商名单；询价；确定成交供应商。

本章小结

消费者市场又称最终消费者市场、消费品市场或生活资料市场，是指个人和家庭为了生活需要而购买产品和劳务的市场。

顾客需求无论是由内在唤起还是外因诱发的，其购买行为都要经历心理活动过程。消费者的购买决策受社会和心理诸多因素的影响，企业一方面要研究顾客的“社会关系”，探测其需求定位和目标。另一方面，企业为了更好地满足顾客需要，就要把自身良好的印象根植于顾客心理，深入顾客购买决策过程的每一个阶段，消除他们的每一个顾虑，培养顾客对企业的亲和力。对顾客心理研究，是为了更好地服务顾客。

思考与练习

1. 理论题

(1) 单选题

①消费者购买行为过程的起点和终点是（　　）。

A. 一手钱一手货，交换结束，购买行为就结束

B. 从顾客向售货员询问到交易完双方道别

C. 从走进商店到交易完走出商店

D. 从需求产生到对所买商品的最终评价

②在复杂的购买行为中，消费者购买决策过程的第三个阶段是（　　）。

A. 确认需要　B. 收集信息　C. 比较评价　D. 购买决策

③“刺激—行为”模式的顺序应该是（　　）。

A. 刺激—需要—动机—行为　B. 需要—刺激—动机—行为

C. 刺激—动机—需要—行为　D. 动机—刺激—需要—行为

④影响消费需求变化的最活跃的因素是（　　）。

A. 个人可支配收入　B. 可任意支配收入

C. 个人收入　D. 人均国内生产总值

⑤下列属于生理动机的是（　　）。

A. 对某商品特别喜欢而产生的购买动机

B. 购买某种物品或行为以炫耀和显示自己

C. 为求温饱与安全而产生的购买动机

D. 为组织家庭与延续后代而产生的购买动机

(2) 多选题

①消费者购买决策在很大程度上受到社会、文化、个人和心理等因素的影响，下列（　　）因素属于社会因素。

A. 角色　B. 消费者的年龄

C. 生活方式　D. 社会地位

②消费者购买行为过程可以分为（　　）等几个阶段。

A. 产品研制　B. 唤起需求　C. 收集信息　D. 判断选择

E. 购买决策　F. 购后评价

③家庭权威中心点的类型有（　　）。

A. 丈夫决定型　B. 妻子决定型　C. 共同决定型　D. 各自决定型

④下列属于社会文化的因素是（　　）。

A. 宗教信仰　B. 风俗习惯　C. 道德观念　D. 价值观念

E. 地形地貌　F. 风度气质

⑤下列属于消费者信息渠道商业来源的有（　　）。

A. 家庭　B. 邻居　C. 展览　D. 推销员

E. 消费者评审组织

（3）判断题

①消费者市场的购买行为比生产者市场的购买行为更易受价格因素的影响。（ ）

②决定消费者是否重复购买的最重要阶段是购后感受阶段。（ ）

③需求是可以刺激的，并随着企业销售努力的大小而变动。（ ）

④在顾客购买决策阶段，能够让顾客果断决策的一个有效方法是让顾客“把商品带走，把对商品的责任留下来”。（ ）

⑤市场营销环境是企业无法控制的，但是企业可以通过研究环境更好地适应环境。（ ）

（4）简答题

①简述不同购买行为相对应的特点和对应的策略。

②消费者购买决策过程包括哪些步骤？

③简述组织购买者的购买行为特点及行为过程。

2. 实务训练题

仙人掌饮品

近日，在上海的市场上，一款饮品出现在时尚人群的办公桌上。这款饮品很奇特，名字叫“仙掌公仔”。据了解，此款产品的原料来源于墨西哥米邦塔食用仙人掌，它被国际营养界誉为营养“多面手”，是已知的含有维生素B2和可溶性纤维最高的蔬菜之一。该仙人掌含有人体必需的8种氨基酸和多种微量元素，也比较适合生长缓慢的儿童服用。同时，仙人掌中含较多维生素E和多糖类物质，具有抗氧化能力，延缓衰老。

我国于1997年从墨西哥米邦塔地区引进食用仙人掌，曾作为调整农业产业结构的重点项目向全国推广。因产业结构调整及市场机制等问题，直到近几年才重新作为新兴产业投资项目迅速崛起，到2014年，国内大部分地区的食用仙人掌项目已经基本确立。据不完全统计，我国南北各地人工种植食用仙人掌的面积已达到66.7公顷。可是，目前以仙人掌为原料的产品在国市场推广得并不太顺利。

仙人掌是什么？在消费者看来，仙人掌好像是植物又不是植物，好像是蔬菜又不是蔬菜，好像是水果又不是水果，它是一个四不像的东西。仙人掌的饮料怎么卖？仙人掌做的饮料能是什么样的饮料呢？是介于果汁饮料和蔬菜饮料之间的一种边缘产品吗？目前，饮品市场类别有碳酸饮料、果蔬饮料、功能饮料和运动型饮料四种，如果仙人掌的饮料不能和现在的类别进行对接，消费者就会迷茫，接受程度会很差。仙人掌能吃吗？在中国人的心目中仙人掌给人的感觉是涩涩的、不能吃的玩意。尽管仙掌（上海）生物科技有限公司从墨西哥引进的“米邦塔”牌仙人掌是一种可以食用的品类，在欧美是一种广泛流行的食用蔬菜，尽管这个产品作为绿色蔬菜在欧美广泛流传，但是对中国消费者而言这是一个无法在短时间说清楚的问题。

（资料来源：https：//doc.wendoc.com/b7aad7e30db61be13ef91e5e9e26bcf34593a1402.html。）

思考题：

试用消费者行为学理论探讨仙掌（上海）生物科技有限公司应采取什么策略改变消费者的态度。

第 4 章
企业竞争战略与营销价值选择

企业总体战略是一种决策模式，它决定和提示企业的目的和目标，提出实惠目的的重大方针和计划，确定企业应该从事的经营业务，明确企业的经济类型与人文组织类型以及决定企业应对员工、顾客和社会作出的经济与非经济的贡献。

——美国哈佛商学院安德鲁斯

【知识要点】

（1）企业战略；（2）市场占有率；（3）五力分析模型；（4）稳定发展战略。

【能力目标】

（1）了解战略规划的基本内容；
（2）熟悉五力分析法、波士顿、GE 矩阵分析法；
（3）掌握企业营销战略的类型。

导入案例

派克制笔公司的竞争对手分析

识别竞争者的关键是，从产业和市场两个方面将产品细分和市场细分结合起来进行综合考虑。若干年前，派克制笔公司来了一位总经理，他到任的第一件事就是召集所有董事，站在他们面前，手里握着当时派克系列中最高端的一支钢笔，问道："谁是我们最大的竞争对手？"董事当中最先给出的答案是 Shaeffer。Shaeffer 钢笔在外观上与派克笔十分相似，质量好，口碑佳，包装风格和派克笔非常类似，在钢笔高端市场上的售价也与派克笔接近。然而，新来的总经理对这个回答并不满意，他说："Shaeffer 钢笔当然是我们的竞争对手，但绝不是我们最大的竞争对手。"随后，董事会的一位新成员提出，他们主要的竞争对手可能是生产和销售各式圆珠笔的 Biro - Swan 公司。在这个提议的启发下，竞争的定义由原来的钢笔扩展到了书写工具，因此，铅笔同样也可以被视为竞争对象。“这种思维方式比刚才的好了很多，”这位总经理说道，“但是还不完全正确。”紧接着，另外一名董事提议，主要竞争对手可能是如今使用越来越频繁的电话。他把钢笔视为一种沟通工具，在这种市场观点的引领下，派克钢笔的竞争对手延伸至文字沟通方式和其他的语言沟通方式。“这种思维更具有创新性，”这位总经理说道，“但是还没有找到真正的主要竞争对手。”最后，这位新来的总经理给出了他的答案：“我们主要的竞争对手是 Ronson 打火机。”这个回答让所有在场的董事大吃一惊。他解释说，公司目前所在的市场可界定为高端礼品市场。对派克钢笔的市场销售情况进行分析可以发现，大部分派克钢笔是个人购买用来赠送给他人的，当消费者考虑购买何种礼物时，他们往往会在派克钢笔和优质打火机之间做出选择。这一市场竞争定义给该产品的营销带来了深刻启示。

（资料来源：摘编自中华品牌管理网，《沃尔玛的成本领先战略》。）

启示：保持对竞争对手分析是保证企业正确进行长期发展决策的必然要求，使企业在竞争中勇往直前、立于不败之地。

4.1　企业战略及规划

战略（strategy）一词最早是军事方面的概念。战略的特征是发现智谋的纲领。在西方，“strategy”一词源于希腊语“strategos”，意为军事将领、地方行政长官，后来演变成军事术语，指军事将领指挥军队作战的谋略。在中国，战略一词历史久远，“战”指战争，“略”指“谋略”“施诈”。

4.1.1　企业战略的含义与特点

1. 企业战略的含义

企业战略是对企业各种战略的统称，既包括竞争战略，也包括营销战略、发展战略、品牌战略、融资战略、技术开发战略、人才开发战略、资源开发战略等。企业战略是层出不穷的，例如，信息化就是一个全新的战略。企业战略虽然有多种，但基本属性是相同的，是对企业的谋略，是对企业整体性、长期性、基本性问题的计谋。

2. 企业战略的特点

企业战略是设立远景目标并对实现目标的轨道进行的总体性、指导性谋划，属于宏观管理范畴，具有以下特点：

（1）指导性。企业战略界定了企业的经营方向、远景目标，明确了企业的经营方针和行动指南，并筹划了实现目标的发展轨迹及指导性的措施、对策，在企业经营管理活动中起着导向的作用。

（2）全局性。企业战略立足于未来，通过对国际、国家的政治、经济、文化及行业等经营环境的深入分析，结合自身资源，站在系统管理高度，对企业的远景发展轨迹进行了全面的规划。

（3）长远性。首先，企业战略着眼于长期生存和长远发展的思考，确立了远景目标，并谋划了实现远景目标的发展轨迹及宏观管理的措施、对策。其次，围绕远景目标，企业战略经历一个持续、长远的奋斗过程，除根据市场变化进行必要的调整外，制定的战略通常不能朝夕令改，具有长效的稳定性。

（4）竞争性。市场竞争是市场经济不可回避的现实，也正是因为有了竞争才确立了“战略”在经营管理中的主导地位。面对竞争，企业战略需要进行内外环境分析，明确自身的资源优势，通过设计适合的经营模式，形成特色经营，增强企业的对抗性和推动企业长远、健康的发展。

（5）系统性。立足长远发展，企业战略确立了远景目标，并需围绕远景目标设立阶段目标及各阶段目标实现的经营策略，以构成一个环环相扣的战略目标体系。同时，根据组织关系，企业战略需由决策层战略、事业单位战略、职能部门战略三个层级构成一体。

（6）风险性。企业做出任何一项决策都存在风险，战略决策也不例外。如果设立的目标过于理想或对行业的发展趋势预测存在偏差，制定的战略就会产生管理误导，甚至给企业带来破产的风险。

（7）适应性。企业战略应使企业具有一定的适应环境的能力。

（8）稳定性。企业战略一经指定，就要在一个较长的时期内保持不变（不排除局部调整），以利于员工的贯彻执行，除非环境发生重大的变化。

（9）现实性。企业战略是在客观的基础上建立的，一切从现有的起点出发。

（10）创新性。企业战略的创新性源于企业内外环境的发展变化及市场竞争的需要，守旧、缺乏特色的企业战略是无法适应时代发展和市场竞争的。

4.1.2 企业战略的意义

1. 企业战略是保证企业正确进行长期发展决策的必然要求

在现代科技的推动下，产生了更多的资金密集型和技术密集型产品，使经营此类产品的企业初始投资远远高于经营劳动密集型产品的企业，若经营决策失误，则造成的损失更大，后果更严重，也将更难以挽回。在现代社会的专业化生产中，各种生产要素都具有很强的专门性，一旦投资决策作出，变更或补偿的机会较之前更少。企业资金来源的社会化，使企业战略项目的建设不仅依赖于债权人的信用地位，而且在一定程度上取决于国家的长期信用政策。短期内难以收效的基础性投资的比例增高，也要求管理者具有战略观点。

2. 企业战略是有效提升企业竞争力的客观要求

随着市场体系的不断完善，竞争机制的作用日益加强，要求企业着眼于长期发展的战略规划与管理。正确的战略使企业在竞争中勇往直前，立于不败之地，没有战略的企业不可能与竞争对手抗衡。

3. 企业战略是适应消费结构迅速变化的客观要求

以满足消费者需求为宗旨的企业营销活动，为适应现代社会市场需求的复杂化、分散化、多样化、新奇化、个性化的倾向，必须进行战略规划，以更好地识别消费需求的发展趋向，并在此基础上把握企业的市场机会。企业能否在消费结构变化速度日益加快的条件下发展，更多地取决于企业战略的正确与否。

4. 企业战略是增加企业凝聚力的客观要求

依靠企业员工，充分发挥他们的积极性与创造性，是企业发展的基本条件。企业战略可以使企业内部领导与员工统一思想，统一行动。员工了解企业的战略目标，不仅行动方向明确，还会受到鼓舞。当企业战略为员工指明美好前程并成为他们赞同的目标时，一定会在员工中产生无法估量的信心、勇气和力量。

4.1.3　企业战略规划的内容

企业发展战略的制定有以下几个主要步骤：确定企业任务；确定企业目标；确定战略业务单位及投资组合分配；选择适宜的营销战略。

1. 确定企业任务

确定任务或使命是企业战略的基本内容之一。企业任务一般包括两个方面的内容，即企业观念与企业宗旨。企业观念提出了企业为其经营活动方式所确定的价值观、信念和行为准则。企业宗旨则指明了企业类型以及现在和将来企业活动的方向与范围。

企业的高层管理者在确立任务时要顾及诸多因素，其中必须考虑的主要方面有：企业以往突出的特征和历史背景条件；企业的主业和决策者的意图；企业周边环境的发展变化；企业的资源技术情况；企业的专长及特有的能力。这些主要方面的内容应当用文字表述，即撰写一份正式的任务报告书。任务报告书除了能帮助管理部门把注意力集中在相同的目标上之外，还能成为有用的公共关系工具，把企业的信息传递给公众。一份有效的任务报告书必须做到以下几点：

（1）贯彻市场导向观念。随着市场经济的发展，企业的营销观念也发生了深刻的变化，企业的任务报告书中关于经营范围和结构的表述要体现这一变化，由所生产产品的表述变为按照顾客的需要规定和表述企业任务。

（2）切实可行。任务既要与本企业的资源、实力、特长、经验相适应，又能体现企业的发展远景。

（3）鼓舞人心。应当把企业任务与整个社会利益联系起来，使员工明确个人劳动的价值和意义。

（4）既高度概括又明确具体。既要高度概括地勾画出企业的任务与发展方向，又要明确列出为完成这些任务所确定的主要方针和措施，以便尽量限制个人任意解释的范围。

企业战略任务应至少明确三个方面：一是企业所要服务的顾客群，即明确市场类型；二是企业所要满足的顾客需要，即明确市场需求类型；三是企业用以满足顾客需要的技术手段或技术方法，即明确适宜的产品服务类型或产品服务形式。

知识拓展

美国石油公司：“美国石油公司是一个在全世界从炼油到化工一体化的公司。我们寻找和开发石油资源，并向我们的顾客提供优质的产品与服务。我们的业务责任是获得优秀的财务收益，平衡我们的长期成长计划和股东利益，履行对社会和环境的义务。”

贵州开磷集团：企业的宗旨是：利与天下，惠及员工；企业的方针是：一切围绕市场，一切为了职工；企业的经营理念是：转化资源，创造效益。

2. 确定企业目标

（1）明确企业目标的作用。

①有利于企业获得长期、稳定、协调的发展。确定企业的战略目标要受环境和企业能力两个方面的约束。更确切地说，企业战略目标在环境和企业能力相平衡的情况下才能实现。在企业战略中行为主体的能力，就是企业拥有的各种资源，其中包括企业拥有的资金、技术、设备、商标和销售、管理、信息处理的能力以及根据经验所积累的专门知识。企业战略目标的实现是一个追求主观与客观相统一的过程，是企业环境与能力平衡的过程。

②提供行动指南。企业目标明确企业在较长时期内的经营方向和奋斗目标，对企业全体员工有重要的指导作用。不同企业制定的不同战略目标，都体现于企业的产品、市场、调研、决策以及管理人员的选择上，对整个企业的员工行为有深远的影响。

③建立企业风格，改进企业的公共关系。任何企业都有其特有的风格。良好健全的企业目标，是企业员工良好精神面貌的体现。

④可以作为衡量企业的经济效益。企业目标的建立，为企业提供了衡量每一个层次和部门工作成效的标准。

企业的目标是企业战略决策的出发点，目标不确定就无法制定战略。企业目标在很大程度上起着筛选实用的战略规划的作用。

（2）企业战略目标体系。企业任务一旦确定，就要把它具体化为企业各管理层的目标，形成一套完整的目标体系。战略目标可以分为短期目标和长期目标：一两年之内要达到的目标一般称为短期目标；两年以上甚至十几年才能达到的目标称为长期目标。企业目标具体包括：产品销售额和销售增长率；产品销售地区；市场占有率（市场份额）；利润和投资收益率；产品质量与成本标准；劳动生产率；产品创新；企业形象等。其中，一定的利润和投资收益率是企业最重要的核心目标。

①投资收益率。投资收益率是指一定时期内企业所获得纯利润占该企业全部投资的百分比。它是衡量、比较企业利润水平的一项重要指标。投资收益率越高，表明运用单位投资获得的利润越多。努力提高投资收益率，对于企业以同等的投资实现更多的利润具有重要意义。因此，较高的投资收益率就成为企业追求的核心目标之一。

②市场占有率。市场占有率是指一定时期内本企业某种商品的销售额（或者销售量）在同一市场上同类产品销售总额（总量）中所占的百分比，也叫市场份额。市场占有率与企业获利水平密切相关。其他条件一定，市场占有率越高，销售额就越大，单位产品费用会越低，实现的利润就会越多，投资收益率也会随之相应提高。同时，市场占有率的高低也关系到企业的知名度，影响着企业的形象。因此，努力提高市场占有率是企业的重要战略目标之一。

③销售增长率。销售增长率是指计划期产品销售增长额与基期产品销售额的对比关系，即其他条件一定，产生销售额的增长意味着企业能够实现更多的利润。因此，追求一定的销售增长率也是企业的重要目标之一，尤其在新产品进入市场之后的一段时期内。因为在许多情况下，增长率的提高并不必然会导致投资收益率的提高，有时前者提高了，后者并未提高，甚至还会下降。例如，当成本提高、价格不变时，就有可能出现这种情况。所以，企业不能单纯追求销售增长率的提高，而应该有选择地实现有利可图产品的销售增

长率的提高。

另外，产品创新、塑造产品与企业的良好形象，也是企业的重要战略目标。实现这些目标对于提高竞争力、拓展市场、扩大销售起到重大作用。

知识拓展

贵州开磷集团的企业目标：用 3 个 5 年时间使开磷集团的销售收入分别达到 20 亿元、50 亿元和 100 亿元，把开磷集团建设成为现代化的大型企业集团。

3. 确定战略业务单位及投资组合分配

在明确了企业任务及目标的基础上，企业的最高管理层还要对业务（产品）组合进行分析和评价，确认业务（产品）的命运和前途问题，是发展、维持还是缩减、淘汰，以做出相应的投资安排。

（1）战略业务单位的含义。把企业的产品组合为战略业务单位，每一类战略业务单位应该有自己独特的使命，应有自己的竞争对手，应有自己的执行小组或领导，并且它们有各自的利润责任。有利润责任意味着管理者能够依据利润高低分辨出他们的工作好坏。战略业务单位的定义和划分随着公司的不同也在变化着。不过许多大的企业仍旧以划分战略业务单位作为他们安排产品（业务）组合的重要前提。

（2）战略业务单位投资分配。企业在明确了营销战略任务并根据战略任务的规定确定了战略目标之后，就需要对企业现在所经营的业务进行投资分配。之所以需要对现有的经营业务进行投资分配，一是因为在新的战略任务的规定下，原有的某些业务将会被放弃；二是因为某些企业现在所经营的业务需要在企业的现有资源规模的限制下进行调整，或是扩大，或是缩小。企业在一定的时期，其拥有的资源是有限的，它必须以有限的资源来充分保证重点项目，有良好市场发展潜力的经营项目以及由战略任务和目标所规定的要优先发展的经营项目的实现，这就不得不削减其他一些经营业务项目所占用的资源。确定经营业务投资组合计划，就是将企业的资源在价值上的表现——资金，在各项经营业务项目之间，按战略任务和目标的要求进行合理的分配。

4. 选择适宜的营销战略

具体内容见“4.3 选择市场营销战略”。

4.2 营销竞争分析与竞争价值评估

对市场竞争进行充分研究，并对竞争价值进行科学评估，是企业科学制定营销战略、能动地通过竞争实现营销价值的基础。

4.2.1 五力竞争分析模型

五力竞争分析模型是由迈克尔·波特（Michael Porter）于 20 世纪 80 年代初提出，它对企业战略制定有着深远的影响。五力竞争分析更适用于竞争战略的分析，可以有效地分析客户的竞争环境。五力分别是新进入者的威胁、供应商的讨价还价能力、购买者的讨价还价能力、替代品的威胁、行业内现在竞争者的竞争能力，如图 4－1 所示。

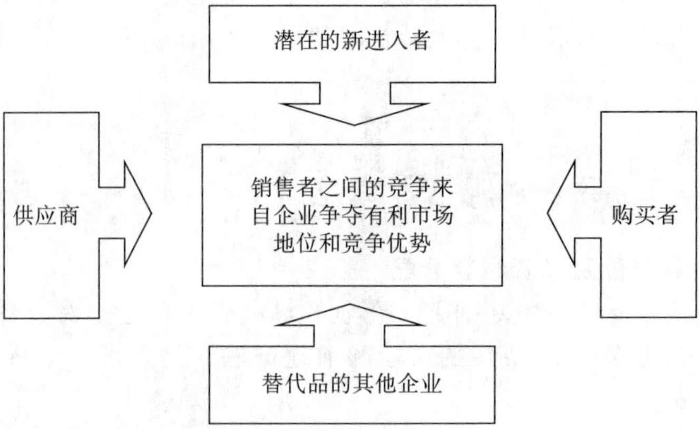

图 4－1　五力竞争分析模型图

1. 新进入者的威胁

新进入者在给行业带来新生产能力、新资源的同时，将希望在已被现有企业瓜分完毕的市场中赢得一席之地，这就有可能会与现有企业发生原材料与市场份额的竞争，最终导致行业中现有企业盈利水平降低，严重的话还有可能危及这些企业的生存。竞争性进入威胁的严重程度取决于两个方面的因素，即进入新领域的障碍大小与预期现有企业对于进入者的反应情况。

2. 供应商的讨价还价能力

供应商主要通过其提高投入要素价格与降低单位价值质量的能力，来影响行业中现有企业的盈利能力与产品竞争力。供应商力量的强弱主要取决于他们所提供给买主的是什么投入要素。当供应商所提供的投入要素的价值构成了购买者产品总成本的较大比例，对购买者产品生产过程非常重要或者严重影响购买者产品的质量时，供应商对于购买者的潜在讨价还价力量就大大增强。一般来说，满足如下条件的供应商集团会具有比较强大的讨价还价力量：一是供应商行业为一些具有比较稳固市场地位而不受市场激烈竞争困扰的企业所控制，其产品的购买者很多，以致每一单个购买者都不可能成为供应商的重要客户；二是供应商各企业的产品各具有一定特色，以致购买者难以转换或转换成本太高，或者很难找到可与供应商企业产品相竞争的替代品；三是供应商能够方便地实行前向联合或一体化，而购买者难以进行后向联合或一体化。

3. 购买者的讨价还价能力

购买者主要通过其压价与要求提供较高的产品或服务质量的能力，来影响行业中现有企业的盈利能力。一般来说，满足如下条件的购买者可能具有较强的讨价还价能力：一是购买者的总数较少，而每个购买者的购买量较大，占了供应商销售量的很大比例；二是供应商行业由大量相对来说规模较小的企业所组成；三是购买者所购买的基本上是一种标准化产品，同时向多个供应商购买产品在经济上也完全可行；四是购买者有能力实现后向一体化，而供应商不可能前向一体化。

4. 替代品的威胁

两个处于不同行业中的企业，可能会由于所生产的产品是互为替代品，从而在它们之间产生相互竞争行为，这种源自于替代品的竞争会以各种形式影响行业中现有企业的竞争战略。第一，现有企业产品售价以及获利潜力的提高，将由于存在着能被用户方便接受的替代品而受到限制；第二，替代品生产者的侵入，使得现有企业必须提高产品质量，或者通过降低成本来降低售价，或者使其产品具有特色，否则其销量与利润增长的目标就有可能受挫；第三，源自替代品生产者的竞争强度，受产品买主转换成本高低的影响。总之，替代品价格越低、质量越好、用户转换成本越低，其所能产生的竞争压力就越强；而这种来自替代品生产者的竞争压力的强度，可以具体通过考察替代品销售增长率、替代品厂家生产能力与盈利扩张情况来加以描述。

5. 行业内现有竞争者的竞争能力

大部分行业中的企业，相互之间的利益都是紧密联系在一起的。作为企业整体战略一部分的各企业竞争战略，其目标都在于使自己的企业获得相对于竞争对手的优势，所以，在实施中就必然会产生冲突与对抗现象，这些冲突与对抗就构成了现有企业之间的竞争。现有企业之间的竞争常常表现在价格、广告、产品介绍、售后服务等方面，其竞争强度与许多因素有关。

根据以上对五种竞争力量的讨论，企业可以尽可能地将自身的经营与竞争力隔绝开来，努力从自身利益需要出发影响行业竞争规则，采取先占领有利的市场地位再发起进攻性竞争行动等手段来对付这五种竞争力量，以增强自己的市场地位与竞争实力。

波特五力模型与一般战略的关系见表 4－1。

表 4－1　　波特五力模型与一般战略的关系

行业内的五种力量	一般战略		
	成本领先战略	产品差异化战略	集中战略
进入威胁	具备杀价能力以阻止潜在对手的进入	培育顾客忠诚度以挫伤潜在进入者的信心	通过集中战略建立核心能力以阻止潜在对手的进入
买方的讨价还价能力	具备向大买家出更低价格的能力	因为选择范围小而削弱了大买家的谈判能力	因为没有选择范围使大买家丧失谈判能力
供应商的讨价还价能力	更好地抑制大卖家的议价能力	更好地将供方的涨价部分转嫁给顾客方	进货量少，供方的议价能力就高，但集中差异化的公司能更好地将供方的涨价部分转嫁出去
替代品的威胁	能够利用低价抵御替代品	顾客习惯于一种独特的产品或服务，因而降低了替代品的威胁	特殊的产品和核心能力能够防止替代品的威胁
行业内对手的竞争	能更好地进行价格竞争	品牌忠诚度能使顾客不理睬你的竞争对手	竞争对手无法满足集中差异化顾客的需求

4.2.2　竞争价值评估方法

1. 波士顿咨询集团法

波士顿咨询集团公司认为，反映企业竞争地位的相对市场份额以及市场增长率，是企业进行战略决策的两个基本参数。相对市场份额决定了企业获取现金的能力，这是企业竞争力的体现。而市场增长率则制约着企业相对市场份额扩大的可能性以及投资机会。一般说来，企业处于发展行业中或企业目前经营业绩好、营销环境变化不大时，可以使用这一方法进行企业战略投资方向选择的研究，如图 4 - 2 所示。

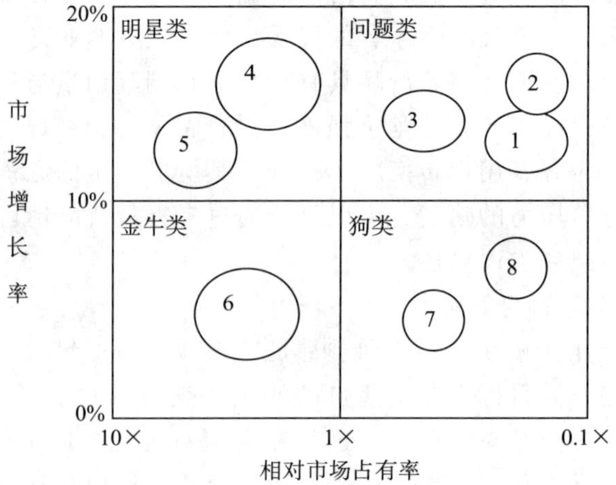

图 4 - 2　波士顿矩阵

图 4 - 2 中的圆圈代表着企业的战略业务单位，圆圈的大小意味着战略业务单位的规模与在市场上所处的位置。纵坐标上的市场增长率代表这项业务所在市场的年销售增长率，数字从 0% 到 20%，当然还可列入较大的幅度，大于 10% 的增长率被认为是高增长率。横坐标上的相对市场份额表示该战略业务单位的市场份额与该市场最大竞争者的市场份额之比。0. 1 的相对市场份额表示该企业战略业务单位的销售额仅占市场领先者销售额的 10%；而 1 就表示该企业的战略业务单位是该市场的领先者，并且与占市场第二位的企业销售量相同。以 1. 0 为分界线，相对市场份额分为高份额和低份额。该方法把企业所有的战略业务单位分为四种不同的类型。

（1）问题类。这一类战略业务单位是高市场增长率和低相对市场份额的战略业务单位，大多数战略业务单位最初都处于这一类。该类单位需要大量现金，因为企业拟提高这类业务单位的相对市场份额。因此，企业的最高决策者要慎重考虑经营这种业务单位的获利性，以做出正确的决策。

（2）明星类。问题类的战略业务单位如果经营成功，就会转入明星类。这一类单位是高市场增长率和高相对市场份额的单位。这一类单位因为迅速增长，同时要击退竞争对手的攻击，需要投入大量现金，因而是使用现金较多的单位。由于任何产品都有其生命周期，这一类单位的增长速度就会降低，最后就转入金牛类。

（3）金牛类。明星类的战略业务单位的市场增长率下降到 10% 以下，就转入金牛类。金牛类的战略业务单位是低市场增长率和高相对市场份额的单位。这一类单位因为相对市场份额高、盈利多、现金收入多，可以提供大量现金。企业可以用这些现金来支援其他业务单位。

（4）狗类。狗类战略业务单位是低市场增长率和低相对市场份额的单位，盈利少或亏损。

2. 美国通用电器公司法（GE 矩阵）

美国通用电器公司法，相对于波士顿咨询集团法提供了一套更为复杂的投资组合分析方法，其认为评估战略业务单位除了波士顿集团法中的市场增长率和相对市场占有率两个因素外，还应考虑更多的因素。这些因素可分为两类：一类是行业吸引力；另一类是企业战略业务单位的业务力量，即竞争力，如图 4-3 所示。

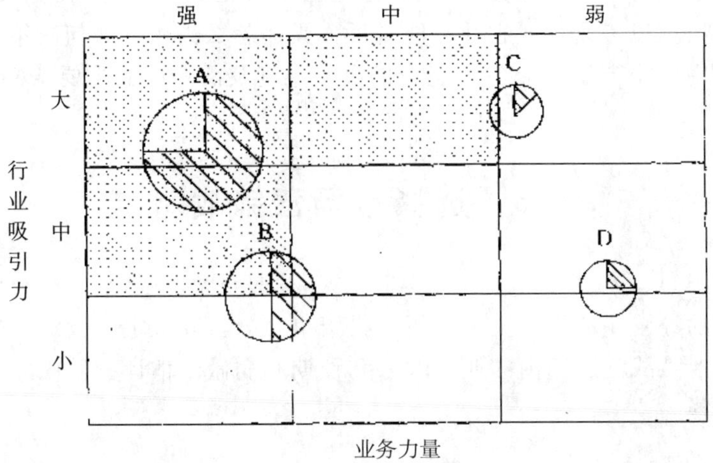

图 4-3　GE 矩阵

在图 4-3 中，纵轴代表行业吸引力，它的大小取决于市场规模、市场增长率、利润率、竞争激烈程度、周期、季节性、规模效益等因素；横轴表示企业战略业务单位的业务力量，包括相对市场占有率、价格竞争力、产品质量、顾客了解度、推销效率、地理优势。

在图 4-3 中，A、B、C、D 这 4 个圆圈代表某公司的 4 个战略业务单位。圆圈的大小表示所在行业规模的大小，圆圈中的阴影部分表示该业务单位在本行业中所占的市场份额。如 A 表示该单位在本行业中占 75% 的市场份额，不仅业务力量强，行业吸引力大，行业规模也大；B 表示该单位在本行业中占有 50% 的市场份额，业务力量较强，行业吸引力小；C、D 表示另外两个业务单位情形，即市场份额小、业务力量弱、行业规模也小。总之，该企业应发展 A 业务单位，维持 B 业务单位，并且对 C 和 D 业务单位的去留及时做出决策。

企业将上述两类因素进行评估，逐一评出分数，再按其重要性分别合计，就可计算出行业吸引力和企业业务力量的数据，然后加以分析。行业吸引力分为大、中、小三档，企业业务力量分为中、强、弱三档，共九个方格、三大区域。

第一区：由左上方的三个方格组成，即“大强”“大中”和“中强”三格，这是最佳区域。对于这个区域的业务单位，应该追加投资，促进其发展。

第二区：由对角线上的三个方格组成，即“大弱”“中中”“小强”，这是中等区域。对于这个区域的业务单位，应采取维持战略，即维持现有投资水平，不增不减。

第三区：由右下方的三个方格组成，即“中弱”“小中”“小弱”，这是行业吸引力和企业竞争力都低的区域。对于这个区域的业务单位，应采取收割或放弃的战略，不再追加投资或收回现有投资。

从以上说明可见，尽管通用电器业务模型考虑得比较全面，提供了一套更为复杂的投资组合分析方法，但这一矩阵模型的弱点是他们针对企业现在的事实而不是导向未来的，而战略制定者需要进行决策以期未来盈利。企业十分强调进入增长的市场，但是多年来许多公司努力进入他们发现的每一个增长市场时都遭受到了巨大的损失，许多公司过快地淘汰销售差的产品也是事实。所以，GE 矩阵是无法替代正确的人为判断的，但是它给出了一个比较恰当的决策思考途径。它并不能告诉你具体怎么去做，如何决策。这种方法说明了企业发展战略中安排产品（业务）组合的决策难度及需考虑的重要条件。

4.3 选择市场营销战略

对企业现有的经营业务作了竞争分析、投资组合分析并拟定了投资策略之后，就可以对现有业务在企业某战略周期内的业务收入和预期利润做出估计，并在此基础上确定市场营销战略价值选择。

4.3.1 稳定发展战略

执行稳定发展战略的企业，其主要特征是：企业满足于过去的效益，决定继续追求与过去基本相同或相似的营销目标；每年所希望取得的成果按大体相同的比例增长，如利润每年增长 2%；继续用大体相同的产品为自己的顾客服务。

一般说来，企业奉行稳定发展战略，都集中生产单一的产品和劳务。它们的发展是靠在稳定增长的市场上保持它们的市场占有率，或比较缓慢地提高它们的市场占有率，或稳定增加新的产品和劳务。

应用稳定发展战略的条件为：第一，稳定发展战略的风险比较小，对于那些处于正在上升的产业和稳定环境中的成功的企业来说是很有效的；第二，在环境比较稳定、企业创新能力不高、顾客需求偏好长期保持不变的情况下比较适应；第三，在公用事业、运输、银行和保险等行业内，许多企业都奉行稳定发展战略，因为这对它们来说是最为适宜的战略。但是，在环境变化较大时，顾客需求偏好经常变化时，采用这种战略则有很大风险。

企业之所以采用这一战略主要因为：第一，企业的决策考虑可能有保守倾向，不愿意承担改变现行战略而带来的风险。当变革以后需要新的技能时，它就会对使用过去所学技能的人员形成威胁。变革还会形成利益的重新分配和调整，影响既得利益。另外，比较成功的企业决策者常常认为，过去行之有效的战略在将来也会继续有效。第二，改变资源分配模式很困难。采用稳定发展战略，资源分配模式可以不变，如果改变战略则需要改变资源的分配，而要改变已成定局的资源分配模式有很大困难。另外，如果改变战略，企业缺少发展的资源和资金。第三，发展太快可能导致企业的经营规模超出企业的能力，超过企业的管理水平和技术条件，因而会降低效率，导致管理混乱。第四，信息传递受阻使企业不能进行有效的市场调查，不了解影响其产品市场和竞争对手的变化。

4.3.2 积极发展战略

奉行积极发展战略的企业，其主要特征为：产品销售量和利润的增长超过市场平均速度；经常开发新产品、新市场和老产品的新用途，不断扩大企业规模，并且不是消极被动地适应外界环境的变化，而是通过提供新产品或新的服务项目培植消费者需求，改变企业环境。

积极发展战略会明显改善企业的经营效果。有关研究表明，积极发展战略与投资收益之间成正比，且企业规模的扩大和经验的积累也会使企业的效益全面提高。

值得注意的是，采用积极发展战略的企业必须具备以下几个基本条件：第一，有比较充裕的资金；第二，即使企业在短期内终止这一策略，仍能维持其竞争地位；第三，企业的外部环境，尤其是政府支持的方向与企业发展战略一致。可供企业选择的积极发展战略有以下三种。

1. 密集性增长策略

密集性增长策略是指企业以快于过去的增长速度来增加某个战略业务单位的现有产品或劳务的销售额、利润率及市场占有率，常在企业现有产品和现有市场还有发展潜力的情况下采用。实行这种策略有以下三条途径：

（1）市场渗透，即企业采取种种更积极的措施在现有的市场上扩大现有产品的销售。企业可以从以下几个方面努力：一是在维持现有消费者的基础上通过各种营销手段，如价格策略、促销方式、渠道的变更等，使原有的顾客更多地购买本企业的产品；二是用各种竞争手段把竞争企业的顾客争取过来，转而购买本企业的产品；三是刺激和促使未曾购买过本企业产品的顾客的购买行动。

（2）市场开发，即企业为原有产品或改进产品寻找新的市场，争取新的顾客以增加销售量的一种战略。这种战略的中心是为现有产品寻找新用途、新用户、新市场。市场开发战略的主要形式和途径有：一是拓展市场区域，即从一个区域市场扩展到另一个区域市场，或从地区市场扩展到全国市场，从全国市场扩展到全球市场；二是进入新的细分市场，即根据新的目标市场需求，改进现有产品的设计，利用新的销售渠道和其他营销组合策略满足新市场尚未满足的需求。市场开发战略的实施，应根据企业实力和市场竞争态势，采取逐步扩展开拓的渐近方式，或在较短时间内迅速占领市场的快速扩展方式。

（3）产品开发，即企业在现有市场领域以开发推广新产品或改进产品满足顾客的需求，从而提高销售额的发展战略。不断开发新产品是提高企业经济效益的重要保证。在技术飞速发展的现代社会，一个企业如不能不断开发适销对路的产品，就不能保持企业的竞争能力和市场地位，甚至会被淘汰。因此，开发新产品对于企业来说是影响到生存的大事。

产品开发战略的形式和途径主要有：一是发展新产品或改进产品以满足现有市场的需要。二是发展产品边缘化，即企业生产或提供同时具有两个以上行业特点的产品，也就是在两个行业的交叉地区开发产品。如保健茶融合了食品行业与医疗保健业结合的特点，使保健茶既可作为饮料，又可作为身体保健的有效用品。三是发展产品差异化，即发展同质产品在款式、规格、包装等方面有差别的产品，主要是要求对产品略作改动，与竞争对手的同类产品稍有区别，更好地吸引顾客。如增减产品相关使用功能，比如在圆珠笔上装电子表或笔式电筒等。

产品开发一要符合顾客的需要，二要根据企业的资金、技术力量、设备、原材料等条件，三要考虑新产品开发和产品改进的经济效益，只有这样企业的市场发展目的才能实现。

知识拓展

百事可乐上海官方微信号日前公布，百事将于2018年8月推出“醋之语”果醋气泡饮料。

产品介绍称，该产品含酿造苹果醋，采用低糖配方搭配清新水果风味和丰富细腻气泡，富有清爽的酸甜滋味，能解油腻、助消化，尤其适合与辛辣、油腻食品搭配，是一款符合健康饮食理念的产品。推出醋之语，百事看中的是气泡果醋饮的未来发展趋势以及这个细分领域在中国的成长机会。它在官微中写道：“在日本和韩国，气泡果醋饮已经成为潮流饮品，每季会上市三四款醋饮新品；2015年中国醋饮销售额为37.5亿元，过去5年销售额的平均增长幅度超过15%。”中国果醋饮料市场确实算得上是一片蓝海。在这个细分领域内，虽然在部分地区形成了一定规模的醋饮消费市场，但同美日等发达国家相比还处于前期发展阶段。据智研咨询发布的《2017—2022年中国苹果醋市场运行态势及投资战略研究报告》，2015年中国醋饮料市场规模超过35亿元，且连续三年的增速分别为22%、27%、25%，在整个食品饮料行业中属高速增长。若能维持23%的增速，至2020年，中国果醋饮料市场规模则有望突破百亿元。中国醋饮料使用的食醋量仅占全国食醋总产量的2%左右，而美国、加拿大、英国等发达国家占比都在10%以上。“天地壹号”是中国醋饮料市场的领军者。早在2015年，这家起步于广东江门的饮料公司就占据了该市场全国约40%、广东80%以上的市场份额。

（资料来源：摘自《百事可乐准备杀入醋饮市场，8月推出果醋气泡饮料》，新浪网，2018年6月8日。）

2. 一体化增长策略

当企业所处的行业很有发展前途，或企业实行一体化能较大幅度地提高效率是时，往往采用以下三种形式的一体化策略：

（1）前向一体化，即企业通过购买、合并或兼并本企业的原材料供应商，实行产供联合。

（2）后向一体化，即企业通过购买、合并或兼并本企业的后续生产或经销企业，实行产销结合，或延伸自己的产品。

（3）水平一体化，也叫横向一体化，即企业通过购买或兼并同行业中的企业，或者在国内或国外与其他同类行业合资生产经营。

3. 多元化增长策略

企业尽量增加经营的产品种类和品种，使自身的特长得以充分发挥，人、才、物等资源得以充分利用，且减少风险，提高整体效益。

（1）同心多元化，指企业运用原有的技术、特长、专业经验等开发与本企业产品有相互关系的新产品。

（2）水平多元化，指企业仍面向过去的市场，通过采用不同的技术开发新产品，增加产品种类和品种。

（3）复合多元化，指企业（通常是大企业）通过购买、兼并、合资或者内部投资等方式，扩大经营领域，增加与企业现有的产品或服务不同的产品或服务。

以上三种策略各有不同：第一种是在企业现存的行业和现有的基础上更进一步地确

认发展机会；第二种是确认某些市场机会，以建立和寻求与企业目前经营有关的目标；第三种是确认市场机会后，建立和增加与本企业目前经营无关的、但有吸引力的经营目标。

4.3.3 紧缩战略

企业常常在经济衰退期间或企业财务困难期间使用该战略。紧缩的目的是度过危机，然后转而采用其他战略方案，因此常常是短期的过渡方案，这一方案包含以下三种方式：

1. 转向战略

转向企业全面或大部分暂停生产和销售，只采取维持性措施来渡过难关。如暂时性停业停顿，有计划地全面停产以扭转财务状况不妙的局面，提高经营效率。当企业面临以下情况时，可考虑采取这种战略：①工资和原材料成本大幅度升高；②需求非预计性地突然剧烈下降或一般性经济衰退；③产品销售发生较大困难；④贷款中止，一时无补救措施；⑤竞争压力增大。

当然，转向战略的目的是渡过难关，希望形势好转后能用新战略。实施转向战略时可以采取的一些行动是：①削减资本支出；②集中决策，以求控制费用支出；③减少新人员的雇用；④削减广告和促销费用；⑤加强成本控制和预算；⑥加紧库存控制；⑦催收应收账款。

2. 放弃战略

当抽资战略或转向战略失效时，往往采用放弃战略。放弃战略往往涉及企业一个或几个领域，而不是全部。它是指企业卖掉某个主要部门，这可以是一个事业部、一条产品线或一项产品。清理、变卖某些领域的目的是把有限的资源用于经营效益高、有发展前途的领域。

3. 清算战略

清算是通过拍卖资产或停止全部经营业务来结束组织的生命。显而易见，对任何组织的管理者来说，清算是最无吸引力的战略，通常只有在其他战略全部失灵时才会使用。然而，在特定的情况下，及时进行清算可能是最适宜的战略。

4.3.4 抽资战略

企业为削减费用或改善资金的使用状况，减少在某一特定的产品线、产品组合的投资，把资金投入另外新的或发展中的领域。企业抽资的对象往往是费用高、利润少、发展前途不乐观或企业产品组合中的次要部分。

1. 抽资战略的含义和目的

抽资战略属于转移阵地性质，它是指减少企业在某个特定的投资领域内的资金。这个特定的投资领域可能是一个战略单位、一个事业部、一条产品线、一个产品项目或一个品牌。目的是把这个特定投资领域里的资金抽出来，转移到企业更需要扶持或注入的投资领域，或为执行一个新的发展战略做准备。

2. 运用条件和具体方式

（1）运用条件。在下列情况下，企业可能要考虑采取抽资战略：

①企业在某经营领域的市场处于不断衰退阶段，产销很快从成熟期进入衰退期。

②保证某一领域的市场占有率越来越困难，除非企业要增加更多的资金才能维持。而这样使用资金，又导致企业总的资金使用效益明显下降。

③企业对某一领域里获得的利润不满意，即使增加资金注入，情况也难以改变。

④企业已决定改变原来的生产经营方向，但改变是为了使经营转移平稳，而不是突发的和灾难性的。

⑤受某些环境力量压力的驱使，如《环境保护法》迫使企业改变原来对环境污染严重的产品生产，再如国家限制高耗能产品的生产。

抽资战略在实行过程中，企业必须考虑对其他领域的影响以及对短期收益和利润的不利影响，尽可能减少不利因素。

（2）具体方式。具体方式有：适当减少研究与开发投资，降低产品质量，减少服务广告和推销人员开支，提高价格（如此就会减少需求）等，从这类产品和业务领域中榨取更多的资金收入。

同步案例

福特汽车公司的成功与失败

背景资料：

美国汽车大王亨利·福特于1889年、1901年与别人合伙经营汽车公司，均因产品（高价竞赛车）不适合市场需要、无法销售而失败。1903年，福特汽车公司成立，第一批福特车因实用、质量稳定、定价合理，经营状况一开始就很好。1906年形势发生变化，当时推出的福特车是面向较富有阶层的豪华车，车体笨重，且多为订制，大众都买不起，结果福特车的销量下降。1907年，福特总结了过去的经验教训，及时调整了战略计划，实行“薄利多销”的策略，于是销量又魔术般地回升了。当时，美国全国性的经济衰退已露端倪，许多企业纷纷倒闭，唯独福特汽车公司生意兴隆，盈利125万美元。到1908年年初，福特按当时大众尤其是广大农场主的需要，做出了明智的战略性决策：从此致力于生产统一规格、价格低廉、大众需要而且买得起的“T型车”，并且在实行产品标准化的基础上组织大规模生产。此后10余年，由于福特车适销对路，销量迅速增加，最高一年达100万辆。在20世纪20年代早期的几年中，福特汽车公司的收入竟高达5亿美元，成为当时最大的汽车公司。到20年代中期以后，随着美国经济增长和居民收入、生活水平的提高，形势又发生了变化：公路四通八达，路面大大改善，马车时代坎坷、泥泞的路面已经消失；消费者开始追求时髦，简陋的“T型车”虽价廉，但已不能吸引顾客，因此销量开始下降。可是，当时福特不愿面对现实，自以为是，一意孤行。他在全国推销员年会上听到关于“T型车”需要根本改进的呼吁后，静坐了2个小时，然后答道：“先生们，据我看，福特车的唯一缺点是我们造得还不够快。”就在他顽固地坚持“不管顾客需要什么颜色的汽车，我只有一种黑色的”，固守那种已经过时的陈旧战略的时候，通用汽车公司却时时注意着市场上的动向。当时，通用汽车发现了良机，意识到有机可乘，及时做出了适当的战略性决策：适应市场需要，每年不断创新，增加一些新的颜色、新式样的汽车（即使因此需要相应地提高价格）。于是，“雪佛兰”车开始排挤“T型车”。1926年，“T型车”销量陡降。到1927年5月，福特不得不停止生产“T型车”，改产“A型车”。改产不仅耗资 1 亿美元，而且这期间通用汽车公司乘虚而入，占领了福特车的大量份额。

（资料来源：www. zhuna. cn/zhishi/769249. html。）

问题：

福特汽车公司采取的是什么观念？对你有什么启示？

分析提示：

当企业的市场环境发生变化，消费者需求有所改变时，企业的营销策略应相应地做出调整。福特汽车公司的成功取决于顺应市场的发展，失败是没有看到消费者的变化。因此，企业应根据市场的变化而相应地调整营销策略。

本章小节

企业营销战略是以未来为先导，它将其主要目标、方针、策略和行动方向构成一个协调的整体结构和总体行动方案，并以战略规划的形式体现。一个规范的企业战略应具有长远性、全局性、指导性、竞争性、系统性、适应性和稳定性等特征。企业战略规划是企业战略的重要组成部分，其程序和内容有：确定企业任务，确定企业目标，确定战略业务单位及投资组合分配，选择适宜的营销战略。

企业选择战略方案，首先要进行竞争研究与分析，并对战略价值进行鉴别与评估，从而确定可供选择的资金配置方案，进而进行战略价值的选择。常用的企业战略类型有稳定发展战略、积极发展战略、紧缩战略、抽资战略。

思考与练习

1. 理论题

（1）单选题

①占有最大的市场份额，在价格变化、新产品开发、分销渠道建设和促销战略等方面对本行业其他企业起着领导作用的竞争者，被称为（　　）。

A. 市场领导者　　B. 市场补缺者　　C. 强竞争者　　D. 弱竞争者

②生产婴幼儿食品的企业将其食品投向老年人市场，是通过（　　）寻找市场营销机会的方法。

A. 产品开发　　B. 市场开发　　C. 市场渗透　　D. 多种经营

③市场总需求扩大时受益也最多的是（　　）。

A. 竞争者　　B. 市场追随者　　C. 市场领导者　　D. 市场补缺者

④市场追随者在竞争战略上应当（　　）。

A. 攻击市场领导者　　B. 向市场领导者挑战

C. 跟随市场领导者　　D. 不作出任何竞争反应

⑤市场领导者扩大市场总需求的途径是（　　）。

A. 寻找产品的新用途　　B. 以攻为守

C. 扩大市场份额　　D. 正面进攻

（2）多选题

①市场领导者为保持自己的领导地位，可供选择的策略有（　　）。

A. 提高竞争能力　　B. 扩大市场需求量

C. 开发新产品　　D. 保护市场占有率

E. 提高市场占有率

②市场领导者扩大市场总需求的途径有（　　）。

A. 寻找产品的新用途　　B. 以攻为守

C. 扩大市场份额　　D. 正面进攻

E. 保护原有的市场份额

③市场补缺者的作用有（　　）。

A. 拾遗补阙　　B. 有选择地跟随市场领导者

C. 见缝插针　　D. 攻击市场追随者

E. 打破垄断

④市场补缺者的主要风险有（　　）。

A. 找不到补缺市场　　B. 竞争者入侵

C. 自身利益弱小　　D. 目标市场消费习惯变化

E. 专业化

⑤市场挑战者在确定了战略目标和进攻对象以后，还必须制定正确的进攻策略。可供选择的进攻策略主要有（　　）。

A. 正面进攻　　B. 侧翼进攻　　C. 包围进攻

D. 迂回进攻　　E. 游击进攻

（3）判断题

①市场营销战略的制定对企业没有任何意义。（　　）

②抽资战略和紧缩战略没有本质性的区别。（　　）

③投资收益率指一定时期内企业所获得纯利占该企业全部投资的百分比。（　　）

④市场渗透属于密集型增长策略的一种。（　　）

⑤根据波士顿公司咨询法，对于明星类经营单位应采取发展策略。（　　）

（4）简答题

①市场领导者的防御战略有哪些？

②市场挑战者的进攻战略有哪些？主要的进攻对象是谁？

③市场追随者有哪些可供选择的追随战略？

④市场补缺者怎样进行市场专业化营销？

2. 实务训练题

呷哺呷哺转型之路

随着海底捞即将在香港上市，火锅界一片哗然。呷哺呷哺身为“全国火锅连锁第一股”，自然而然地被人们拿来与海底捞做比较。面对海底捞的强势来袭，呷哺呷哺又会采取怎样的发展战略？

（1）业绩虽好，仍难掩盖发展漏洞。呷哺呷哺自 1998 年成立以来至今已有 20 多年的历史，最初带有闽南特色的呷哺呷哺发展并不顺利。惨淡的经营状态持续到 2008 年以后出现了转机。2003 年的“非典”，让“一人一锅，安全卫生”的理念走红，呷哺呷哺顺势开设多家分店，至此小火锅市场在全国彻底打开。根据年报显示，呷哺呷哺的业绩自 2014 年上市至今一直处于稳定增长的状态，营业收入年增长率一直保持在 10% 以上，2017 年再创新高，达到 32.8%。虽然业绩稳中有增，但依旧难以掩盖呷哺呷哺的发展缺陷。从经营网点的布局上看，呷哺呷哺主要集中在北方，截至 2017 年年底，共有 748 家门店，其中北京、天津、河北及东北地区的门店共有 553 家，占比高达 73%。江淮以南地区，布局较稀。

（2）出品“湊湊”，挑战海底捞。呷哺呷哺以吧台小火锅的形式满足消费者快节奏的生活方式，但随着生活质量和消费水平的提高，消费者更注重的是享受一顿饭的感觉。这就不得不提海底捞，海底捞以其优质的服务深得消费者的欢心。当你在海底捞排队用餐时，可以享受免费美甲服务；顾客坐定点餐时，服务员会送上围裙、热毛巾，还为长发女生提供皮筋和发夹；餐后，还会递上一片口香糖。以中高端人群定位的海底捞如此火爆，让一直秉承着廉价快捷理念的呷哺呷哺倍感压力，同时这也催生了“湊湊”，以弥补呷哺呷哺在中高端市场的空白。目前呷哺呷哺人均消费在 50 元左右，海底捞在 100 元左右。由于海底捞的强大，导致整个火锅行业人均消费水平最高也是在 90 元到 100 元之间浮动，几乎没有哪家火锅品牌敢于挑战强大的海底捞，而湊湊以 130 元左右的单价定位填补中高端的市场空白，勇气可嘉，挑战难度也大。

（3）转型策略能否成功。面对“消费升级”的问题，呷哺呷哺推出“湊湊”品牌的同时进军调料市场。然而此次转型曾被外界诟病，大家认为其火锅底料的定位与自身发展和品牌不符。因而与海底捞相比，呷哺呷哺不仅要弥合新产品与原定位之间的落差，还需付出时间成本和资源成本的匹配和支撑。海底捞作为川味火锅，无疑是现在发展最火的，但是“老鼠门”事件给海底捞的食品质量安全敲响了警钟，也暴露出企业管理缺失、内部控制制度混乱，严重影响了海底捞的商业信誉和持续盈利能力，这给呷哺呷哺冲击中高端市场提供了良好的契机。湊湊突破了传统火锅和传统中式餐饮的模式，巧妙而和谐地打造了中餐难以突破的复合业态，使餐饮经营的空间、时间得到延伸。截至 2017 年年底，湊湊在全国范围内已经有 21 家店，包括北京、上海、深圳、杭州、武汉等地区。

湊湊的创立使得呷哺呷哺的客户从人均消费 10 元扩大到人均消费 100 元左右的消费群体，也使其营业收入由 2016 年的 27.58 亿元，提升至 2017 年的 33.64 亿元。呷哺呷哺选择挑战中高端市场进行转型，相信只要保持其品牌的特性、亮点，提供最具品牌特色的服务，未来呷哺呷哺成功的可能性是很大的。

（资料来源：摘自《依靠”湊湊”挑战海底捞、呷哺呷哺能够转型成功吗》，新浪网。）

思考题：

（1）呷哺呷哺进军中高端市场面临的机会和威胁是什么？

（2）在转型过程中呷哺呷哺的市场地位是什么？它采取了什么样的竞争战略？

第5章
市场调查与透视营销价值机会

要管理好一个企业，必须管理它的未来，而管理未来就是管理信息。

——佚名

知彼知己者，百战不殆；不知彼而知己，一胜一负；不知彼，不知己，每战必殆。

——孙子

【知识要点】

（1）市场调查；（2）抽样调查；（3）问卷设计步骤。

【能力目标】

（1）了解市场调查的组织程序；
（2）明确市场营销调研的过程、方法及营销调研报告的内容；
（3）了解市场营销预测的内容和方法。

导入案例

调查的重要性

某家公司制造产品多年，过去一直受政策保护，经营十分顺利，营业额节节上升，收益率尚佳。近年来，由于市场国际化、消费者消费习性多元化，致使该公司在既有产业的市场竞争上节节败退。加之现存经营包袱颇重，亦增经营上的压力。因此，该公司除积极地进行总体经营体制改善，以提高市场竞争之外，更积极寻求企业经营多角化，为企业寻找新契机。在众多多角化计划中，几经节选之后，将“土地有效开发利用”列为优先计划。可是土地有效开发的途径很多，诸如出售土地、兴建大楼、发展游乐产业、兴建大型购物中心等。该公司在某大都会区附近拥有的大量土地已列入都市计划，现在该公司最高经营层决定在该土地上建大型购物中心：一是配合未来消费者购买习性多元化；二是营业行为可产生可观的现金流量，增加该公司的营运周转能力；三是继续保持土地所有权，以得土地增值之利。在做最后的经营决定之前，该公司决定进行一次“大型购物中心市场调查”，以帮助最高决策当局做出最后的决策。

（资料来源：https：//wenku. baidu. com/view/a3af8c07793e0912a21614791711cc7931b778b8. html？fr = search – 1 – wk_sea_es – income1 – score_2。）

启示：市场调查研究是经营决策的前提，只有充分认识市场，了解市场需求，对市场做出科学的分析判断，决策才具有针对性，从而拓展市场，使企业兴旺发达。

5.1　市场营销调查的组织程序

市场营销调查的全过程可以划分为四个阶段：调查准备阶段、调查策划阶段、调查实施阶段、追踪调查阶段。每个阶段又可以分为若干基本步骤，如图 5 – 1 所示。

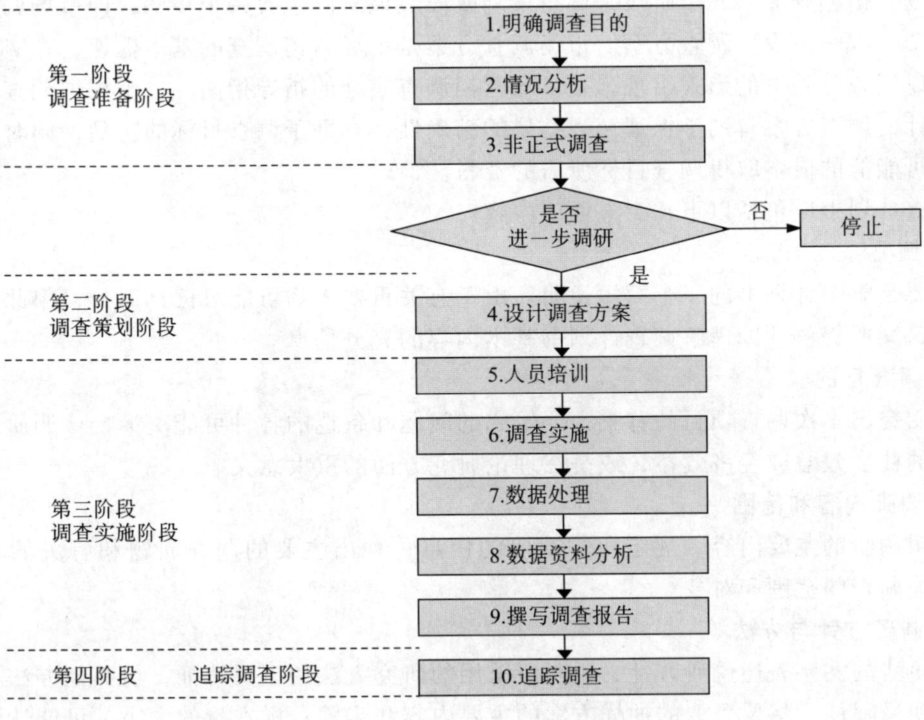

图 5 – 1　市场营销调查流程图

5.1.1　调查准备阶段

市场营销调查的准备阶段是市场营销调查的开始。这个阶段的主要工作职能是对所要进行的市场营销调查课题进行非正式的摸底，一般包括以下三个步骤。

1. 确定市场营销调查目的

确定市场营销调查目的，也就是要确定为什么要进行市场调查，确定调查目标和调查问题，确定调查主题。一般来说，确定调查目的应弄清几个问题：为何要调查；想要知道什么；知道了之后有何用处；谁想知道；向谁说明。

2. 情况分析

这是在明确调查目的的基础上，由市场调研人员利用自己的知识和经验，根据已经掌握的资料进行初步分析。分析的涉及面应尽可能宽一些，包括对所要调研的问题本身、大致的范围、调研的可能性和难易程度等。通过情况分析，调研人员应对课题的基本框架有了大致的了解。

3. 非正式调查

这是由市场调研人员找一些与调查问题相关或熟悉这方面情况的以及消息灵通的人士交谈，进一步了解有关情况，积累资料。实际上这也是一种调查，是一种非正式的调查。它可以弥补调研人员本身经验和掌握的资料不足，为判断是否需进一步调查提供更充分的条件。

5.1.2 调查策划阶段

市场营销调查的第二个阶段是调查策划阶段。该阶段包含一个步骤，即市场调查流程的第四个步骤——设计调查方案。市场调查方案是市场营销调查的基本框架，在实际操作中一般以调查计划书的形式出现，是市场营销调查实施的指导指南。一个根据调查目标而周密设计的调查方案有助于保证调查结果的精确性，有助于调查目标的达到，同时也有助于用尽可能低的成本取得调查目标所需的资料。

调查计划书应包括以下几个方面的内容：

1. 摘要

摘要是整个计划书的一个简短说明。由于有关重要人物可能只读这部分，因此既要简明清晰，又要提供帮助理解调查计划书基本内容的充分信息。

2. 调查目的

说明提出本次调查项目的背景，要研究的问题和备选的各种可能决策，该调研结果可能带来的社会效益或经济效益，或是在理论研究方面的重大意义。

3. 调查内容和范围

说明调研的主要内容，规定所需获取的信息，列出主要的调查问题和有关的理论假设，明确调查的范围和对象。

4. 调研方针与方法

用简洁的文字表述调研方针，说明所采用的研究方法的重要特征，与其他方法相比较的长处和局限性；将要采取的抽样方案的主要内容和步骤；样本量的大小和可能达到的精度；采取什么质量控制的方法；数据收集的方法和调查的方式；问卷的形式及设计方面的有关考虑；数据处理和分析的方法等。细节可写在附录中。

5. 调研进度和经费预算

详细地列出完成每一个步骤所需的天数以及起始中止时间。计划要稍稍留有余地，但也不能把时间拖得太长。详细列出每一项所需的费用，通过认真的估算实事求是地给出每项的预算和总预算。在进行经费预算时，一般需要考虑如下几个方面：

(1) 总体方案策划费或设计费；

(2) 抽样方案设计费（或实验方案设计）；

(3) 调查问卷设计费（包括测试费）；

(4) 调查问卷印刷费；

(5) 调查实施费（包括选拔、培训调查员，试调查，交通费，调查员劳务费，管理督导人员劳务费，礼品费，复查费等）；

(6) 数据录入费（包括编码、录入、查错等）；

(7) 数据统计分析费（包括上机、统计、制表、作图、购买必需品等）；

(8) 调研报告撰写费；

(9) 资料费、复印费、通信联络等办公费用；

(10) 专家咨询费；

(11) 劳务费（公关、协作人员劳务费等）；

(12) 上交管理费或税金；

(13) 鉴定费、新闻发布会及出版印刷费用等。

在进行预算时，要将可能需要的费用尽可能地考虑全面，以免将来出现一些不必要的麻烦而影响调查的进度。

6. 附录

(1) 人员调度。列出调研项目负责人及主要参加者的名单。例如，谁负责召集和培训访问员，谁负责督导，谁负责复查等，同时说明每个人的专业特长以及在该项目中的主要分工。

(2) 抽样方案的技术说明及细节说明。

(3) 问卷设计中的有关技术说明。

(4) 数据处理方法，所用软件等方面的说明。

撰写调查计划书是十分重要的环节。它确保了将管理决策部门的问题转换成能够提供相关的、及时的而且是准确信息的调查研究项目，并且项目的费用并不高于所得信息的价值。

5.1.3　调查实施阶段

市场调查的第三个阶段是调查实施阶段。调查实施阶段的主要任务是组织调查人员，按照调查计划书的要求，系统地搜集资料，听取被调查者的意见，对调查结果进行处理，编写调查报告。这个阶段大体可以分为以下几个步骤：

1. 人员培训

人员培训包括项目执行人培训、督导培训、访问员培训。如果一个市场调查项目要在若干个城市同时进行，那么，就要对各个城市的项目执行人进行如何主持项目和问卷访问的培训。市场调查的实地访问一般均需要有督导人员对访问过程进行监督与协调。访问员的培训分为两种：一种是访问员的培训；另一种是有针对性的问卷培训。

2. 调查实施

调查实施过程首先是调查对象的甄选。调查对象的甄选是按照问卷的要求选择调查对象，确保调查能够找到符合条件的调查对象，使调查达到良好的效果。然后是访问的实施。访问的实施是指访问必须严格按照问卷的要求与顺序进行访问，只有这样才能不折不扣地得到调查设计者想要的资料。访问结束以后还要对调查问卷进行一定比例的复核工作，目的有两个：一是对访问的工作进行检查；二是对问卷中不清楚或者不明确的地方进行再确认。复核结束以后要对访问的效果进行评价，例如访问的合格率、访问的正确率等。

3. 数据处理

数据处理的工作首先是编码，即将问卷中的所有项目的回答赋以一定的数字，以便于使用计算机进行分析。其次是录入，按照编写好的录入程序进行数据录入工作。通常采用双录入系统，即数据录入两遍，以保证数据录入的质量。最后是甄错，对问卷中存在的一些不符合逻辑或者错误的数据进行修正，以保证数据资料的完整性和一致性。

4. 数据资料分析与整理

数据资料分析与整理一般采用软件 SPSS 进行，通常首先是进行频数统计。频数统计不仅是一种初步分析方法，还可以起到数据清理的作用。其次是进行交叉统计，是将某一个变量与其他变量交叉分组。例如，消费者对某种商品的评价按性别、年龄、职业、收入等特性分组列表，以观察所要调查的变量与其他变量之间的关系。然后可以进行一些较复杂的统计分析，如方差分析、因子与聚类分析等。

需要指出的是，数据分析的方法是和调查的问题与目标、数据收集方法、抽样设计等有关的，因此不应等到数据收集完成后才开始考虑如何分析，而应在设计阶段即开始考虑。

5. 撰写调查报告

市场调查得到的结论要以调查报告的形式加以总结，并提供给企业，供其决策参考。调查报告是整个调查过程的最终结果，是调查者与企业沟通的重要渠道，也是进行决策和评价调查工作的主要依据。因此，市场调查报告的撰写者应该从项目的开始阶段就参与，最好能够参加市场调查的每一个环节，以增加感性认识。在撰写调查报告时，必须时刻考虑报告提交的对象，对调查结果进行概括和表达，做到清楚、准确、简明、易懂。

5.1.4 追踪调查阶段

市场调查的最后一个阶段是追踪调查阶段。提出市场调查报告并不意味着市场调查的终结，一般还需要作进一步的追踪调查。其内容一般有三个方面：

（1）对调查报告中所提出的关键问题组织进一步深入连续的调查；

（2）对调查报告中所提出的调查结论和建议的采用率、转引率和对实际工作的使用价值进行调查，同时检验调查结论和建议的正确程度与可行情况；

（3）了解调查报告中所提出的调查结论在实际执行中是否被曲解。

总之，追踪调查对评估该项市场调查的成果具有重要意义。

5.2　市场营销调查设计

5.2.1　探索性调查设计

探索性调查设计的基本目的是提供一些资料以帮助调研者认识和理解所面对的问题。其常用于在一种更正式的调研之前帮助调研者将问题定义得更准确些，帮助确定相关的行动路线或获取更多的有关资料。这一阶段所需的信息是不精确定义的，研究过程带有灵活性，没有什么结构。例如，向行业专家咨询就是一种探索性的研究。其样本量一般较小，也没有什么代表性。原始数据一般是定性的。探索性调研的结果一般只是试验性的、暂时性的，或作为进一步研究的开始。

5.2.2　描述性调查设计

描述性调查设计就是要描述事物总体的特征或功能，具体地说就是描述市场的特征或功能。

1. 描述性调查设计的主要内容

（1）描述有关群体的特征。例如，给出某些名牌商店的“重型使用者”（经常购物者）的轮廓。

（2）估算在某一具体总体中显示某种行为的人群所占的比例。例如，估算既是某些名牌商店的“重型使用者”，同时又光顾减价商店的顾客比例。

（3）确定产品特征的概念。例如，不同家庭是如何按照选择准则的一些重要因子来认识各百货商店的。

（4）确定变量间的联系程度。例如，在百货商店购物与外出就餐之间有什么程度的关联。

（5）进行具体的预测。例如，某地区的时装（某特定类别的产品）的零售销量会是多少。

描述性调查假定调研者事先已对问题有许多相关的知识。事实上，探索性与描述性调查的主要区别在于后者事先制定了具体的假设，因此，所需信息被很清楚地定义了。典型的描述性调查都是以有代表性的大样本（一般在 600 人以上）为基础的。正式的调查方案的设计规定选择信息来源的方法以及从这些来源收集数据的方法。

描述性调查的设计要求清楚地规定调查的六个要素（也叫六个 W）：谁、什么、何时、何地、为什么、什么方式。例如，在百货商店顾客光顾情况调查中，这六个 W 分别是：

（1）谁——谁应该看成是某特定百货商店的主顾？供选择的可能是：进入商店的任何人，在商店买了东西的任何人，家庭中负责在商店购买的人。

（2）什么——应从被调查者中获取什么信息？许多方面的信息都可能得到，包括：对于具体的各种商品类别，到不同商店去购物的频度，按照主要的选择准则来评价各个商店，对于要进行检验的假设的有关信息，心理和生活方式、媒介接触行为以及人口状况。

（3）何时——应在什么时间从被调查者中获取信息？可能选择的范围：购物之前，购物之中，购物之后立刻调查，购物之后给些时间让他们评价自己的购物体验，然后调查。

（4）何地——应在什么地方与被调查者接触以获取所需的信息？供选择的可能是：在商店内，不在商店内但仍在该商业街（城）中，在停车场或汽车站。

（5）为什么——我们为什么要从被调查者中去获取信息？为什么要搞这项市场调查？一些可能的理由为：改进商店的形象，提高顾客惠顾率和市场占有率，改变商品的组合结构，研究搞一个适当的促销运动，确定新商店的地点。

（6）什么方式——我们以什么方式从被调查者中去获取信息？可能的方式大致有：观察被调查者的行为，面访调查，电话访问调查，邮寄问卷调查。

2. 描述性调查设计的主要应用领域

（1）市场研究：用于描述市场的大小范围、消费者的购买力、销售渠道的可行性以及消费者的基本情况（轮廓）；

（2）市场占有率研究：明确某公司及其竞争对手的总销售量所占比例；

（3）销售分析研究：用地理区域、商品流通线、利润的种类及数量等描述销售的情况；

（4）形象研究：明确消费者对公司及其产品的看法和认识；

（5）产品使用研究：描述消费模式；

（6）销售渠道研究：明确流通流程模式、分销商的数量和位置；

（7）价格研究：描述价格变动的范围和频度以及消费者对所提出的价格变动的可能反应；

（8）广告研究：描述媒介接触行为。

5.2.3 因果性调查设计

因果关系研究是结论性研究中的一种，其目的是要获取有关起因和结果之间联系的证据。因果性调查设计的目的包括下述内容：

（1）了解哪些变量是起因（独立变量或自变量），哪些变量是结果（因变量或响应）。

（2）确定起因变量与要预测的结果变量间的相互关系的性质。

和描述性调查一样，因果性调查也需要有方案和结构的设计。描述性调查虽然也可以确定变量间联系的紧密程度，但是并不能确定因果关系。要考察因果关系必须将有些可能影响结果的变量控制起来，这样，起因变量对因变量的影响才能测量出来。研究因果关系的主要方法是实验法。当然，还有些高级的统计方法可以用于检验因果关系的模型。例如，为了检验包装（自变量）对销售量（因变量）的影响，可将同类商店随机地分为两组，分别出售新包装的商品和原包装的同种商品，最后再进行比较。

虽然因果关系研究的方法与其他研究方法不太相同，但也不应将其孤立起来看。事实上，在许多调研中，探索性的研究、描述性研究和因果关系研究的设计都是相互补充的，见表 5－1。

表 5－1　　基本的调研方案的比较

	探索性调查设计	描述性调查设计	因果性调查设计
目的	发现想法和洞察内部	描述总体的特征或功能	确定起因和效果之间的关系
特征	灵活的 多样性的 常常是全部方案设计的前端部分	有事先制定好的具体假设 事先设计好的 有结构的	处理一个或多个独立变量 控制其他中间变量
方法	专家调查 试点调查 个案研究 二手资料 定性调查研究	二手资料 抽样调查 固定样本连续调查 观察法	实验法

5.3　资料搜集的方法与技术

5.3.1　第一手资料的搜集方法

第一手资料的搜集方法主要是实地调查法。实地调查法是一种直接调查方法，由调查人员直接同受访者接触去搜集未被加工的来自调查对象的原始信息。具体又分为询问法、观察调查法和实验法。

1. 询问法

询问法是实地调查运用最为普遍的方法，它是由调查员直接同受访者接触，通过提问和回答，实现信息沟通，掌握第一手市场信息。

（1）入户访问。入户访问是由访问员进入经抽样选定的消费者家庭中，与受访者直接面谈，收集有关信息的一种调查方法。访问员按照问卷中的问题依次提问，受访者则针对问题按要求做出回答。问卷中的问题大部分采用封闭式的题型，让受访者从设定的一组答案中选出一个或几个答案，这样的调查结果十分容易做量化处理。

入户访问在访问时间上相对比较宽裕，还可以同时出示样品、图片、卡片、包装等，因此适合调查那些内容较复杂、细目较多的项目。但要防止问题过多、内容太杂或内容超出受访者的理解范围，那样会引起受访者的厌倦心理而敷衍应对，致使调查结果不可靠。入户访问的时间一般控制在半个小时之内。

入户访问有时也根据调查的目的，采用留置问卷的调查方法。访问员按样本要求入户给受访者发放问卷，并详细地解释和说明填写要求、回收时间等，然后离开，让受访者在他方便的时间自行填写，再由访问员本人或其他访问员在预订的时间上门收回。有时也可以交给受访者一个写好回信地址、贴好邮票的信封，请受访者填好问卷后寄回调查部门。入户访问一般都给受访者送上一份小礼品。

入户访问的问卷与留置调查的问卷应有所区别，后者一般全部采用封闭式题型，而且回答要求也比较简单。

（2）街头拦截访问。街头拦截访问由访问员在街头某个计划好的地点临时拦住街上行人展开调查。这种调查通常也使用事先精心设计好的问卷作为访问工具，当场询问，当场记录。由于受访者是在活动的进程中被突然打断而接受访问的，心理准备不足，而且又是站在人来人往的街头询问，因此访问时间不宜过长，一般控制在15分钟左右，以降低拒答率和无效回答率。

街头拦截访问的受访者主要由访问员按照抽样要求，凭借经验，采用判断抽样的方法来确定。访问的时间安排也要考虑到受访者的方便，一般不要在上下班时间实施调查。访问的地点应根据调查样本的特点和行为习惯来决定，既不能凭主观想象决定，也不能“一刀切”，所有的调查总在某一个固定的地点进行。

（3）定点访问。定点访问是在受访者接受访问比较方便的地方选择一个不受干扰的场所，如商场办公室、临街的机关学校的办公室、会议室等处。街头拦截访问符合调查项目要求的受访者，经过筛选，请他们进入调查地点进行调查访问。调查大多采用问卷作为主要工具，在产品实体测试、品牌包装、价格等测试中则需要增加一些辅助工具和设施。

在定点调查中，受访者受到的干扰比街头拦截访问要少得多，效果也要好些，但调查时间同样不能太长。此外，邀请受访者走到调查地点也会有一些难度，因此调查地点的选择显得十分重要，并且事先要适当地布置，使之有利调查，又方便受访者，以便取得他们的合作，降低拒答率。

（4）电话访问。电话访问需根据精心设计的问卷进行，提问要简单明了，便于回答，不会引起读音上的歧义，内容也不可太多。访问的时机要从受访者的特点出发，选择受访者认为合适的时机，以提高调查效率。

电话访问可以迅速而方便地收集信息，不需要进行任何现场组织工作，成本较低。但是受访者回答问题时容易受到干扰，甚至有时会突然中断或挂断电话，甚至干脆拒绝接受访问。访问的过程中，访问员无法观察受访者的动作、表情等非语音信息，无法使用任何辅助工具。对访问员的语言表达技巧和记录能力要求也比较高。

电话访问的受访者抽样比较特殊，大多用电话簿，采用登记号码的等距抽样方式，有时也采用简单随机抽样方式，随机拨号。这两种方式在精确度上没有太大的差异。随机拨号抽样可以访问没有进入电话号码簿的电话用户，操作起来有随机拨号和分群拨号法，后一种方法比较复杂。

电话访问还有一个特殊的要求，就是要求电话铃至少响了6次之后没有人接听才可以断定家中无人，做出放弃访问的决定。

为了提高电话访问的效率，有时对重要的访问也可以先寄给受访者一封信或一张明信卡，说明将要进行的电话访问的目的、内容和时间。

（5）邮寄调查。邮寄调查是指将调查问卷寄给受访者，请受访者按问卷说明信上的要求逐项填写后，再寄回调查部门或专业调查公司的一种调查方法。

邮寄调查可以用较低的成本在一个相当大的范围内进行。受访者也有较充分的时间仔细填写，必要时还可查阅有关资料，准确回答。没有调查员在场，受访者可能受到的倾向性影响可排除，更能畅所欲言。此外，调查的内容也可以比较多些，某些涉及个人隐私和敏感的问题也可以署名进行。

邮寄调查的受访者对象的选择一般利用现有的各种通讯录、花名册、电话簿等进行抽取，有时也可以在报纸、杂志、书籍上刊登或夹附调查问卷，请读者填写后邮寄给调查单位。

邮寄调查最大的问题是问卷回收率较低。为了提高回收率，常用的方法有以下几种：一是选择受访者比较关心的问题；二是委托某个声望较高的专业机构；三是回收用的信封上收信人栏目中印上具体的人名和职衔，借以转达对受访者尊重的信息，并引起他们的重视；四是承诺或附寄礼品、礼券；五是在调查问卷寄出三周后未能收到回信则发一封催复信，并表示衷心的感谢，有时还可以再附寄一份问卷。

邮寄调查的缺点是：回收时间长，影响所得到信息的时效性；有时样本让人代替而损害样本的代表性；或者不按要求作答、少答等，造成调查的有效性不高。

(6) 固定样本持续调查。固定样本持续调查就是对同一群固定的调查对象每隔一段时间进行相同项目的长时间的持续不断的调查，常被用在消费者家计调查、零售店销售调查或阅读率调查等项目中。这种调查要求受访者长期坚持不懈地对发生的事实做事后的客观记录。因为有充分的记录时间，所以调查项目可以列得十分细致，从而所获得的市场信息准确，数据详实。

(7) 深度访谈。深度访谈是指调查者同受访者进行单独地、面对面地深入交谈，用以搜集受访者对某一问题的动机、信念、感受或态度等深层次信息的一种调查方法。

(8) 焦点座谈会。焦点座谈会是调查者作为主持人同时与一群受访者在 2 小时左右的时间内围绕某一个中心问题进行交谈和讨论，以获得受访者对该问题的意见和态度等定性信息。

(9) 专家调查。专家调查是以在某个研究领域或某个问题上有理论造诣、有专门知识或特长、有丰富实践经验的学者、管理者或经营者作为调查对象，收集所需信息的调查方法。专家调查按照不同的具体形式，分为以下三种方式：

①头脑风暴法。这种专家调查采用小组座谈会的形式，邀请 6—12 名专家参加。与焦点座谈会不同的是，参加头脑风暴法座谈会的专家只能公开发表各自的意见或设想，不对其他专家主张进行讨论，也不能进行私下的交谈，不提出任何集体或权威的意见，以免阻碍个人的思考。各位专家在会上踊跃发表看法，互相启发，在各自的头脑中掀起思考的风暴，形成智力碰撞和激荡，产生新的思想火花，进行即席发言。

②专家会议法。与头脑风暴法一样，这种调查方法也是以小组座谈会的形式进行的，利用专家群体的专业特长和经验搜集具有创造性的信息。所不同的是，与会专家事先按照发给的调查提纲做好了发言准备，在会上则可以围绕中心问题开展讨论，相互启发、相互交流、相互补充。

③德尔菲法。德尔菲法是头脑风暴法和专家会议法的发展。这种方法由请专家坐在一起面对面地交谈讨论改为背对背地征询意见。

2. 观察调查法

观察调查法就是调查者亲临调查现场或利用观察器材，客观地观察调查对象并忠实地记录其人其事或其物的状态、过程或结果，收集第一手市场信息的一种实地调查方法。

观察调查通常是观察处于自然状态下的被调查对象，而且是在调查对象不知不觉的情况下进行的，因此所获得的第一手资料是最接近平时状态的，其真实性、准确性都很好，可以减少询问调查中因访问员的成见或失误以及受访者的心理因素的干扰而产生的误差。因此，观察调查更适合那些对结果准确性要求很高的调查项目。某些项目，如商店的服务模式、消费者在商场购买活动的特点、街头或商场的顾客流量等无法同调查对象交流或无法回答、难以回答的项目也只有观察调查才能得到有效的信息。

观察调查可以由调查观察人员在现场使用自己的视、听、触、味、嗅等感觉器官对事物进行感觉。这种方法不仅能了解到正在发生的事实，而且可以体会到现场的气氛和情境，获得额外的信息。观察人员也可以运用照相机、摄像机、录音机、扫描仪等各种电子仪器进行现场观察和记录。采用仪器观察可以观察得更准确，可以长时间进行。

观察调查可以是在现场对调查对象直接观察，也可以不进入事实发生现场，而是观察事实发生后留下来的痕迹，如收集消费者丢弃的冷饮包装纸、包装盒，调查不同品牌、不同品种冷饮的消费者偏好。

观察调查的主要缺点是只能了解到市场的表面化信息而无法获得人的心理信息，如动机、价值观念等。此外，这种调查方法也受到时空的限制，使用范围较窄，如消费者的家庭消费行为就不可能通过观察调查获得。

3. 实验法

实验法是指调查人员根据调查目的，事先选定某一个或几个营销因素，人为地改变或控制这些因素，观察它们对营销活动中其他因素的影响过程和影响效果，搜集第一手信息的方法。例如，改变产品的包装以观察产品销售量的变化。通过对新旧包装引起的销售量变化的比较来了解新包装的市场效果，为包装决策提供依据。

实验法的优点是比较科学，所得到的信息能比较客观地反映实际情况，还可以通过合适的实验设计，有效地控制实验环境，以提高调查结果的精确度。实验法通过相同条件下的反复实验，来验证结果的可靠性。

由于实验法调查是事前主动地改变和控制一些营销因素的变化来了解它们对市场的影响，而不是被动地等待某种情况发生后再去收集结果，因此，实验法可以为相关因素之间的因果关系提供更有说服力的依据。

实验法调查可以在实验室进行，也可以在销售现场进行。实验室实验调查是在专门设计的人工实验环境中实施调查的。例如，在一个模拟商场中，进行一种新的商品陈列和购买方式的调查，可以邀请一些目标顾客在这个模拟的商场参观购物，来调查其销售效果。现场实验调查，是在现实的自然的市场环境中实施的，调查有目的地通过控制某些营销因素来控制局部环境的变化，来了解这些因素对销售的影响程度。例如，在几个基本情况相同的连锁商场内以不同的价格出售同一种商品，以了解该商品价格对销售量的影响。由于这种实验是在自然环境下实施的，其调查结果也比较接近实际。

实验方法也有其难以克服的缺点：一是市场的变化是由多种宏观和微观因素共同作用的结果，许多因素如政治、文化、自然等因素是人工无法控制的，所以实验法调查的结果不可能完全准确无误；二是在实验室或局部范围内进行的实验，由于各种条件的限制未必合适大范围市场条件下的运作；三是实验调查的时间较长，成本偏高，而且在操作和管理上也有相当大的难度。

5.3.2　第二手资料的搜集方法

案头调查是一种间接调查方法，主要用来搜集企业内部和外部经他人搜集、记录和整理所积累起来的现成的二手信息。这些信息以文献性信息为主，具体形式有印刷型信息、视听型信息、计算机信息库和计算机网络信息等。

案头调查有许多好处，既能节省时间，又能节省费用，而且调查的保密性强，实施起来也比较容易。因此，案头调查往往被用作首选的市场调查方法，只有当搜集到的第二手资料不能满足需要时，才去实施实地调查。

但是，案头调查的局限性也是十分明显的，这些资料是前人为自身的目的去搜集、整理和刊载发布的，因此对本企业的某个具体的调查项目来说，适应性不高。而且这些二手资料受到各方面的限制，与原始资料会有些差距，有的经人多次传抄引证，已经成为第三、第四手资料，使用时需仔细核实；有的被人故意歪曲事实，其真实性、可靠性则令人怀疑。更为重要的一点是，二手资料都是以过去时态而存在的，信息时代知识的更新日新月异，市场的变化节奏加快，所以第二手资料在时效性上也常常不能满足调查的需要。

5.3.3　抽样设计

1. 抽样调查的含义

抽样调查是指调查者采用从调查总体中抽选出一部分单位作为样本（sample），对样本进行调查，并用样本所得的结果来推断总体（母群体，Population）的一种专业方法。

该方法的主要优点有：一是时间短，收效快；二是费用少；三是质量高，资料可信程度高，特别适用于不可能或没必要组织全面调查的情形。但它也有缺点，即存在抽样误差。

2. 抽样技术的分类

为了使抽样的样本具有代表性，必须借助于各种抽样技术。抽样技术主要分为随机抽样技术与非随机抽样技术两大类。

（1）随机抽样技术及其应用。随机抽样技术又可划分为简单随机抽样、分层随机抽样、等距离抽样、分群抽样四种。

①简单随机抽样技术及其应用。简单随机抽样技术又称单纯随机抽样技术，是在总体单位中不进行任何有目的的选择，而是按随机原则、纯粹偶然的方法抽取样本。市场调研中通常采用抽签法和乱数表法。

a. 抽签法。先将调查总体的每个单位编上号码，然后将号码写在卡片上搅拌均匀，任意从中抽选，抽到一个号码，就对上一个单位，直到抽足预先规定的样本数目为止。这种方法适用于总体单位数目较少的情况。

b. 乱数表法。乱数表法又称随机数法。首先把调查总体中的所有单位加以编号，根据编号的位数确定使用若干位数字，然后查乱数表。先在乱数表中任意选定一行或一列的数字作为开始数，接着可从上而下，或从左至右，或一定间隔（隔行或隔列）顺序取数，凡编号范围内的数字号码即为被抽取的样本。如果不是重复抽样，有重复数字应舍去，直到抽足预定样本数目为止。

②分层随机抽样技术及其应用。分层随机抽样技术又叫分类随机抽样技术，是把调查

总体按其属性不同分为若干层次（或类型），然后在各层（或类型）中随机抽取样本。例如，调查人口可按年龄、收入、职业、居住位置等标志划分为不同的阶层。分层时要注意：各层之间要有明显的差异，不致发生混淆；要知道各层中的单位数目和比例；分层的数目不宜太多，每个层内每个个体应保持一致性等。只有这样，才能使抽取的样本反映该层的特征，提高样本的代表性，减少抽样误差。市场调查大多采用这种抽样方法。

分层抽样的具体形式有两种：

第一种是等比例分层抽样法，即按各个层（各类型）中的单位数量占总体单位数量的比例分配各层的样本数量。计算公式如下：

$$n_i = \frac{N_i}{N}n$$

式中，n_i 为第 i 层应抽取的样本数；N 为总体单位数量；N_i 为第 i 层的调查单位数；n 为预定抽取样本数。

例如，某地共有居民 20000 户，按经济收入高低进行分类，其中：高收入居民为 4000 户，占总体的 20%；中收入居民为 12000 户，占总体的 60%；低收入居民为 4000 户，占总体的 20%。要从中抽选 200 户进行购买力调查，则各类型抽取的样本单位数为：

经济收入高的样本单位数目为：200 × 20% = 40（户）

经济收入中的样本单位数目为：200 × 60% = 120（户）

经济收入低的样本单位数目为：200 × 20% = 40（户）

这种方法简便易行、分配合理、计算方便，适用于各类型之间差异不大的分类调查。如果各类型之间差异过大，则不宜采用，而应采用分层最佳抽样法。

第二种是分层最佳抽样法。它又称非比例抽样法，不是按各层中单位数占总体单位数的比例分配样本单位，而是根据其他因素（如各层平均数或成数标准差的大小，抽取样本工作量和费用大小等）调整各层的样本单位数。如按各层标准差大小调整各层样本单位数，其计算公式为：

$$n_i = \frac{nN_iS_i}{\sum N_iS_i}$$

式中，n_i 为第 i 层应抽选的样本单位数；n 为样本单位总数；N_i 为第 i 层的调查单位数；S_i 为第 i 层的调查单位平均数（成数）的样本标准差。

仍以上述居民收入与购买力之间的关系为例。各层样本标准差高收入为 300 元，中收入为 200 元，低收入为 100 元。为了便于观察，列表 5－2。

表 5－2　居民收入与购买力样本标准差

各层次	各层的调查单位数 N（户）	各层的样本标准差 S（元）	乘积 NS
高	4000	300	1200000
中	12000	200	2400000
低	4000	100	400000
小计	20000		4000000

样本标准差的差别主要凭经验判断确定。上例是假定的，也可通过计算确定。计算公

式为：

$$\text{样本标准差} = \sqrt{\frac{\text{离差的平方和}}{\text{样本数目}}}$$

按照公式计算，得出各类型应抽选的样本单位数为：

高收入样本单位数为：$200 \times \frac{1200000}{4000000} = 60$（户）

中收入样本单位数为：$200 \times \frac{2400000}{4000000} = 120$（户）

低收入样本单位数为：$200 \times \frac{400000}{4000000} = 20$（户）

通过上述计算可以看出，用非比例抽样法与等比例分层抽样法抽取的样本数在各层次之间不同，特别是高收入与低收入之间的样本标准差相差较大，所以高收入所抽取的样本数目增加 20 户（60 户 −40 户），低收入减少 20 户（40 户 − 20 户），中收入不变。由于购买力同家庭经济收入关系很大，因而要增加高收入层的样本，相应减少低收入层的样本数，这样使所抽选的样本更具有代表性。

③等距离抽样技术及其应用。等距离抽样技术又称系统抽样技术或机械抽样技术。它是在总体中先按一定标志顺序排列，并根据总体单位数和样本单位数计算出抽样距离（即相同的间隔），然后按相同的距离或间隔抽选样本单位。排列顺序可以与调查项目有关的标志为依据，如在购买力调查中按收入多少由低至高排列，也可以与调查项目无关的标志为依据，如按户口册、姓氏笔画等排列。

抽样间隔计算公式为：

抽样间隔 = 总体数 N/样本数 n

例如，某地区有居民 110 户，采用等距离抽样法抽选 11 户进行调查。

第一步：将总体调查对象进行编号，即从 1 号至 110 号。

第二步：确定抽样间隔。已知调查总体数 $N = 110$ 户，样本数 $n = 11$ 户，故抽样间隔 = 110/11 = 10。

第三步，确定起抽号数。用 10 张卡片（即抽样间隔）从 1 至 10 编号，然后从中抽取 1 张（随机抽取 1 张）作为起抽号数。如果抽出的是 2 号，2 号则为起抽号数。

第四步，确定被抽取单位。从起抽号开始，按照抽样间隔选择样本。本例从 2 号起每隔 10 号抽选一个，直至抽足 11 个为止。所抽的单位是：

2；$2 + 10 = 12$；$2 + 10 \times 2 = 22$；$2 + 10 \times 3 = 32$；$2 + 10 \times 4 = 42$；…；$2 + 10 \times 10 = 102$。

等距离抽样方便简单，省去了一个个抽样的麻烦，适用于大规模调查，还能使样本均匀地分散在调查的总体中，不会集中于某些层次，增加了样本的代表性。

④分群抽样技术及其应用。分群抽样技术又称整群抽样技术，是把调查总体区分为若干个群体，然后用单纯的随机抽样法，从中抽取某些群体进行全面调查。如果不是对所抽取的群体进行全面调查，而是进一步划分为若干个小群体，再按随机原则抽取一个或一小部分小群体来调查，称为多段分群抽样。

分群抽样抽选工作比较简易方便，抽中的单位比较集中。但是，由于样本单位集中在某些群体，而不能均匀地分布在总体中，如果群与群之间差异较大，则抽样误差就会增大。

（2）非随机抽样技术及其应用。非随机抽样技术也可划分为任意抽样、判断抽样、配额抽样三种。

①任意抽样技术及其应用。任意抽样技术又称便利抽样法，是随意抽选样本的一种方法。例如进行现场访问，任意选择一群消费者或者营业人员进行谈话，了解他们对商品质量的看法或购买动机。这种方法简便易行，可以及时取得所需资料，节约时间和费用。该方法适用于非正式的探测性调查或调查前的准备工作。由于抽样结果偏差较大，可信程度低，样本没有足够的代表性，故在正式市场调查时很少采用任意抽样法。

②判断抽样技术及其应用。判断抽样技术又称目的抽样法，是一种根据调查人员的经验或某些有见解的专家选定样本的抽样方法。判断抽样法适用于调查总体中各调查单位差异较小，调查单位比较少，选取的样本有较大的代表性时采用。判断抽样的具体做法分为以下两种：一种是由专家判断选择样本。一般采用平均型或多数型的样本为调查单位，通过典型样本的研究，用专家来推断总体的状态。所谓平均型，是指在调查总体中挑选代表平均水平的单位作为样本，以此作为典型样本，再推断总体。所谓多数型，是指在调查总体中挑选占多数的单位作为样本推断总体。另一种是利用调查总体的统计资料，按照一定标准选择样本。

③配额抽样技术及其应用。配额抽样是按照一定标准分配样本数额，然后在规定数额内由调查人员任意抽选样本的一种抽样方法。配额抽样分为独立控制配额抽样和非独立控制配额抽样两大类。

独立控制配额抽样，对调查对象只规定具有一种控制特征的样本的抽取数目并规定配额，而不是规定具有两种或两种以上控制特征的样本的抽取数目并规定配额。独立控制配额抽样的具体应用方法如下：

假定按被调查对象的控制特征分为年龄、性别、收入三种。确定样本总数为 180 个，按独立控制特征配额抽样则可列成表 5－3（数字是假设的）。

表 5－3　　按独立控制特征配额抽样　　单位：人

年龄		性别		收入	
18—29 岁	30	男	90	高	36
30—40 岁	50				
41—55 岁	60	女	90	中	54
56 岁以上	40			低	90
合计	180	合计	180	合计	180

从表 5－3 中可以看出，虽然有年龄、性别、收入三个控制特征，但各特征是独立控制配额抽取样本数目的，不要求互相受到牵制，也不规定三种控制特征之间有任何关系。如果年龄组 18—29 岁的有 30 人，这 30 人中男女各多少，高收入、中收入又有多少，都没有规定样本抽取数目。这就是独立控制配额抽样的特点。

独立控制配额抽样具有简便易行、费用少等优点，但有选择样本容易偏向某一类型而忽视其他类型的缺点。例如，偏重于年龄较轻的低收入或年龄较大的高收入者。这个缺点可通过相互控制配额抽样来弥补。

非独立控制配额抽样，同时对具有两种或两种以上控制特征的每一样本数目都作出具体规定。

5.3.4　测量技术

1. 态度测量表

（1）态度测量表的含义。在问卷中，常需对被调查者的态度、意见、感觉等心理活动方面的问题进行判断和测定，如消费者对某种洗衣机的喜欢程度、居民对房改的态度和评价等，都要借助各种数量方法加以测定。把质量性质的问题用数量形式表示出来，可以采用态度测量技术。态度测量方法有多种，不同的态度测量方法都是通过态度测量表加以反映的。

所谓态度测量表，就是通过某一事先拟定的用语、记号和数目，来测定人们心理活动的度量工具，可将所要调查的定性资料进行量化。

（2）态度测量表的分类。根据态度测量表的性质不同，可分为类别量表、顺序量表、等距量表和等比量表等。

①类别量表，是根据被调查者的性质分类的。一般而言，该量表中所列的答案都是不同性质的，每一类答案只表示分类，不存在比较关系，被调查者只能从中选择一个答案，而不必对每个答案加以比较。

②顺序量表，是指量表中所列答案之间要具有顺序关系，且其顺序关系是由每个被调查者根据自己的态度来确定的。顺序量表比类别量表要多一个特性，即顺序量表必须对各个备选答案充分考虑，逐一比较，然后确定每个答案之间的顺序关系。不过，顺序量表也仅能对各答案按高低顺序作一排列。

③差距量表，不仅能表示各备选答案之间的顺序关系，还可以测量各顺序位置之间的距离。

④等比量表，除了具备差距量表的所有特征外，还具有真正零点这一特征。也就是说，等比量表中各答案之间具有类别关系、顺序关系、等比关系和比率关系。

在以上四种态度测量中，最常用的是类别量表和顺序量表，因为态度测量本质上是一种顺序关系，很难用差距关系和比率关系来表示。

（3）态度测量的方法。态度测量的方法是多种多样的。有些方法是直接对被调查者的态度进行测量，有些方法是通过其他的标准对被调查者反映的态度进行评定。一般地，调查人员都是将有关态度询问的问题或语句直接询问被调查者，并由后者自己测量其态度来选择答案。这种方法所使用的量表，统称为直接量表。也有一些调查人员在做有关态度询问时，由被调查者自己决定询问语句，然后由调查人员来评定态度。这种方法所使用的量表，统称为间接量表。也就是说，直接量表是态度测量的方法，间接量表是态度评定的方法。

有关态度测量方法的直接量表主要有以下两种：

①评比量表。评比量表在市场调查方面应用很广。在问卷中，调查人员根据被调查者的可能态度，拟定有关问题的答案量表，量表的两端是极端答案，中点是中性答案，并且每个答案都事先给定一个分数，这种量表就是评比量表。

②固定总数量表（数值分配量表）。固定总数量表是市场研究中的常用量表之一，常用于不同商标产品的比较，以调查消费者对品牌的偏好，也可用于对同一问题的不同因素之间重要性程度的比较。在固定总数量表中，调查人员列举出若干答案，被调查者根据自己的认识程度给每个答案评分，不管分数如何分配，各答案分数的总和必须是一个固定数值。

2. 语意差别量表

语意差别量表同时列出若干个子量表，每一个子量表的两端是极端态度，中间为中性态度，被调查者在每一个子量表上选择一个答案，然后将答案汇总，以判断被调查者的态度。从某种意义上说，它又是评比量表的集合使用，主要用于市场比较、个人及群体之间差异的比较以及人们对事物或周围环境的态度研究等。

5.3.5 调查问卷设计

1. 问卷设计的含义与条件

在市场调查中，应有事先准备好的询问提纲或调查表作为调查的依据，这些文件统称为问卷。它系统地记载了所需调查的具体内容。作为调查者与被调查者之间中介物的调查问卷，其设计是否科学合理，将直接影响问卷的回收率，影响资料的真实性、使用性。因此，在市场调查中应对问卷设计给予足够的重视。

2. 问卷的格式

一份完整的调查问卷通常包括标题、问卷说明、被调查者基本情况、调查主题内容、编码、调查者情况等内容。

（1）问卷的标题。问卷的标题是概括说明调查的研究主题，使被调查者对所要回答什么方面的问题有一个大致的了解。确定标题应简明扼要，易于引起回答者的兴趣。例如，“大学生消费情况调查”“我与广告——公众广告意识调查”等，而不要简单采用“问卷调查”这样的标题，它容易引起回答者因不必要的怀疑而拒答。

（2）问卷说明。问卷说明旨在向被调查者说明调查的目的、意义。有些问卷还有填表须知、交表时间、地点及其他事项说明等。问卷说明一般放在问卷开头，通过它可以使被调查者了解调查目的，消除顾虑，并按一定的要求填写问卷。问卷说明既可采取比较简洁、开门见山的方式，也可在问卷说明中进行一定的宣传，以引起调查对象对问卷的重视。

（3）被调查者基本情况。这是指被调查者的一些主要特征，如在消费者调查中，消费者的性别、年龄、民族、家庭人口、婚姻状况、文化程度、职业、单位、收入、所在地区等。又如，对企业调查中的企业名称、地址、所有制性质、主管部门、职工人数、商品销售额（或产品销售量）等情况。通过这些项目，便于对调查资料进行统计分组、分析。在实际调查中，列入哪些项目，列入多少项目，应根据调查目的、调查要求而定，并非多多益善。

（4）调查主题内容。调查的主题内容是调查者所要了解的基本内容，也是调查问卷中最重要的部分。它主要是以提问的形式提供给被调查者，这部分内容设计的好坏直接影响整个调查的价值。主题内容主要包括以下几个方面：①对人们的行为进行调查；②对人们的行为后果进行调查；③对人们的态度、意见、感觉、偏好等进行调查。

（5）编码。编码是将问卷中的调查项目变成数字的工作过程。大多数市场调查问卷均需加以编码，以便分类整理，易于进行计算机处理和统计分析。

（6）调查者情况。在调查表的最后，附上调查员的姓名、访问日期、时间等，以明确调查人员完成任务的性质。如有必要，还可写上被调查者的姓名、单位或家庭住址、电话等，以便于审核和进一步追踪调查。但对于一些涉及被调查者隐私的问卷，上述内容则不宜列入。

3. 问卷设计步骤

（1）确定所要搜集的信息。根据调查问卷需要确定调查主题的范围和调查项目，将所需要问卷资料一一列出，分析哪些是主要资料，哪些是次要资料，哪些是调查的必备资料，哪些是可要可不要的资料，并分析哪些资料需要通过问卷来取得，需要向谁调查等，对必要资料加以收集。同时，要分析调查对象的各种特征，即分析了解各被调查对象的社会阶层、行为规范、社会环境等社会特征；文化程度、知识水平等文化特征；需求动机、行为等心理特征，以此作为拟定问卷的基础。在此阶段，应充分征求有关各类人员的意见，以了解问卷中可能出现的问题，力求使问卷切合实际，能够充分满足各方面分析研究的需要。

（2）决定问卷调查方式。因问卷调查方式不同，问卷内容的繁杂及问卷设计方式必有不同，应在问卷方式上作适当的问卷内容安排。

（3）决定问题内容。在决定问题内容时，应考虑以下几项原则：

①目的性原则。问卷调查是通过向被调查者询问来进行调查的，要求在问卷设计时重点突出，避免可有可无的问题，并把主题分解为更详细的细目。

②可接受性原则。调查表的设计要比较容易让被调查者接受，乐于回答。应在问卷说明词中将调查目的明确告诉被调查者，让对方知道该项调查的意义和自身的回答对整个调查结果的重要性。问卷说明词要亲切、温和、有礼貌和具有趣味性。此外，还应使用适合被调查者身份、水平的用语，尽量避免列入一些会使调查者难堪或反感的问题。

③顺序性原则。问卷中的问题一般按下列顺序排列：首先，容易回答的问题（如行为性问题）放在前面，较难回答的问题（如态度性问题）放在中间，敏感性问题（如动机性、涉及隐私等问题）放在后面，关于个人情况的事实性问题放在末尾。其次，封闭性问题放在前面，开发性问题放在后面。这是由于封闭性问题由设计者列出备选的全部答案，较易回答，而开发性问题需被调查者花费一些时间考虑，放在前面易使被调查者产生畏难情绪。最后，要注意问题的逻辑顺序，如可按时间顺序、类别顺序等合理排列。

④简明性原则。简明性原则主要体现在以下几个方面：首先，调查内容要简明，力求以最少的项目设计必要的、完整的信息资料。其次，调查时间要简短，问题和整个问卷都不宜过长。设计问卷时，不能单纯从调查者的角度出发，而要为回答者着想。根据经验，一般问卷回答时间应控制在 30 分钟。最后，问卷设计的形式要简明、易懂、易读。

⑤匹配性原则。匹配性原则是指使被调查者的回答便于进行检查、数据处理和分析。所提问题都应事先考虑到能对问题结果做适当分类和解释，使所得资料便于做交叉分析。

（4）决定问题形式。问卷的语句由若干个问题所构成，问题是问卷的核心。在进行问卷设计时，必须对问题的类别和提问方法仔细考虑，否则会使整个问卷产生很大的偏差，导致市场调查的失败。因此，在设计问卷时，应对问题有较清楚的了解，并善于根据调查目的和具体情况选择适当的询问方式。

①问题的主要类型及询问方式。

a. 直接性问题、间接性问题和假设性问题。直接性问题，是指在问卷中能够通过直接提问的方式得到答案的问题。直接性问题通常给回答者一个明确的范围，所问的是个人基本情况或意见，比如“您的年龄”“您的职业”“您最喜欢什么牌子的洗发水?”等，这些都可获得明确的答案。这种提问对统计分析比较方便，但遇到一些窘迫性问题时，采用这种提问方式可能无法得到所需要的答案。

间接性问题，是指那些不宜于直接回答，而采用间接提问的方式得到所需答案的问题。通常是指那些被调查者因对所需回答问题产生顾虑，不敢或不愿真实地表达意见的。假设性问题，是通过假设某一情景或现象存在而向被调查者提出的问题。例如：“有人认为目前的电视广告过多，您的看法如何?”“如果在购买汽车和住宅中您只能选择一种，您可能会选择哪种?”这些语句都属于假设性提问。

b. 开放性问题和封闭性问题。所谓开放性问题，是指所提出的问题并不列出所有可能的答案，而是由被调查者自由作答的问题。开放性问题一般提问比较简单，回答比较真实，但结果难以做定量分析。在对其做定量分析时，通常是将回答进行分类。所谓封闭性问题，是指已事先设计了各种可能的答案的问题，被调查者只要或只能从中选定一个或几个现成答案的提问方式。缺点是回答者只能在规定的范围内被迫回答，无法反映其他各种有目的的、真实的想法。优点是回答方便，易于进行各种统计处理和分析。

c. 事实性问题、行为性问题、动机性问题、态度性问题。事实性问题是要求被调查者回答一些有关事实性的问题。例如：“您通常什么时候看电视?”这类问题的主要目的是为了获得有关事实性资料。因此，问题的意见必须清楚，使被调查者容易理解并回答。行为性问题是对回答者的行为特征进行调查。例如：“您是否拥有某物?”“您是否做过某事?”等。动机性问题是为了解被调查者行为的原因或动机问题。在提动机性问题时，应注意人们的行为可以是由有意识动机，也可以是由半意识动机或无意识动机产生的。对于前者，有时会因种种原因不愿真实回答；对于后者，因回答者对自己的动机不十分清楚，也会造成回答困难。态度性问题是有关回答者的态度、评价、意见等的问题。例如：“您是否喜欢某牌子的自行车?”

②问题的答案设计。在市场调查中，无论是哪种类型的问题，都需要事先对问题答案进行设计。

a. 二项选择法。二项选择法也称真伪法，是指提出的问题仅有两种答案可以选择。在设计答案时可以根据具体情况采用不同的设计形式。例如：“您家里现在有空调吗?”答案只有“有”或“无”。这种方法适用于互相排斥的两项择一式问题以及询问较为简单的事实性问题。

b. 多项选择法。多项选择法是指所提出的问题事先预备好两个以上的答案，回答者可任选其中一项或几项。由于所设答案不一定能表达出填表人所有的看法，所以在问题的最后通常可设“其他”项目，以便使被调查者表达自己的看法。采用这种方法时，设计者要考虑以下两种情况：首先，要考虑到全部可能出现的结果及答案可能出现的重复和遗漏。其次，要注意选择答案的排列顺序。有些回答者常常喜欢选择第一个答案，从而使调查结果发生偏差。此外，如果答案较多，会使回答者无从选择或产生厌烦，一般这种多项选择答案应控制在 8 个以内。当样本数量有限时，多项选择易使结果分散，缺乏说服力。

c. 顺位法。顺位法是列出若干项目，由回答者按重要性决定先后顺序。顺位方法主要有两种：一种是对全部答案排序；另一种是只对其中的某些答案排序。究竟采用何种方法应由调查者来决定。具体排列顺序，则由回答者根据自己所喜欢的事物和认识事物的程度进行排序。例如："您选购空调的主要条件是什么?"（请将所给答案按重要顺序 1，2，3…填写在□中）

价格便宜□　外形美观□　维修方便□　品牌□

经久耐用□　噪声低□　制冷（热）效果□　其他□

顺位法便于被调查者对其意见、动机、感觉等作衡量和比较性表达，也便于对调查结果进行统计。但调查项目不宜过多，同时所询问的排列顺序也可能对被调查者产生某种暗示影响。这种方法适用于要求答案有先后顺序的问题。

d. 回忆法。回忆法是指通过回忆了解被调查者对不同商品质量、品牌等方面印象的强弱。例如，"请您举出最近在电视广告中出现的电冰箱有哪些品牌。" 调查时可根据被调查者所回忆品牌的先后和快慢以及各种品牌被回忆的频率进行分析研究。

e. 比较法。比较法是采用对比提问方式，要求被调查者做出肯定回答的方法。例如："请比较下列不同品牌的啤酒，哪种更好喝?"(在各项您认为好喝的牌子方格中画"√")

青岛□　百威□　燕京□　天目湖□　力波□　广玉兰□　林克曼□　金陵□

比较法适用于对质量和效用等问题做出评价。应用比较法要考虑被调查者对所要回答问题中的商品品牌等项目是否相当熟悉，否则将会导致空项发生。

f. 自由回答法。自由回答法是指提问时可自由提出问题，回答者可以自由发表意见，并无已经拟订好的答案。例如："您觉得软包装饮料有哪些优缺点?""您认为应该如何改进电视广告?" 等。此种问题不宜过多，这种方法适用于那些不能预期答案或不能限定范围的问题。

g. 过滤法。过滤法又称"漏斗法"，是指最初提出的是离调查主题较远的广泛性问题，再根据被调查者回答的情况，逐渐缩小提问范围，最后有目的地引向要调查的某主题性问题。这种方法适用于被调查者在回答问题时有所顾虑，或者一时不便于直接表达对某个问题的具体意见时所采用。例如，对那些涉及被调查者自尊或隐私的问题，如收入、文化程度、妇女年龄等，可采取这种提问方式。这种方法询问及回答比较自然、灵活，使被调查者能够在活跃的气氛中回答问题，从而促进双方的合作，获得回答者较为真实的想法。但要求调查人员善于把握对方心理，善于引导并有较高的询问技巧。

（5）设计问题用语。问题用语在问卷调查中对调查结果有绝对的影响。应注意以下几点：

①避免提一般性的问题。一般性问题对实际调查工作并无指导意义。例如："您对某百货商场的印象如何?" 这样的问题过于笼统，很难达到预期效果，可具体提问："您认为某百货商场商品品种是否齐全、营业时间是否恰当、服务态度怎样?" 等。

②避免用不确切的词。例如："普通""经常""一些" 以及一些形容词，如"美丽" 等。对这些词语，各人理解往往不同，在问卷设计中应避免或减少使用。例如："你是否经常购买洗发液?" 回答者不知经常是指一周、一个月还是一年，可以改问："你多长时间购买一次洗发液?"

③避免使用含糊不清的句子。例如："你最近是出门旅游，还是休息?" 出门旅游也是一种休息形式，它和休息并不存在选择关系，正确的问法是："你最近是出门旅游，还是在家休息?"

④避免引导性提问。如果提出的问题不是“中性”的，而是暗示出调查者的观点和见解，力求使回答者跟随这种倾向回答，这种提问就是“引导性提问”。例如：“消费者普遍认为某品牌的冰箱好，你的印象如何？”引导性提问会导致两个不良后果：一是被调查者不加思考就同意所引导问题中暗示的结论；二是由于引导性提问大多是引用权威或大多数人的态度，被调查者考虑到这个结论既然已经是普遍的结论，就会产生心理上的顺向反应。此外，对于一些敏感性问题，在引导性提问下，被调查者不敢表达其他想法等。因此，这种提问是调查的大忌，常常会引出与事实相反的结论。

⑤避免提断定性的问题。例如：“你一天抽多少支烟？”这类问题即为断定性问题，被调查者如果根本不抽烟，就会造成无法回答。正确的处理办法是此问题加一条“过滤”性问题，即“你抽烟吗？”如果回答者回答“是”，可继续提问，否则就可终止提问。

⑥避免提令被调查者难堪的问题。如果有些问题非问不可，也不能只顾自己的需要穷追不舍，而应考虑回答者的自尊心。例如：“你是否离过婚？离过几次？谁的责任？”等。直接询问女士年龄也是不礼貌的，可列出年龄段，由被调查者挑选。

⑦问句要考虑时间性。时间过久的问题易使人遗忘，例如：“您去年家庭的生活费支出是多少？用于食品、衣服的支出分别是多少？”除非被调查者连续记账，否则很难回答出来。一般可问：“您家上月生活费支出是多少？”显然，缩小时间范围可使问题回忆起来容易，答案也比较正确。

⑧拟定问句要有明确的界限。对于年龄、家庭人口、经济收入等调查项目，通常会产生歧义的理解，例如：年龄有虚岁、实岁；家庭人口有常住人口和生活费开支在一起的人口；收入是仅指工资，还是包括奖金、补贴、其他收入、实物发放折款收入在内。如果调查者对此没有明确的界定，调查结果也很难达到预期要求。

⑨问句要具体。一个问句最好只问一个要点，一个问句中如果包含过多的询问内容会使回答者无从答起，给统计汇总也带来困难。例如：“您为何不看电影而看电视？”“什么原因使您改看电视？”等。防止出现此类问题的办法是分离语句中的提问部分，使得一个语句只问一个要点。

⑩要避免问题与答案不一致。所提问题与所设答案应做到一致，例如：“您经常看哪个栏目的电视？”对于类别的提问和对于程度的了解，不能在同一个问题答案中出现，两者应分别进行。如上面提问中提问的是哪一类，就只能在类别中加以选择，而不能加上程度内容，否则会出现多余或矛盾的选择。

（6）决定问题先后顺序。①第一个问题必须有趣且容易答复；②重要问题放在重要地方；③容易在前，慢慢引入比较难答的问题；④问题要一气呵成，且应注意问题前后的连贯性；⑤私人问题和易造成对方回答困难的问题应最后提出。

（7）决定检验可靠性问题。为加强被访问者答题的可靠性，在访问结束时不妨将问题中重要者再重新提问。

（8）决定问卷版面布局。问卷形式及体裁的设计对搜集资料的成效关系很大，故应力求：①纸质及印刷精美，留作填充空白处易于填写；②日后处理作业方便。

（9）试查。一般来说，所有设计出来的问卷都存在一些问题，因此需要将初步设计出来的问卷在小范围内进行试验性调查。

（10）修订及定稿。将要调查的问卷付之于印刷，将必要的调查手册编辑成册，以供相关人员参考。

5.4　调查信息处理

5.4.1　市场预测的基本方法

所谓市场预测，就是运用科学的预测方法，对影响市场供求变化关系的诸因素进行调查研究、分析和预见其发展趋势，掌握市场供求变化的规律，为生产和流通确定营销决策提供可靠的依据。

由于市场预测的对象、内容、要求各不相同，所采用的预测方法也是多种多样，目前可供使用的预测方法多达 100 多种，从定性的非数学方法到定量的预测方法，都各有不同的特点、使用条件。常用的市场预测方法有如下几种：

1. 判断预测法

判断预测法又名意见法，其特点是以企业领导层和基层人员的经验和判断为基础，经过分析综合判断未来的市场情况。此法的优点在于，在短时间内能集中有关人员的意见，迅速做出判断，简单易行。这种方法在缺乏预测资料时特别有用。如果决策者有较丰富的经验和分析判断能力，并且对各方面的情况比较熟悉，就可以得到较好的预测结果。此法的缺点是主观意志较多，客观的数据和资料不足，容易发生偏差。例如，判断基层销售人员的意见多从完成销售任务出发，对市场估计偏低。判断预测多用于一般性预测，内容不够细致，对市场变化、消费者意向难以细分。判断预测法又可细分为两种：

（1）个人判断法。个人判断法就是由企业决策人或基层人员根据对客观情况的分析和自己的经验，对市场需求的情况作出主观判断，预测未来的情况。参加判断人员可以是企业中主管经营的经理和有关部门主管干部，也可以是企业基层的营业员、推销员及有关的业务人员。主管人员在预测时，应充分利用企业现有资料，熟悉市场情况，掌握商情动态，对于不同的预测结果，应在相互讨论相互比较的基础上，修正原始意见，做出一个较可靠的估计。基层业务人员在第一线工作，直接接触消费者，预测判断结果较具体、贴近实际，但由于接触面窄，容易出现以偏概全的情况，在实际预测过程中应注意纠正。

（2）综合判断法。这是综合主管人员、基层业务人员及其他有关方面的判断而确定的预测结果。它首先由企业负责人召集销售、计划、生产、财务等部门的负责人或销售人员广泛交换意见，预测产品销售量，然后将不同人员的预测值进行综合，得出预测结果。因为各类人员所处的工作环境不同，判断各有优缺点，如能全面综合则预测效果会更好。具体计算方法如下：

假设某企业为了预测某产品明年的销售量，邀请了两位经理和三位销售人员进行预测，经理方面的预测如下：甲经理的预测值为 1000 台，乙经理的预测值为 800 台。再假设两位经理的预测结果的重要形式是相同的，则经理方面的平均销售预测值为（1000 台 + 800 台）÷2 = 900 台。销售人员方面的预测值见表 5 - 4。

表 5 - 4 销售人员预测结果

销售员	销售量（台）	概率	销售量（台×概率）
甲：			
最高销售	1000	0.3	300
可能销售	700	0.5	350
最低销售	600	0.2	120
预测值			770
乙：			
最高销售	1200	0.2	240
可能销售	900	0.6	540
最低销售	600	0.2	120
预测值			900
丙：			
最高销售	900	0.2	180
可能销售	700	0.5	350
最低销售	600	0.3	180
预测值			710

销售人员方面，假设三个人预测的重要性相同，则其平均预测值为（770 + 900 + 710）÷3 = 793.3（台）。综合经理人员和销售人员两方面的预测，若经理人员预测结果的重要性高于销售人员，其重要性比例为 2∶1，则综合性的销售预测值为（900 × 2 + 793.3 × 1）÷3 = 864.4（台）。

2. 专家意见调查法（德尔菲法）

这种方法是以专家的经验和判断进行预测，此法又名德尔菲法（Delphi）。据传德尔菲是希腊古城名字，城中有阿波罗神殿，可以预卜未来，众神每年到德尔菲集会，以预言未来，故借用其名。德尔菲法是美国美兰德公司在 20 世纪 40 年代末期开始使用的一种预测方法，现已成为应用很广泛的一种预测方法。

德尔菲法是通过发函询问的方式进行预测的。其具体做法是向选择的预测专家分别发函或调查表，提出问题，并提供进行预料的各种资料，要求专家背靠背地按照自己的想法提出预测意见，由预测组织者把专家们的意见汇集、整理后，再把不同的意见及其理由反馈给每位专家，这样多次反复整理，逐步缩小各种不同意见的差距，得到基本上趋于一致的预测结果。德尔菲法有三个特点：

（1）匿名性。参加预测的各方面专家，在整个预测过程中并不直接见面，而是以背靠背的方式接受征询，预测是以匿名的方式进行的，这样就可以使专家的个人意见得到充分发表，避免了集体讨论时的各种心理因素对专家的影响。

（2）反馈性。德尔菲法的函询征集过程往往是经过几轮反复后才能完成。大量的信息反馈使专家的意见得到沟通，并使其有机会反复思考，对问题做出新的判断。

（3）收敛性。采用德尔菲法进行预测，一般经过几轮反馈后，多数情况下专家的意见会逐渐趋于一致，论据充分的意见会得到大多数专家的接受，呈现出收敛的趋势。

3. 购买者意见调查法

这是通过直接询问潜在购买者的购买倾向和意见，据以判断销售量的一种预测方法。此法由于能够直接了解潜在购买者的意向，而他们又最清楚自己未来的购买量，因此，如能获得完整资料，预测的准确性就比较高。此法多用于需求较稳定的生产资料市场的预测。具体做法如下：

假设某空调企业为了预测其空调产品在某地区的销售量，在该地区 20 万户的家庭中随机抽取 200 户做购买意向调查，调查结果见表 5－5。

表 5－5　购买意向调查表

意向	肯定购买	可能购买	未定	可能不买	肯定不买
概率描述（%）	100	80	50	20	0
户数（200 户）	3	8	30	95	64

则消费者的购买期望值为：

$100\% \times 3 + 80\% \times 8 + 50\% \times 30 + 20\% \times 95 = 43.4$（户）

消费者的购买比例期望值（即每户可能购买的比率）：

$$\frac{100\% \times 3 + 80\% \times 8 + 50\% \times 30 + 20\% \times 95}{3 + 8 + 30 + 95} \times 100\% = 31.9\%$$

则预测销售量为：

$20 \times 31.9\% = 6.38$（万台）

4. 市场试销法

在购买者并无详细的购买计划，或购买意向变化无常，或专家估计也难以准确的情况下，可直接进行市场试销。在预测某种新产品的销售量，或预测新产品在某一新地区或通过某种新渠道的销售前景时，市场试销法比较适用。

5. 时间序列预测法

时间序列预测法是收集与整理预测事物的过去资料，从中找寻过去该事物随时间而演变的趋势，把它用数学模型表示出来，然后用此模型从事预测。利用此法对市场商品供给、需求和销售进行不同时期的预测，是市场预测的一个重要方法。时间序列预测法的具体方法很多，下面介绍几种常用方法。

（1）简单平均预测法。此法是以历史时期实际销售量的平均值作为预测值，也称算术平均法。

令 X_1，X_2，X_3，…，X_n，为 n 期资料，依该法定义：

$$\bar{X} = \frac{X_1 + X_2 + X_3 + \cdots + X_n}{n} = \sum_{i=1}^{n} \frac{X_i}{n}$$

式中：$\bar{X}$——预测值；n——时期值；X_i——各期销售量。

例 1：某商店 2013 年 1 月至 6 月的销售额分别为 26 万元、27 万元、24 万元、28 万元、26 万元、25 万元，预测 2013 年 7 月份的销售额为：

$$预测值 = \frac{26+27+24+28+26+25}{6} = 26\ (万元)$$

此法的优点是简单易行，缺点是由于将远期销售量和近期销售量等同看待，而未能充分反映市场需求趋势的变化，故在市场有上升、下降等周期性变化时，预测的准确性较低。

（2）增量简单算术平均法。此法是以历史时期的实际销售量的平均变动值加上最末一期的实际销售量作为预测值。

令 X_1，X_2，X_3，…，X_n 为 n 期资料，则 X_{n+1} 可以下式求之：

$$X_{n+1} = X_n + \frac{\sum_{i=1}^{n-1} \Delta_i}{n-1} = X_n + \frac{(X_2 - X_1) + (X_3 - X_2) + \cdots + (X_n - X_{n-1})}{n-1}$$

式中：X_{n+1}——预测值；n——时期值；$\triangle_i = X_{i+1} - X_i$——各期变动值。

例 2：已知某企业 2015—2019 年的冰箱销售量为 57.7 万台、58.7 万台、59.6 万台、60.6 万台、61.8 万台，利用增量简单算术平均法预测 2020 年度的冰箱销量为：

$$X_{2020} = X_{2019} + \frac{\sum_{i=1}^{n-1} \Delta_i}{n-1}$$

$$= X_{2019} + \frac{(58.7-57.7)+(59.6-58.7)+(60.6-59.6)+(61.8-60.6)}{5-1}$$

$$= 61.8 + 1.03 = 62.83\ (万台)$$

此法适用于各期资料有逐渐上升或逐渐下降的趋势，且上升或下降幅度基本一致的情况。

（3）算术移动平均法。此法是把过去若干时期销售量实际相加，求其算术平均值，并随时间向后移动，根据最近期的销售量的新数据来不断修改平均值，作为预测期的销售量，其计算公式是：

$$X_{n+1} = \frac{X_n + X_{n-1} + X_{n-2} + \cdots + X_{n-k+1}}{K}$$

式中：X_{n+1}——预测值；n——实际期数；K——计算期数。

例 3：某百货商店 1—6 月的销售额分别为 312 万元、324 万元、327 万元、324 万元、325 万元、332 万元，预测 7 月的销售额。

若取后 3 期为依据资料（即 $K=3$），则：

$$X_7 = \frac{X_6 + X_5 + X_4}{3} = \frac{332+325+324}{3} = 327\ (万元)$$

预测 8 月的销售额，取 $K=3$，则把 5、6、7 三个月的销售额加以平均计算。假定 7 月份销售实际为 330 万元，则：

$$X_8 = \frac{X_7 + X_6 + X_5}{3} = \frac{330+332+325}{3} = 329\ (万元)$$

此法所选择的期数主要根据历史资料来具体决定，既要包括足够的期数，以抵消随机波动的影响，但期数又不能过多，要除去早期的、作用不大的数据。

（4）加权算术平均法。上述几种预测法，都是将各期的变化趋势平均化，但由于近期资料对预测结果的影响程度较大，那么在近期实际资料有明显变化趋势时，还采用这种预测法就不能反映真实的变化趋势，为减少预测误差，就要采用加权法进行预测。

加权算术平均法的特点，是在计算过程中逐步加大近期实际销售量在平均值中的权数，然后予以平均，以确定预测值。权数的确定，是根据以前各期销售实际销售量对预测期的影响程度来确定的，资料期中各期权数之和应等于1。预测值可用以下公式表示：

$$X_{n+1} = \frac{\sum_{i=1}^{n} f_i x_i}{\sum_{i=1}^{n} f_i}$$

式中：f_i——各期权数。

例4：已知某百货商场1—4月的销售额分别为50万元、40万元、50万元、55万元，现预测5月的销售额，并设取1—4月权数分别为0.1、0.2、0.3、0.4，则：

$$X_5 = \frac{50\times0.1+40\times0.2+50\times0.3+55\times0.4}{0.1+0.2+0.3+0.4}\text{万元} = 50\text{（万元）}$$

此法对于历史各期资料都给予权数进行计算，但当近期实际资料影响较大时，也可采用加权移动平均法。

（5）加权移动平均法。利用此法计算预测值时，可采用以下公式：

$$X_{n+1} = \frac{X_n\times f_n + X_{n-1}\times f_{n-1} + \cdots X_{n-k+1}\times f_{n-k+1}}{f_n + f_{n-1} + \cdots + f_{n-k+1}}$$

式中：k—计算期数。

例5：已知某百货商场1—5月的销售额分别为50万元、40万元、50万元、55万元、60万元，现预测6月的销售额，并设取前一期权数为0.5，前二期权数0.25，前三期权数为0.25。则：

$$X_6 = \frac{X_5 f_5 + X_4 f_4 + X_3 f_3}{f_5 + f_4 + f_3}$$

$$= \frac{0.5\times60+0.25\times55+0.25\times50}{0.5+0.25+0.25} = 56.25\text{（万元）}$$

6. 指数平滑法

指数平滑法也是在移动平均法的基础上发展起来的一种方法，所起的作用与加权移动平均法是一样的，但它不是用加权的办法，而是采用一个平滑系数α来调整实际的数字，具体计算公式如下：

$$F_t = \alpha S_{t-1} + (1-\alpha) F_{t-1}$$

式中：F_t——某期的预测值；S_{t-1}——上期的实际销售量；F_{t-1}——上期的预测值；α——平滑系数（$0\leqslant\alpha\leqslant1$），通常确定为0.1—0.3。

采用这样的方法目的在于按照一定的比例（平滑系数α）由远到近地逐期缩小远期资料的影响，加强近期资料的影响。调整程度的大小取决于α值，α值愈小，预测值中旧的数据所占的比重愈大，预测值就显得平滑而稳定；α值愈大，在预测值中新数据所占比重就愈大，预测值对新趋势的反映愈快，变化也越大。α值的选择，取决于预测值与实际发生值之间的差额，如果差额较大，说明上期的预测值偏差额较大，α 值可适当大一些；差额较小，说明上期的预测值较为准确，因此 α 值可适当小一些。

例 6：某企业销售某产品 6—10 月的实际销售量依次为 85 万件、98 万件、90 万件、97 万件、86 万件，平滑系数 α 采用 0.2，利用指数平滑法的计算公式对统计数据进行处理可得到表 5-6。

表 5-6　　指数平滑法

月份	实际销售额 S（万件）	预测值 F（万件）
6	85	85
7	98	85
8	90	87.6
9	97	88.1
10	86	89.9

11 月销售量的预测值为：

$F_{11}=0.2\times86+(1-0.2)\times89.9=89.12$（万件）

7. 趋势预测法

此法的主要特点是运用市场商品需求与供应的历史资料，从大量的统计数字中找出其倾向变动线，并运用适合的数学模型，从而预测下期的市场商品需求与供应的数量。预测的基本步骤是：首先，根据历史统计资料编制时间数列，然后将数列绘成相应的图形。一般分为直线趋势和曲线趋势。其次，选择一定的方法，并配合合适的数学模型，从而预测未来的发展趋势。

5.4.2　市场调查报告的基本模式

1. 调研报告的功能

市场调研报告有三个最基本的功能：传播调查结果、作为参考文件和增加工作的可信度。

（1）市场调研报告必须能传播研究的内容。市场调研报告最重要的功能就是全面而精确地描述调研项目的有关结果。这就是说，它必须向读者详细地沟通如下内容：调研内容、主要背景信息、调研方法概述、用图表展示调研结果、调研结果的概括、结论、建议。

（2）调研报告必须充当参考文件的角色。当调研报告向有关决策者分发时，它作为重要的决策参考文件就被赋予了“生命”。大部分的调研报告包含了若干项内容和大量的信息，对决策者而言，要全部记住这些信息几乎是不可能的。因此，调研者会发现决策者和其他进行第二手数据研究者，会时时翻阅调研报告，寻找有关资料。报告中的有关结论也可能作为随后进行的调研工作的基础。例如，决策者会年复一年地进行公司的形象调查，而且据此改善公司形象的不利因素和加强有利因素。

（3）调研报告必须建立和加强调研工作的可信度。调研报告的这项功能是至关重要的。市场调研报告必须向读者沟通研究工作进行的精度和控制程度。通常，决策者和管理人员跳过研究方法不读，而直接进入结果、结论和建议部分。因此，调研者要格外重视调研报告的实体形态，某些细节如打印错误、图表设计不佳，甚至封面和装帧的问题，将会直接影响读者对研究可信程度的评价。这种情况是不幸的，然而又是现实的。管理者对调研报告质量的评价，是决定是否采用调研结果的最基础的因素。

2. 调研报告的构成

有些时候，各企业的政策或其他因素形成了调研报告格式的各自惯例，即使如此，调研报告不论其格式或外观有何规则，其基本内容几乎是不变的。调研报告必须具备良好的结构和及时、相关、简明地向管理决策层提供信息。撰写调研报告的一个要点是要牢牢记住中、高层管理者们的时间是有限的，要避免过长的内容和不准确的数据。通常包括以下几个基本点：①目录；②调研目的；③调研方法的简明阐述；④扼要的结果；⑤结论和建议；⑥详细介绍；⑦详细分析和结果；⑧详细的结论；⑨详细的方法论；⑩局限性；⑪附录（如有必要）。②—⑤是执行摘要。

因为大量的对调研本身不甚了解的经理人员会阅读表格，所以执行摘要是很有必要的。执行摘要需要解释调研为什么和怎样进行、调研发现了什么又意味着什么、管理部门需要采取何种措施。执行摘要首先要说明调研的目的，从而解释公司为何要花费时间和金钱来进行调研以及调研工作的目标何在。这个部分对调研报告的其余部分十分重要，同时对管理人员而言，则对他们提供了简明扼要的调研结果和建议。

调研目的的阐述要尽可能地简短、精确，一般最多只有 1—2 页；结果的摘要也只是 1—2 页。结论和建议部分可以适当加长，但是研究者如果希望管理者阅读这份报告的话，执行摘要必须简短。

很显然，产品经理和市场研究者是会深入阅读报告的主体。他们希望得到更多的信息：检查结论的逻辑性，更好地理解主要结果，找到调研报告撰写的疏漏点，接受或拒绝结论。报告的正文需具备可读性，不要枯燥无味，调研者可以借助一些图表，如圆饼图、柱形图等来描绘关键内容。随着计算机软件和绘图软件的发展，这些过去费时、费力的工作变得十分简单并日趋完美。

调查报告的格式见表 5 - 7。

表 5 - 7　　调研报告的内容

封面
标题
客户
研究机构
日期
目录
各章节标题、页码
表格目录：标题、页码
图形目录：标题、页码
附录：标题、页码
执行摘要
①目的摘要

续表

②方法摘要
③主要结果摘要
④结论和建议摘要
⑤其他说明：如特别技术、局限性或背景资料等
介绍
①调研背景
②有关人员和职责
③致谢
分析和结果
分析类型的说明（非技术术语的）
图表
解释内容
结论和建议
研究方法论
研究类型
研究意义
总体的定义
抽样设计和技术
抽样单元的定义
设计类型
数据搜集方法（电话、人员、邮寄、自填等）
调查问卷说明
特殊问题
局限性
样本数量的局限
样本抽取的局限
其他局限（结构性误差等）
附录
调查问卷
技术附录（如统计工具的详细说明）
其他（如调查地区位图）

本章小节

市场调查是企业进行营销决策、改善经营管理的基础。通过本章了解市场营销调查的全过程可以划分为四个阶段：调查准备阶段、调查策划阶段、调查实施阶段、追踪调查阶段。市场营销调查方案设计包括探索性调查设计、描述性调查设计以及因果性调查设计。

资料的搜集主要涉及资料搜集的方法、抽样设计、测量技术、调查问卷设计等技术。资料搜集的方法主要有实地调查法（第一手资料的收集）和案头调查法。实地调查法包括询问法、观察调查法、实验法。而抽样技术主要分为随机抽样与非随机抽样。其中随机抽样技术可以划分为简单随机抽样、分层随机抽样、等距离抽样和分群抽样四种；非随机抽样技术可以划分为任意抽样、判断抽样和配额抽样三种。态度测量表主要有类别量表、顺序量表、差距量表和等比量表四种类型。对于调查问卷设计要求遵循目的性原则、可接受性原则、顺序性原则、简明性原则以及匹配性原则。同时，需要把握如何决定问题形式、设计问题用语以及决定问题的先后顺序等问题。

市场预测的基本方法有判断预测法、专家意见调查法、购买者意见调查法、市场试销法等。

思考与练习

1. 理论题

(1) 单选题

①使用单向统计表需要解决的一个问题是（　　）。

A. 选择表格形式　　B. 选择百分比的基数

C. 安排表格结构　　D. 选择数据形式

②市场调查报告要发挥其应有的作用，除了必须说明一切必要的细节，能发挥参考作用外，还必须（　　）。

A. 能够证明调查研究结果的可信性　　B. 详细说明调查的具体过程

C. 详细论证调查方法的科学性　　D. 能够证明调查结论的可行性

③市场调查的两个关键环节是（　　）。

A. 确定总体和抽样样本　　B. 实地调查和数据处理

C. 问卷设计和抽样设计　　D. 问卷设计和实地调查

④将一组受访者视作一个抽样单位而不是个体的抽样方法称为（　　）。

A. 简单随机抽样　　B. 分层抽样

C. 整群抽样　　D. 系统抽样

(2) 简答题

①市场营销调研的步骤是什么？

②市场调查问卷如何进行设计？

③如何进行市场调查？

2. 实务训练题

某市家用汽车消费情况调查分析案例

随着居民生活水平的提高，私家车消费人群的职业层次正在从中高层管理人员和私营企业主向中层管理人员和一般职员转移，汽车正从少数人拥有的奢侈品转变为能够被更多普通家庭所接受的交通工具。了解该市家用汽车消费者的构成、消费者购买时对汽车的关注因素、消费者对汽车市场的满意程度等对汽车产业的发展具有重要意义。

本次调研活动中共发放问卷 400 份，回收有效问卷 368 份，根据整理资料分析如下。

一、消费者构成分析

1. 有车用户家庭月收入分析（见表 5 – 8）

表 5 – 8　　有车用户家庭月收入

家庭收入	比重（%）	累积（%）
2000 元以下	28.26	28.26
2000—3000 元	33.70	61.96
3000—4000 元	10.87	72.83
4000—5000 元	18.48	91.31
5000 元以上	8.69	100.00

目前该市有车用户家庭月收入为 2000—3000 元的最多；有车用户平均月收入为 2914.55 元，与该市民平均月收入相比，有车用户普遍属于收入较高人群。61.96%的有车用户月收入在 3000 元以下，属于高收入人群中的中低收入档次。因此，目前该市用户的需求一般是每辆 10 万—15 万元的经济车型。

2. 有车用户家庭结构分析（见表 5 – 9）

表 5 – 9　　有车用户家庭结构

家庭结构	比重（%）	累积（%）
夫妻	36.96	36.96
与子女同住	34.78	71.74
与父母同住	8.70	80.44
单身	17.39	97.83
其他	2.17	100.00

丁克家庭，即夫妻二人无小孩的家庭，占有车家庭的比重大，为 36.96%。其家庭收入较高，负担较轻，支付能力较强，文化层次高，观念前卫，因此丁克家庭成为有车族中最为重要的家庭结构模式。核心家庭，即夫妻二人加上小孩的家庭，比重为 34.78%。核心家庭是当前社会中最普遍的家庭结构模式，因此比重较高不足为奇。联合家庭，即与父母同住的家庭，仅有 8.70%。单身族占 17.39%，这部分人个人收入高，且时尚前卫，在有车用户中占据一定比重。另外，已婚用户比重达到了 81.5%，而未婚用户仅为 18.5%。

3. 有车用户职业分析

调查显示有 29%的消费者在企业工作，20%的消费者是公务员，另外还有自由职业者、机关工作人员和教师等。目前企业单位的从业人员，包括私营业主、高级主管、白领阶层仍是最主要的汽车使用者。而自由职业者由于收入较高及其工作性质，也在有车族中占据了较高比重。详见图 5 – 2。

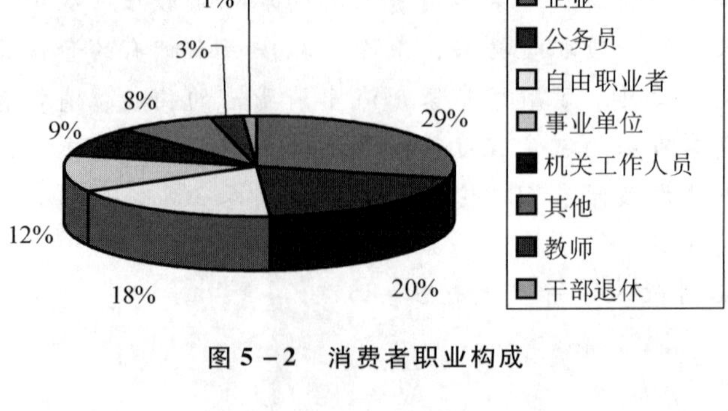

图 5 – 2　消费者职业构成

4. 有车用户年龄及驾龄分析

在我们所调查的消费者中，年龄大多在30—40岁或是30岁以下，所占比重分别为43%和28%，也有23%的年龄在40—50岁，仅有6%的消费者年龄在50岁以上。可见，现在有车一族年轻化的趋势越来越明显，这是因为大多数年轻人没有太多的家庭负担，正处于购买力和消费需求同样旺盛的时候，而越来越低的购车门槛，也给了他们足够的购车理由。

该市有车用户的驾龄平均为5.294年，而在本次接受调查的消费者中，有61.94%的用户驾龄在3年以上。由此可见，本次调查的有车用户驾龄普遍较长，因而对汽车也比较熟悉，对汽车相关信息掌握得也相对全面，这就使我们对有车用户青睐的品牌的调查有了较高的可信度，而他们在汽车使用方面的经验，也能够为今后该市家用汽车市场营销策略的制定提供一定的帮助。

二、消费者购买汽车时关注的因素分析

调查显示，消费者在购车时最关注的因素首先还是汽车的价格和性能，所占比例分别达到了19%和16%，因此，性价比越高的汽车越能受到消费者的青睐。其次，在消费者对汽车的关注因素中排在前例的还有油耗、品牌和售后服务等几项，所占比重分别为14%、13%和13%，由此可见，汽车自身的品质与经销商所提供的售后服务保证是同等重要的。因此，在对消费者最终选购汽车起主导作用的因素中，油耗低、性价比高、售后服务好这三项占据了前三名，所占比重分别为22%、21%和15%。影响消费者购车的因素见图5-3。

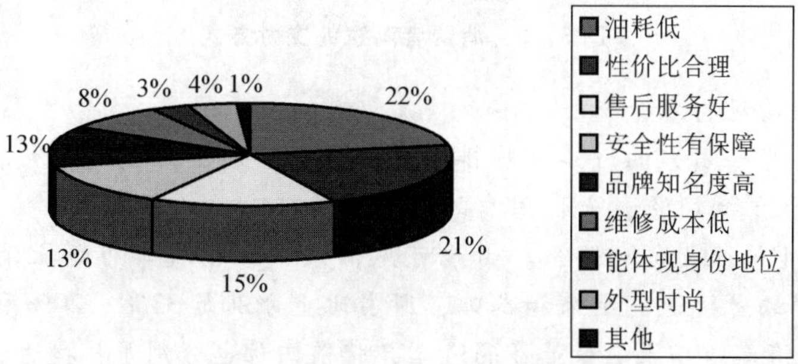

图5-3　影响消费者购车的因素

消费者在购车前获取信息的渠道主要有哪些呢？通过汽车报纸、杂志获取信息的消费者占总数的27%，还有23%的消费者是通过电视、广播获取信息的，此外，上网查询和广告等也都是消费者获取信息的主要渠道。由此可见，在传媒业越来越发达的今天，任何媒介都能够加以利用，成为推动营销的帮手。消费者获取信息的渠道请见图5-4。

在大型汽车市场、品牌专卖店、综合销售点和其他销售点这几种汽车销售点中，目前消费者最为信赖的还是品牌专卖店，选择在品牌专卖店购买汽车的消费者比重竟高达74%，相信这与品牌专卖店舒适的购车环境、良好的信誉、有保障的售后服务都是分不开的。而目前消费者在支付方式的选择上大多还是选择一次付清，也有33%的消费者选择分期付款，但选择向银行贷款买车的消费者仅为7%，这一方面反映出大部分消费者的购车计划是在对自身收入合理估算后的可行选择；另一方面也说明了目前我国信贷业的不发达与不完善。消费者最信赖的购车场所请见图5-5。消费者满意的支付方式见图5-6。

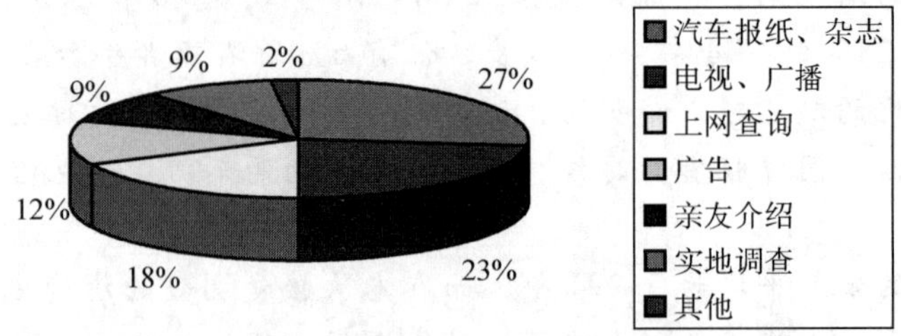

图5-4 消费者获取信息的渠道

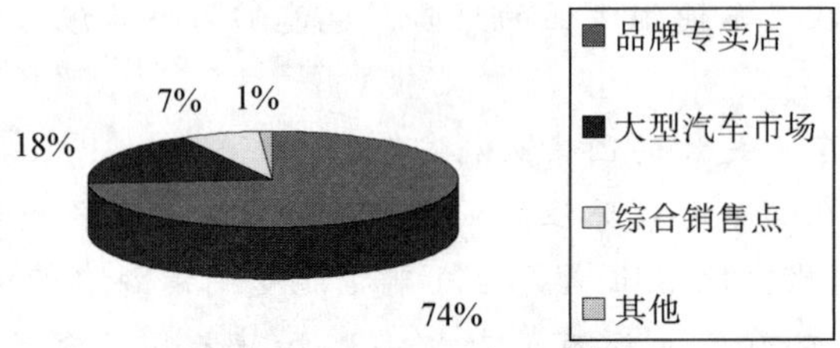

图5-5 消费者最信赖的购车场所

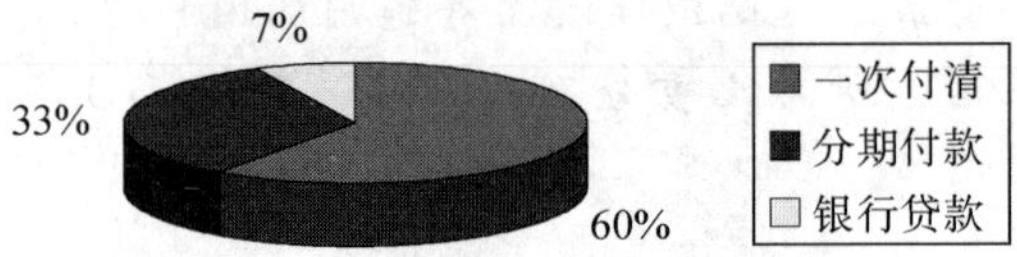

图5-6 消费者满意的支付方式

三、用户使用情况特点分析

本次调查中，男性用户的汽车品牌排名前三位的分别是：捷达、宝来、本田，所占比例分别为37%、14%和11%；女性用户的汽车品牌前三位的分别是：宝来、本田、捷达，所占比例分别为44%、13%和13%。由此可见，该市家用汽车市场上消费者使用的品牌的前三位毫无疑问的是捷达、宝来和本田，所占比重分别是33%、20%和11%。而消费者所认为的该市家用汽车市场上数量最多的汽车品牌前四位也分别是：捷达、宝来、本田和丰田，这与实际情况也较为相符。由此可见，目前最受有车一族青睐的无疑是经济车型。

本次调查从购车用途来看，仅有1%的消费者是为了家用方便，98%的消费者买车是为了上下班方便或作为商业用途。

对车主保险情况调查来看，有81%的人都会给爱车投保，以减少用车风险，但也有4%的消费者认为给爱车投保没有必要。

目前，油价的不断上涨已成为有车族关心的问题，在他们用车的过程中也产生一定影响，有46%的消费者已经考虑更换小排量、低油耗的车，还有18%的消费者选择减少用车频率，但也有36%的消费者认为基本没有影响。可见，未来的几年内，低油耗的车型仍会成为消费者青睐的对象。此外，还有交通设施不足，塞车现象严重和停车难问题占据日常行车困扰的榜首，这表明我国交通设施建设仍需进一步提高。

四、用户满意度分析

目前该市家用汽车消费者使用最多的三种品牌分别是捷达、宝来、本田，这三种品牌的汽车到底具有哪些优势呢？通过比较发现：捷达车用户对本车最满意的地方在于车的性能和燃油经济性，所占比重分别是 53% 和 30%。捷达车的动力性和品牌知名度也是比较令他们满意的因素；宝来车的用户对本车最满意的地方在于车的舒适性、品牌知名度和燃油经济性，所占比重分别是 34%、24% 和 24%，该车的动力性和整体性也较出色；而本田车最令用户满意的地方除了舒适性、品牌知名度、性能外，还有车的外观，这几项所占比重分别是 30%、20%、20% 和 20%。由此可以看出，消费者较为满意的车型除了经济、舒适外，还必须具有较高的品牌知名度。三种车的优势见图 5－7。

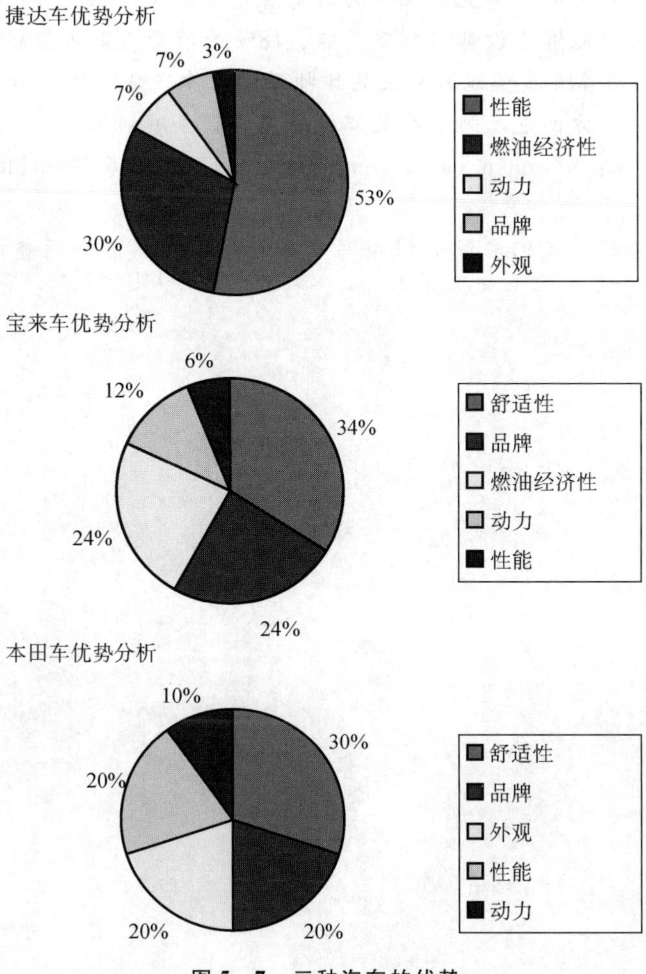

图 5－7　三种汽车的优势

在上面的分析中，我们曾提到售后服务也是消费者选车时较为关注的因素之一，那么对消费者使用最多的几款车型来说，他们的售后服务情况如何呢？通过比较，捷达车的用户中有 13% 的用户非常满意，44% 的人表示较为满意；宝来车有 6% 的用户表示非常满意，50% 的人表示较为满意，还有 44% 的人认为一般；本田车的用户中有 30% 的用户非常满意，40% 的人表示较为满意。总体来说，这几种品牌汽车的售后服务都比较令用户满意。而在售后服务过程中，用户最为看中的服务指标就是技术等级，占到 43%，接下来依次是收费标准、返修率和服务态度，分别占 22%、20% 和 15%，这反映了在大多数用户心目中质量和价格仍是衡量服务好坏的根本标准。

近几年来关于汽车投诉的比例在逐年上升，其中汽车质量、安全隐患及维修保障等问题突出。在解决纠纷的过程中，有28%的消费者认为最令他们头痛的是缺乏硬性的检测标准，27%的消费者认为是找不到相关的投诉机构，22%的消费者认为检测程序太过复杂，还有15%的消费者认为检测费用过高，另外8%的消费者则认为还存在其他方面的问题。这表明我国政府职能机构还需要进一步改进工作，相关程序需要进一步简化，相关检测设施需要进一步完善，使其更好地为大众服务。在遇到问题需要解决时，消费者最希望得到哪些维护消费者权益的援助呢？46%的消费者希望能设立相关部门以方便检查质量问题，28%的消费者希望能够专设部门判定是非，18%的消费者则希望媒体能对问题车辆进行曝光，还有7%的消费者希望能有专业的律师提供法律咨询。这一方面反映了我国公民维权意识的提高，另一方面也反映了相关职能部门的服务不到位。

（资料来源：https：//wenku. baidu. com/view/1e20731a10a6f524ccbf85c9. html。）

思考题：

通过以上案例分析，我们应该如何撰写市场调查报告？市场调查报告的提纲应如何撰写？

第6章
市场细分原理与营销价值甄别

应当把消费者看成一个特定群体。

——麦卡锡

【知识要点】

（1）市场细分；（2）市场细分标准；（3）完全细分法；（4）一元细分法。

【能力目标】

（1）了解市场细分的概念、作用、方法和程序；

（2）明确消费者市场细分和企业市场细分的标准及有效细分条件；

（3）明确掌握市场细分的程序。

导入案例

从无到有打造信用产品和服务——芝麻信用的用户画像分析

作为一个持久的商业服务，必须要有对消费者的洞察。2015 年蚂蚁金服成立了芝麻信用。在对蚂蚁用户画像进行分析时，没有竞品也没有标杆可以参考，所以蚂蚁金服从用户生活场景对用户画像进行分析，发现一个用户可能有不同的需求阶段：学习阶段、公司阶段、家庭阶段等。在学习阶段，使用的场景有上网、贷款、消费、考研、旅行、社交等；在家庭阶段会在结婚、生子、买房等场景下使用。通过不同的阶段（场景）可发现芝麻信用有什么机会可以去抓住。芝麻信用最核心的东西，是这个产品对用户的价值。对于竞争行业来说，所有的竞品都可以提供基础价值，但对于一些创新的产品来说，如果价值不是很明显，就只会变成一个噱头。通过用户画像分析可以看到用户有哪些生活场景，再对这些场景进行归类，进而用芝麻信用分对用户进行信用分层，芝麻信用 App 最后成为帮助用户更好地利用信用工具获取信用价值的管理工具。用户可以感知信用、提升信用以及利用信用（可感知、可提升、可利用），核心是可利用，用户会因为“可感知”去持续使用这个平台。可见，芝麻信用没有简单地把目标用户定义为“泛90后心态的目标用户群”，没有按照传统的性别、年龄、收入的划分方法对用户进行划分，而是结合用户生活场景，描绘用户画像对用户进行信用分层，从而为用户提供创新的信用产品和服务。

（资料来源：摘自《用户体验，70%靠产品和服务》，搜狐网，2018年7月26日。）

启示：准确的市场细分能让企业在激烈的市场竞争中根据企业的资源条件生产一种或几种商品，满足不同消费者的需求。

6.1 市场细分

6.1.1 市场细分概述

1. 市场细分的基本概念

市场细分是由美国市场营销学家温德尔·史密斯于1956年提出来的市场营销概念，是市场营销理论的新发展，是企业贯彻市场营销观念的必然产物。

市场细分是企业通过市场调查研究，根据消费者需求的差异性，把某一产品的整体市场划分为若干个在需求上具有某种相似特征的消费者群，从而形成各种不同细分市场的过程。每一个消费者群就是一个细分市场，也称“子市场”或“亚市场”，每一个细分市场都是由在需求上具有某种相似特征的消费者构成的消费者群。

2. 市场细分的实质

市场细分的实质是细分消费者的需求。企业进行市场细分，就是要发现不同消费者需求的差异性，然后把需求基本相同的消费者归为一类，这样就可以把某种产品的整体市场划分为若干个细分市场。

3. 市场细分的最终目的

市场细分的最终目的是为了选择和确定目标市场，并在此基础上运用各种可控因素，实现最优化组合，以达到企业市场营销战略目标。从市场细分的最终目的这个意义来看，市场细分是目标市场营销的起点和基础，是企业市场营销战略的平台。企业的一切市场营销战略，都必须从市场细分出发。没有市场细分，就无法确定企业的目标市场，企业也就无法在市场竞争中找到企业的市场定位。

6.1.2 市场细分的客观依据及意义

1. 市场细分的客观依据

市场细分的客观依据，主要表现为：

（1）消费者需求的差异性以及由此决定的购买者动机和行为的差异性是市场细分的内在依据。从消费者需求状况看，消费者由于个人收入、地理位置、文化水平、职业、性别、年龄、民族、生活习惯等方面的差异，形成了消费需求的差异性，即消费者对某一类产品的质量、特性、品种、价格、包装等方面的需求是有差异的。由消费者需求差异性所决定的消费者购买动机和行为也存在着差异性。这些差异性是市场细分的内在依据。

从消费者需求状况看，整体市场可分为同质市场和异质市场。同质市场是指消费者对某一产品的需求、购买行为、对企业市场营销组合策略的反应等基本相同或相似的市场。只有少数产品的市场属于同质市场。异质市场是指消费者对某一产品的需求、购买行为、对企业市场营销组合策略的反应等存在差异的市场。绝大多数产品的市场是异质市场。正是异质市场的存在，使市场细分成为可能。从这个意义上说，市场细分就是把异质市场划分为同质市场的过程。

(2) 市场细分的客观基础还在于消费者需求的相似性。从整体看，消费者需求具有差异性是绝对的，因为世界上不存在两个完全相同的消费者，但在同一细分市场内部，消费者需求具有差异性又是相对的，同一细分市场内部消费者需求又具有相似性，形成相似性的消费者群。从这个意义上来说，市场细分并不仅仅意味着把同一产品的整体市场加以分解。实际上，市场细分同时也是一个集聚的过程，就是把对同一产品在需求上具有某种相似性的消费者集合成一个细分市场。

(3) 企业资源的有限性和为了进行有效市场竞争，迫使企业进行市场细分。在现代市场经济条件下，企业受到资源有限性的限制，不可能向整体市场提供满足所有消费者所有需求的一切产品和服务，只能满足一个或几个细分市场的消费者需求。为了进行有效市场竞争，企业必须选择与之相适应的有利可图的细分市场，放弃那些与之不相适应的细分市场，集中企业资源，实现企业市场营销战略目标。

总之，消费者需求的差异性以及由此决定的消费者购买动机和行为的差异性、消费者需求的相似性、企业资源的有限性和为了进行有效市场竞争，使企业进行市场细分成为合乎逻辑的必然产物。

2. 市场细分的意义

(1) 市场细分有利于企业分析、发掘新的市场机会，形成新的富有吸引力的目标市场。市场细分是企业市场营销战略的重要组成部分，是现代企业市场营销活动的重要进步和策略，市场细分对企业来说是非常有力的竞争手段。正因为如此，市场细分的概念一经提出，就被企业广泛运用，成为现代市场营销理论的一块重要基石。现代市场营销实践已经证明并将继续证明，科学合理的市场细分对于企业市场营销活动成败有着至关重要的作用。

企业只有不断地调查、研究、分析市场，就能及时了解各个细分市场的需求满足程度和市场上的竞争状况，发现哪些消费者需求已经得到满足、哪些消费者需求没有得到满足或满足不够、哪些细分市场竞争激烈、哪些细分市场竞争较少。那些没有开发的细分市场及消费者需求没有得到满足或满足不够的细分市场，通常存在着新的市场机会。这对小企业尤为重要，因为小企业资源有限，它们只能见缝插针、拾遗补阙地选择适宜自身发展的细分市场，从而在激烈的市场竞争中求得生存和发展，提高市场占有率。

(2) 市场细分有利于企业集中使用资源，增强企业市场竞争能力。对于资源有限的小企业来说，只有通过市场细分，选择有利可图的细分市场，集中使用资源，投入一个或少数几个细分市场，扬长避短、有的放矢地开展市场营销活动，增强市场调查、研究、分析的针对性。由于一个或少数几个细分市场的市场信息反馈较快，企业就易于掌握细分市场消费者的特点及其变化，使产品适销对路，扩大销售，增强企业的市场竞争能力。

(3) 市场细分有利于企业制定和调整市场营销组合策略，实现企业市场营销战略目标。企业在未细分的整体市场上，一般只会采取一种市场营销组合策略。由于整体市场上的消费者需求差异性较大，企业市场营销活动往往不能得到令人满意的效果，而且由于整体市场需求变化较快、较复杂，企业难以及时掌握，致使企业的市场营销活动缺乏时效性。而市场细分后，某个细分市场的消费者需求基本相似，企业能密切注意细分市场消费者需求变化，并迅速地制定和调整市场营销组合策略，顺利实现企业市场营销战略目标。

同步案例

细分发现客户“斯航”成为明星

背景资料：

斯堪的纳维亚航空公司（简称“斯航”）是由挪威、瑞典和丹麦三国合资经营的公司。由于价格竞争、折扣优惠及许多小公司的崛起，斯航在其国内和国际航线上都处于亏损状况。

1982年年初，“斯航”首先设计了一种新的、单独的商务舱位等级，这种商务舱是根据工商界乘客不喜欢与那些寻欢作乐的旅游者同舱的特点设立的。工商界乘客常常因为一些情况必须改变日程，他们需要灵活性；他们在旅途中关心的是把工作赶出来，这意味着他们需要读、写，为会议或谈判作准备，或睡觉以便到达目的地后能够精力充沛地投入工作。换句话说，他们不需要分散注意力或娱乐。旅游者却没有这种压力，对他们来说，旅途就是假期的一部分，而机票价格则是一个敏感的决定因素。设置紧凑的座位和长期预备的机票，使航空公司有可能出售打折扣的机票，因而使一些人获得了旅行的机会，这些人则把省下的钱更多地花在异国情调的度假生活中。商务旅行者与此不同，他们最重视的是时间和日程表，在斯航以前，没有一家航空公司懂得怎样在同一架飞机上满足这两类顾客不同的需求。

斯航的商务舱票价低于传统的头等舱，高于大多数的经济舱，但给予顾客更多的方便。在每个机场，“斯航”都为商务舱的乘客设置了单独的休息室，并免费提供饮料，有的还可以看电影。在旅馆，为他们准备了有会议室、电话和电传设备的专门房间，并提供免费使用的打字机，使他们能够完成自己的工作，他们还可以保留这些房间，而且不受起程时间、时刻表变动及最低住宿时间的限制，所有这些都以经济实惠的价格提供。机场还为商务舱乘客设置了单独的行李检查处，他们不必去和普通乘客一起拥挤地通过安检。在飞机上，他们享有单独的宽大座椅，放腿的空间更为宽敞，还布置了一些传统的头等舱才有的装饰品，比如玻璃器皿、瓷器、台布等，他们还可享用美味佳肴。

斯航开辟了一个独特的市场，并赋予它更多的价值。对工商界乘客来说，头等舱太贵，经济舱又太嘈杂，不够舒适。他们可能与旅游者挤在同一舱内，享受旅游者同等的待遇但支付较高的价格——因为他们不能像旅游者那样，由于不受日程限制而等待减价或折扣机票。商务舱成为工商界乘客及航空公司双方都很适宜的较好的供需办法。

斯航夺去了竞争者的生意，成为明星。许多竞争者如今也在试图仿效。

（资料来源：http：//blog. sina. com. cn/tiansaits。）

问题：

1. 斯航是如何进行市场细分的？在市场上取得了什么样的成绩？

2. 以上案例对你有什么启示？

分析提示：

斯航开辟了一个独特的市场，并正在赋予它更多的价值。企业不断地调查、研究、分析市场，就能及时地了解各个细分市场的需求满足程度和市场上的竞争状况，发现哪些消费者需求已经得到满足、哪些消费者需求没有得到满足或满足不够、哪些细分市场竞争激烈、哪些细分市场竞争较少。那些没有开发的细分市场及那些消费者需求没有得到满足或满足不够的细分市场，通常存在着新的市场机会。

6.2　市场细分的标准和方法

市场细分对企业市场营销活动有着至关重要的作用，要使之付诸市场营销实践，就必须研究、分析实际操作市场细分的标准和方法。

6.2.1　市场细分的一般原则

企业在实施市场细分时，必须关注市场细分的实用性和有效性，应当遵循市场细分的一般原则。

1. 差异性原则

差异性原则是指市场细分后，各个细分市场消费者需求应具有差异性，而且细分市场对企业市场营销组合策略中任何要素的变化都能作出迅速、灵敏的差异性反应。如果各个细分市场消费者需求不具有差异性，就没有市场细分的可能；如果各个细分市场对企业市场营销组合策略中任何要素的变化都作出相同或相似的反应，细分市场就是同质市场，就没有市场细分的必要。差异性原则在于确保企业产品开发和价格策略的针对性，向消费者提供差异化、个性化的产品。

2. 可衡量性原则

可衡量性原则是指细分市场必须是可以识别和可以衡量的，亦即细分市场不仅范围明确，并且对其容量大小也能作出大致判断。如细分市场中消费者的年龄、性别、文化、职业、收入水平等都是可以衡量的，而要测量细分市场中有多少具有“依赖心理”的消费者则相当困难，以此为依据细分市场将会由于无法识别、衡量而难以描述，市场细分也就失去了操作的实际意义。可衡量性原则，在于确保清晰地区分细分市场的消费者群。

3. 可进入性原则

可进入性原则是指细分市场应该是企业市场营销活动能够到达的市场，即企业通过市场营销活动能够使产品进入并对消费者施加影响的市场，这主要表现在三个方面：首先，企业具有进入某个细分市场的资源条件和竞争实力；其次，企业有关产品的信息能够通过一定的传播途径顺利地传递给细分市场的大多数消费者；最后，企业在一定时期内能将产品通过一定的分销渠道送达细分市场。否则，细分市场的价值就不大。

4. 可盈利性原则

可盈利性原则是指细分市场消费者需求的容量和规模必须大到足以使企业实现其利润目标。进行市场细分时，企业必须考虑细分市场上消费者的数量、消费者购买产品的频率、消费者购买力，并且细分市场能使企业获得预期利润。如果细分市场的规模过小、市场容量太小、获利小，就不值得进行市场细分。

5. 相对稳定性原则

相对稳定性原则是指细分市场必须具有相对的固定性。企业目标市场的变化必然带来市场营销策略的改变和营销成本的增加。如果目标市场变化过快、变动幅度过大，可能会给企业带来经营风险和损失。细分市场的相对稳定性并不是指细分市场要一成不变，随着企业市场营销环境的变化，企业也可以放弃现有的细分市场，选择新的、富有吸引力的细分市场。只有这样，企业的市场营销活动才能适应变化的市场营销环境。

市场细分的内在依据主要在于消费者需求的差异性，而消费者需求的差异性通常是由各种因素造成的，这些因素因此也就成为市场细分的标准。从这个意义上来说，市场细分实际上就是根据影响消费者需求差异性的因素细分某一产品整体市场的过程。

6.2.2　消费者市场细分的标准

在消费者市场，影响消费者需求差异性的因素主要有地理环境、人口状况、消费者心理、消费者行为等。以这些影响因素为标准来细分市场，就有地理环境细分、人口状况细分、消费者心理细分、消费者行为细分等（见表6－1）。

表6－1　　消费者市场细分标准及变量一览表

细分标准	细分变量
地理因素	国家、地区、城市规模、地形地貌、气候、人口密度
人口因素	性别、年龄、收入、职业与教育、家庭生命周期
心理因素	生活方式、个性、购买动机
行为因素	购买时机、消费者进入市场的程度、使用率、品牌忠诚度

1. 地理环境细分

根据消费者所处的地理位置、自然环境等地理变量来细分市场称为地理环境细分。地理环境细分变量包括国家、地区、城市、农村、城市规模、人口密度、气候、地形地貌、生产力布局、交通运输和通信条件等。

地理环境细分的主要理论依据是：处在不同地理环境的消费者，对企业的产品有不同的需求和偏好，对企业所采取的市场营销组合策略会有不同的反应。防寒降温、保暖类的消费品，可按不同气候带来细分市场；家电、纺织品类的消费品可按城乡来细分市场；基本生活必需品、日用消费品，可按人口密度来细分市场；电信市场按地理区域不同，可细分为内地通信市场和沿海通信市场、城市通信市场和农村通信市场；在同一城市内，按所处地理区域的功能不同，电信市场可细分为工业区市场、商业区市场、文化区市场、机关事业区市场和居民区市场。

根据地理环境细分市场，对于分析、研究处在不同地理环境条件下的消费者需求及其发展变化趋势具有一定的现实意义，有利于企业开拓特定的区域市场，企业应考虑将有限的资源，尽可能投向最能发挥自身优势的区域市场。现代企业，尤其是规模庞大的跨国企业，在进行跨国或跨区域营销时，地理环境细分对营销的成败更显得至关重要。小企业为了集中资源占领市场，也往往对一片小的区域市场再进行细分。地理环境细分是市场细分的一个最常用的标准，也是最明显、最易衡量和运用的细分标准。

知识拓展

美国宝洁公司的地理变量细分

宝洁公司的地理细分主要表现在产品技术研究方面，如保洁经过细心的化验发现东方人与西方人的发质不同，于是宝洁公司开发了营养头发的潘婷，满足亚洲消费者的需求。针对不同地区，宝洁公司主推的产品也不一样，比如在偏远的山区，推出了汰渍等实惠便宜的洗涤产品，洗发水则有飘柔家庭等实惠的产品，对于北京、上海、香港以及更多的国际大都市则主推玉兰油、潘婷等高端产品。

2. 人口状况细分

根据人口统计因素来细分市场称为人口状况细分。人口状况细分变量包括性别、年龄、职业、家庭规模、家庭收入、民族、宗教、文化程度、国籍、家庭生命周期等。人口状况细分变量与消费者需求之间存在着密切的因果关系。不同人口状况的消费者需求必然是不同的。

（1）性别。由于生理上的差别，男性与女性在产品需求与偏好上有很大的不同。美国的一些汽车制造商，过去一直是迎合男性要求设计汽车，现在随着越来越多的女性参加工作和拥有汽车，也开始设计具有吸引女性消费者特点的汽车。

（2）年龄。不同年龄的消费者有不同的需求特点。青年人对服饰的要求与老年人的需求差异较大。青年人需要鲜艳时髦的服装，老年人需要端庄素雅的服装。

（3）收入。高收入消费者与低收入消费者在产品选择、使用时间的安排、社会交往等方面都会有所不同。同是外出旅游，在交通工具以及食宿地点的选择上，高收入者与低收入者都会有很大的不同。正因为收入是引起需求差别的一个直接而重要的因素，在诸如服装、化妆品、旅游服务等领域，根据收入细分市场是相当普遍的。

（4）职业与教育。即按消费者职业的不同、所受教育的不同以及由此引起的需求差异细分市场。在自行车的购买上，农民购买载重自行车；学生、教师则喜欢轻型、样式美观的自行车。由于消费者所受教育水平的差异引起的审美观具有很大的差异，不同消费者对居室装饰用品的品种、颜色等会有不同的偏好。

（5）家庭生命周期。一个家庭，按年龄、婚姻和子女状况，可划分为单身阶段、新婚阶段、满巢阶段Ⅰ、满巢阶段Ⅱ、满巢阶段Ⅲ、空巢阶段、鳏寡阶段七个阶段。在家庭生命周期的不同阶段，家庭购买力、家庭人员对产品的兴趣与偏好会有较大的差别（见表6－2）。

表 6－2　　家庭生命周期各阶段及消费特点

家庭生命周期阶段	消费特点
单身阶段	几乎没有经济负担，消费观念紧跟潮流，注重娱乐产品和基本的生活必需品的消费
新婚阶段	经济状况较好，购买力强，对耐用品、大件商品的购买欲望要求强烈
满巢阶段Ⅰ	家庭用品购买的高峰期，不满足现有的经济状况，注意储蓄，购买较多的儿童用品
满巢阶段Ⅱ	经济状况较好，购买取向理智型，受广告及其他市场营销刺激的影响相对减少，注重档次较高的商品及子女的教育投资
满巢阶段Ⅲ	经济状况仍然较好，妻子或子女皆有工作，注重储蓄，冷静、理智地消费
空巢阶段	前期收入较高；购买力达到高峰期，购买较多老年人用品，如医疗保健品等；娱乐和服务性消费支出增加；后期退休收入减少
鳏寡阶段	收入锐减，特别注重情感、关注等需要及安全保障

人口状况细分是市场细分的一个重要标准。人口状况细分变量更容易测量和获取，但消费者需求和购买行为并不仅仅取决于人口状况变量，所以，市场细分还要依据消费者心理、消费者行为等细分标准。

3. 消费者心理细分

根据消费者心理特征细分市场称为消费者心理细分。消费者心理细分变量包括消费者的生活方式、个性、购买动机、购买态度等。

（1）生活方式细分。生活方式是指个体在成长过程中，在与社会诸要素相互作用下，表现出来的活动兴趣和态度模式。来自不同文化、社会阶层、职业的人有不同的生活方式，他们对产品有不同的需求。在现代市场营销实践中，越来越多的企业根据消费者的不同生活方式来细分市场，并且为生活方式不同的消费者设计不同的产品和市场营销组合策略。如美国一家服装公司把妇女分为"朴素型"（喜欢大方、清淡、素雅的服装）、"时髦型"（追求时尚、新潮、前卫）、"有男子气质型"三种类型，分别为她们设计制造出不同式样和颜色的服装。

（2）个性细分。有的企业使用个性因素来细分市场，设计出产品的品牌个性，以吸引那些相应个性的消费者。当企业品牌产品和其他竞争品牌的产品显而易见地相似，而其他因素又不能细分市场时，消费者个性细分市场便非常有效（见表 6－3）。

表 6－3　　不同性格消费者的需求特点

性格	消费需求特点
习惯型	偏爱、信任某些熟悉的品牌，购买时注意力集中，定向性强，反复购买
理智型	不易受广告等外来因素影响，购物时头脑冷静，注重对商品的了解和比较
冲动型	易受商品外形、包装或促销的刺激而购买，对商品评价以直观为主，购买前并没有明确目标
想象型	感情丰富，善于联想，重视商品造型、包装及命名，以自己丰富的想象去联想产品的意义
时髦型	易受相关群体、流行时尚的影响，标新立异、追赶潮流，购物注重引人注意，或显示身份和个性
节俭型	对商品价格敏感，力求以较少的钱买较多的商品，购物时精打细算、讨价还价

知识拓展

王老吉市场细分研究

(1) 消费者行为细分。王老吉根据消费者各自不同的需要而进行购买的因素进行细分，而且天气、场所也会影响消费者的购买，就如夏日炎炎王老吉会更加畅销，在火锅店里王老吉必不可少。

(2) 消费者人口细分。王老吉根据不同的年龄、不同人的兴趣进行细分，以了解王老吉对不同人群所形成的作用概念。王老吉的功效，针对儿童具有消热解毒的效果，针对上班族有缓解压力的效果，针对老年人可以预防上火。

(3) 地理细分。王老吉根据不同地区的需求量不同而进行细分。在两广地区以及一些南方地区，人们有喝凉茶的传统习惯，王老吉颇受欢迎，故在这些地方销售量较大。而在北方地区没有喝凉茶的习惯，销量较少，王老吉只是在餐馆、火锅店等地方出现，所以出现了南北地区的地理细分。

(4) 消费者心态细分。"预防上火"是很多消费者购买王老吉的真实动机。王老吉根据这一特点打广告"怕上火，喝王老吉"，因此在人们心中便觉得王老吉具有预防上火的功能，这已经成为一种普遍的消费者心态。

(3) 购买动机细分。消费者购买动机不同，便产生不同的消费者购买行为。购买动机主要有：求美动机、求廉动机、求实动机、求新动机、求名动机、求便动机、炫耀动机、好胜动机、嗜好动机、惠顾动机等。企业针对不同购买动机的消费者，在产品中突出能满足他们购买动机的特征或特性，并设计不同的市场营销组合策略，往往能取得良好的经营效果。

(4) 购买态度细分。企业可以按照消费者对产品的购买态度来细分消费者市场。消费者对企业产品的态度有五种：热爱、肯定、不感兴趣、否定和敌对。企业对持不同态度的消费者群，应当酌情分别采取不同的市场营销组合策略。对那些不感兴趣的消费者，企业要通过适当的广告媒体，大力宣传介绍企业的产品，使他们转变为兴趣的消费者。

4. 消费者行为细分

根据消费者不同的消费行为来细分市场称为消费者行为细分。消费者行为细分的变量包括消费者购买时机、消费者进入市场的程度、消费者使用率、消费者对品牌的忠诚度等。

(1) 购买时机细分。在现代市场营销实践中，许多企业往往通过购买时机细分市场，扩大消费者使用企业生产的产品的范围。购买时机包括节假日、结婚、离婚、购房、受伤或生病、换工作或改变生涯规划、退休等。

(2) 消费者进入市场的程度细分。根据消费者进入市场的程度情况，可将某种产品的整体市场分为经常购买者、初次购买者、潜在购买者等不同的细分市场。一般来说，大企业实力雄厚、市场占有率较高，因而特别注重吸引潜在购买者，使他们成为企业产品的初次购买者，进而成为经常购买者，以扩大市场范围；而小企业资源有限，无力开展大规模的促销活动，因而以吸引和保持住一部分经常购买者为上策。

(3) 使用率细分。根据消费者使用率及消费者盈利能力，可将某种产品的整体市场细分为非使用用户、大量用户、中量用户、少量用户等细分市场。按消费者盈利能力进行市场细分的依据是“80/20 原则”，即盈利收入的 80% 是由 20% 的客户带来的；这 20% 的客户就是企业的最佳客户，应让他们对企业的产品或服务更满意。

（4）品牌忠诚度细分。企业可根据消费者对品牌的忠诚度来细分市场。品牌忠诚度是指由于价格、质量等诸多因素的吸引力，消费者对某一品牌的产品情有独钟，形成偏好并长期地购买这一品牌产品的行为。根据消费者对品牌的忠诚度可将某种产品的整体市场分为单一品牌忠诚者、几种品牌忠诚者、无品牌忠诚者。如果是单一品牌忠诚者和几种品牌忠诚者占较大或很大比重的市场，则其他企业难以进入；反之，则有利于其他企业进入，并逐步扩大市场份额；对于非品牌偏好者，企业应在促销方面吸引该细分市场的消费者。

此外，随着现代网络技术的迅猛发展，消费者行为细分还可按是否上网、上网能力、上网地点、上网时间等标准细分。

6.2.3 产业市场细分的标准

产业市场细分的标准相对消费者市场细分的标准而言，产业市场的消费者数量较大且独特，因而，除根据一般的消费者市场细分标准外，还要根据最终用户行业、用户规模、用户地理位置、其他变量等对产业市场进行细分。

1. 最终用户行业

最终用户行业就是最终使用生产资料的使用者所属的行业。最终用户行业是产业市场细分最通用的标准。最终用户行业可分为工业机械、汽车制造、交通运输、电力、采掘、冶金、建筑、电信、家电、食品、医药等。

在产业市场上，不同最终用户行业对同一类产品的使用往往不尽相同，对同类产品的需求也会不同。一种最终用户行业的要求便可成为企业的一个细分市场。企业应该应用最终用户行业的细分标准，不断寻找市场机会。例如，飞机制造商对于橡胶轮胎安全性能的要求要高于汽车制造商；同一汽车制造商对赛车所用轮胎的耐磨性的要求与汽车所用轮胎的要求大不相同。因此，企业对不同的最终用户行业要相应采取不同的市场营销组合策略，从而满足不同最终用户行业的需要。

2. 用户规模

用户规模也是产业市场细分的主要标准。在产业市场上，按用户规模可细分为大量用户、中量用户、少量用户、非用户。

企业应根据用户规模不同，采取不同的市场营销组合策略。对于个体数量较少的大量用户，宜由销售经理负责，采取直接联系、直接销售的渠道；对于个体数量众多的少量用户，宜由指定推销员负责，通过上门推广、展销、广告等手段推销其产品。

3. 用户地理位置

由于产业市场的用户地理位置受一个国家的资源分布、地形气候分布、产业布局、社会经济环境、历史传承等因素的影响，产业市场一般会形成若干个产业区。如山西省、淮北和东北地区是我国的煤炭产业区；江苏省、浙江省是我国的丝绸产业区；四川省、湖北省、湖南省是我国的柑橘产业区。

企业可以根据用户地理位置细分市场，选择用户较为集中的地区作为目标市场，这样可以集中销售力量，使于产品运输，节省运输费用，降低生产成本。

4. 其他变量

最终用户行业、用户规模、用户地理位置是产业市场细分的三个最主要的标准。此外，在产业市场，企业还可以根据用户能力（需要很多服务、需要一些服务、需要很少服务）、用户采购标准类型（追求价格型、追求服务型、追求质量型）等变量细分市场。

6.2.4　市场细分的一般方法

市场细分的标准很多，且各种标准相互影响、相互作用。市场细分的一般方法必须根据产品整体市场的特点，综合各种标准来细分市场。

市场细分的一般方法有完全细分法、一元细分法、多元细分法、系列变量细分法。

1. 完全细分法

完全细分法就是对某种产品整体市场所包括的消费者的数目进行最大限度细分市场的方法。每一个消费者都是一个细分市场。

完全细分法是市场细分极端化的方式，同时也是最理想的方式，即企业向每一个消费者提供不同的市场营销组合策略。例如，服装店为消费者定制服装，家具厂为消费者定做家具等就是完全细分法的典型表现形式。在现代市场营销实践中，由于考虑到经济规模效益，不能将整体市场分得过细，因此，当完全细分法带来消极影响时，就应当实施“反细分化”策略，即减少细分市场的数目。

2. 一元细分法

一元细分法就是对某种具有替代性较大、挑选性强的产品的整体市场，根据一个标准细分市场的方法。

服装市场按年龄细分，可分为童装市场、少年装市场、青年装市场、中年装市场、老年装市场等细分市场。粮食市场按粮食品种细分市场，可分为大米市场、小麦市场、玉米市场、绿豆市场等细分市场。

3. 多元细分法

多元细分法就是对某种产品的整体市场，根据两个或两个以上的标准来细分市场的方法。企业选择哪些因素作为细分市场的依据，要具体问题具体分析，而且细分市场的依据也要随市场营销环境的变化而变化，以便寻找新的、更有利可图的细分市场，见表 6-4。

表 6-4　多元细分法

年龄	性别	收入	婚姻	住址	购买心理
幼儿	男	低	→未婚	→大中城市	求实
儿童	→女	中下	已婚	小城市	求新
青年→		中		郊区	→求名
中年		→中上		农民	求廉
老年		高			

4. 系列变量细分法

根据企业经营的特点并按照影响消费者的诸多因素，由粗到细地进行市场细分。这种方法可使目标市场更加明确、具体，有利于企业更好地制定相应的市场营销策略。如自行车市场可按地理位置（城市、郊区、农村、山区）、性别（男、女）、年龄（儿童、青年、中年、老年）、收入（高、中、低）、职业（工人、农民、学生、公务员）、购买动机（求新、求美、求价廉物美、求坚实耐用）等变量因素细分市场。

值得强调的是，企业在进行市场细分时，必须注意以下三个问题：一是市场细分的标准是动态的，它是随着市场营销环境的变化而变化的；二是不同的企业在进行市场细分时，应采取不同的标准和方法，因为各个企业的生产技术条件、资源和产品是不同的，所采用的标准和方法也应不同；三是市场细分所需信息和数据主要来源于政府部门、图书馆、互联网、市场调查研究公司和企业自行市场调查研究等。

6.2.5 市场细分程序

美国市场营销学家麦卡锡（E. J. Mccarthy）提出市场细分的整套程序，这一程序包括以下七个步骤：

（1）选定产品市场范围，即确定进入什么行业、生产什么产品。产品市场范围应以消费者的需求而不是产品本身的特性来确定。

（2）列举潜在消费者的基本需求。

（3）了解不同潜在消费者的不同需求。对于列举出来的基本需求，不同消费者强调的侧重点可能会存在差异。

（4）抽掉潜在消费者的共同需求，以特殊需求作为细分标准。

（5）根据潜在消费者基本需求上的差异方面，将其划分为不同的群体或细分市场，并赋予每一个细分市场一定的名称。

（6）进一步分析每一细分市场的需求与购买行为特点，并分析其原因，以便在此基础上决定是否可以对这些细分出来的市场进行合并，或作进一步细分。

（7）估计每一个细分市场的规模，即在调查基础上，估计每一个细分市场的消费者数量、购买频率、平均每次的购买数量等，并对细分市场上的产品竞争状况及发展趋势做出分析。

6.2.6 市场细分策略

1. 超细分策略

超细分策略实质是把每一个消费者作为一个分市场，然后根据每一个分市场的需要分别制订具体的营销方案。实际上，这是对市场细分的一种误解，市场并不是分得越细越好。

2. 反细分策略

反细分策略并不反对市场细分，而是反对超细分。这种策略是通过减少产品线，将许多过于狭小的细分市场组合起来。它能有效降低成本，增加批量，降低商品的售价，来迎合顾客的需要。

3. 过分聚合策略

市场细分的目的是选择和确定企业的目标市场。市场细分的关键在“分”字上。首先，从“分”的观点出发，企业才能把整体市场看成多元的分割体；其次，通过“分”把市场竞争由价格竞争转变为产品差异化和服务多样化的竞争；最后，由于“分”，企业才有可能选择自己的目标是哪一个。应注意市场细分的实质是一个聚集过程而不是一个分解过程。

本章小结

市场细分是企业通过市场调研，根据消费者需求的差异性，把某一产品的整体市场划分为若干个在需求上具有某种相似特征的消费者群，从而形成各种不同细分市场的过程。每一个消费者群就是一个细分市场。

消费者需求的差异性以及由此决定的消费者购买动机和行为的差异性、消费者需求的相似性、企业资源的有限性和为了进行有效的市场竞争，使企业进行市场细分成为合乎逻辑的必然产物。

市场细分的意义在于：市场细分有利于企业分析、发掘新的市场机会，形成新的富有吸引力的目标市场；市场细分有利于企业集中使用资源，增强企业市场竞争能力；市场细分有利于企业制定和调整市场营销组合策略，实现企业市场营销战略目标。

市场细分的一般原则主要有差异性原则、可衡量性原则、可进入性原则、可盈利性原则、相对稳定性原则。

消费者市场细分的标准主要有地理环境细分、人口状况细分、消费者心理细分、消费者行为细分。

产业市场细分的标准主要有最终用户行业、用户规模、用户地理位置、其他变量。

市场细分的一般方法有完全细分法、一元细分法、多元细分法、系列变量细分法。

思考与练习

1. 理论题

(1) 单选题

①市场细分的客观基础是（　　）。

A. 需求的差异性　　B. 需求的同质性

C. 需求的客观性　　D. 需求的有效性

②市场细分中的“市场”是指（　　）。

A. 场所　　B. 商品交换关系　　C. 人口　　D. 商品

③（　　）是被企业选定作为市场营销对象的细分市场。

A. 市场细分　　B. 细分市场　　C. 目标市场　　D. 终端市场

④“班博”服饰请香港明星陈小春做代言人，针对目标市场打出“不要束缚，只要自由”的口号，该服饰主要是依据（　　）进行细分的。

A. 地理因素　　B. 人口因素　　C. 心理因素　　D. 行为因素

⑤“喝汇源果汁，走健康之路”，“汇源”是依据（　　）进行细分的。

A. 地理因素　　B. 人口因素　　C. 心理因素　　D. 行为因素

(2) 多选题

①按购买行为细分消费者市场要考虑消费者（　　）等因素。

A. 对商品利益的追求　　B. 对商品的忠诚程度

C. 购买动机　　D. 所处的购买阶段

E. 对商品的态度

②对消费者市场进行细分的标准有（　　）。

A. 地理因素　　B. 人口因素　　C. 心理因素　　D. 行为因素

③企业在进行市场定位时可以依据（　　）。

A. 产品特性　　B. 用途及特定的使用场合

C. 需求　　D. 零售商

E. 使用者类型　　F. 竞争的需求

④市场细分对企业营销具有以下利益（　　）。

A. 有利于发现市场机会　　B. 有利于掌握目标市场的特点

C. 有利于制定市场营销组合策略　　D. 有利于提高企业的竞争力

E. 有利于节省成本费用

⑤消费者心理细分的依据是（　　）。

A. 消费者生活方式　　B. 消费者的个性

C. 消费者的购买动机　　D. 消费者的态度

(3) 判断题

①目标市场就是企业拟投其所好、为其服务的那个顾客群，这个顾客群有颇为相似的需求。（　　）

②差异性市场营销战略追求的不是在较大市场上占有较少的份额，而是在较小的市场上占有较大份额。（　　）

③市场细分是选择目标市场的前提和条件。（　　）

④市场细分实际上是对产品进行分类。（　　）

⑤依据消费者对商品的同质需求和异质需求，可以把市场分为同质市场和异质市场。（　　）

(4) 简答题

①选择市场细分的标准应注意哪些问题？

②举例说明在市场营销实践中市场细分的意义。

③市场细分的步骤及策略是什么？

2. 实务训练题

一碗高端方便面

2011 年康师傅控股有限公司（以下简称“康师傅”）的利润较上一年减少 18%。在经历了 2012 年的增长后，康师傅 2013 年利润增长再次为负，从 2014 年开始，收入增长率和利润增长率均为负数，2016 年的营业收入已不及 2012 年。2017 年 8 月 21 日，康师傅成立 25 周年之际，康师傅发布的 2017 年上半年业绩报告出人意料地报告了大涨，收入 285.68 亿元，净利润大涨 54.59%，达到 7 亿元，其中方便面、饮品净利润涨幅分别达到 33.54%、33.54%。康师傅半年净利润已经远超统一企业中国控股有限公司（以下简称“统一”）前一年全年所赚的 6.073 亿元。根据 2018 年 3 月 20 日康师傅公布的 2017 年全年财报，营业收入取得 6.07% 的增长，利润更是增长 63.19%。对于方便面业务的提升，康师傅给出如下原因：

1. 方便面事业贯彻多价格带产品策略，巩固高价面，发展高端康师傅方便面。在巩固经典的基础上，以熬制高汤系列和创新新品，稳步提升高端面市场占有率，黑白胡椒面、金汤匠汤系列面、锅煮拉面、DIY 面等丰富了不同消费群体的多样化喜好。黑白胡椒面已成为口碑市场双丰收的爆款产品，金汤系列产品上市短短五个月就已经赶超同类产品的上市后增长速度。红烧牛肉面以大食桶、干拌面、随心杯等多规格拓展消费群体至年轻家庭，扩大消费时机及场景。在中价面/干脆面产品线方面，中价面着重于巩固市场，满足实惠型及大份量需求，通过提升渗透率等方法，推广劲爽拉面，继续保持市场领导地位。

2. 丰富的消费场景和 IP 合作。在什么场景下吃方便面成为年轻人的一个话题。在各个直播平台上，直播吃面、睡觉也能引来大批的粉丝。因而，康师傅黑白胡椒面寻找到当下三大热门直播 TV——斗鱼、全民、战旗的七位超人气游戏主播在直播中吃面并解说口感，渗透场景式的吃面印象。香辣牛肉/爆椒牛肉/泡椒牛肉/麻辣牛肉面携手热门游戏《王者荣耀》展开深度合作，强化了年轻化的品牌形象，在活动期间品牌曝光 4.4 亿次，有效促进了销售。老坛酸菜面持续强调品牌活力，配合促销活动与功夫熊猫合作，传播《一碗面的功夫》微电影，借用娱乐化方式向有青少年的家庭及年轻消费群传播“康师傅老坛酸菜是一碗有功夫的面”，使业绩持续稳定成长。而通过此举，康师傅在守住自己红烧牛肉面的阵地的同时，也插入统一酸菜面的领地。在干脆面方面，以定位休闲零食的“香爆脆”“脆旋风”与知名手游合作，结合在线和线下与消费者沟通，树立创新形象。

3. 产品技术的创新。康师傅除第一季度推出强调有着粗弹拉面口感面饼技术的“锅煮拉面”，更在第二季度上市非油炸新概念煮面“DIY 面”，与郎平、朱婷参与的“安心陪伴计划”开展持续合作。另据统一 2016 年年报数据显示，统一企业方便面业务收益同比增长 8.6%，但是饮品业务营业收入跌幅 13% 左右；2017 年统一年中报表现不佳，营收同比下降 7.1%，但降幅多的是饮料业务，汤达人带动了统一的方便面业务增长，不过方便面业务总体在上半年较上年同期小幅下降 1.4%。可以说，在方便面的高端化方面，统一先康师傅一步，而康师傅发布产品创新后扳回一局，未来的方便面市场依然充满变数。

（资料来源：摘自《一碗高端方便面康师傅能否追回逝去的“黄金年代”?》，新浪网，2018 年 3 月 21 日。）

思考题：

（1）康师傅方便面是如何进行市场细分的？

（2）康师傅方便面针对不同的细分市场推出了不同的营销组合，这样做有何意义？

第 7 章
目标市场原理与营销价值定位

赢得和保持顾客的关键就是比竞争对手更好地理解顾客的需要和购买过程，以及向他们提供更多的价值。

——菲利普·科特勒

【知识要点】

（1）目标市场；（2）目标市场选择；（3）市场定位。

【能力目标】

（1）熟悉目标市场选择的策略及影响目标市场选择的因素；

（2）掌握市场定位的概念、市场定位步骤和定位方法。

导入案例

咖啡店的市场定位

虽然唐恩都乐和星巴克都是咖啡店，但它们瞄准的是不同的顾客群体。星巴克的目标客户是更加高端的专业人士，因此星巴克给自己的市场定位是时代精英除了家和办公室之外的第三场所。在星巴克，客人们可以享用精致的长沙发、优美的背景音乐、高速的 WiFi 和颇具文艺范的特色墙壁。而唐恩都乐的目标客户是普通大众，陈设简单随意。正是由于独特的市场定位，唐恩都乐和星巴克都成功了。

（资料来源：摘自《唐恩都乐定位》，吾喜杂志网。）

启示：市场定位的关键不是对产品本身做些什么，而是在消费者心目中做些什么。

7.1　目标市场选择

市场细分的目的在于有效地选择并进入目标市场。所谓目标市场，就是企业拟投其所好，为之服务的具有相似需要的顾客群。在市场细分的基础上正确选择目标市场，是目标营销成败的关键环节。

7.1.1　目标市场的概念

目标市场是指在市场细分的基础上，企业要进入的最佳细分市场。

在企业市场营销活动中，企业必须选择和确定目标市场。这是因为：首先，选择和确定目标市场，明确企业的具体服务对象，关系到企业市场营销战略目标的落实，是企业制定市场营销战略的首要内容和基本出发点；其次，对于企业来说，并非所有的细分市场都具有同等吸引力，都有利可图，只有那些和企业资源条件相适应的细分市场对企业才具有较强的吸引力，是企业的最佳细分市场。

目标市场选择首先要求企业确定目标市场，然后选择目标市场策略。

7.1.2　确定目标市场

确定目标市场，就是对能够吸引企业的、有可能成为企业目标市场的细分市场进行分析和评估，然后根据企业的市场营销战略目标和资源条件，选择企业最佳的细分市场。

1. 细分市场分析和评估

（1）细分市场的规模及成长潜力。企业必须考虑的第一个问题是潜在的细分市场是否具有适度规模和成长潜力。“适度规模”是一个相对的概念，大企业往往重视销售量大的细分市场，而小企业往往也避免进入大的细分市场，转而重视销售量小的细分市场。

细分市场的规模衡量指标是细分市场上某一时期内，现实消费者购买某种产品的数量总额。细分市场成长潜力的衡量指标是细分市场在某一时期内，全部潜在消费者对某种产品的需求总量。这就要求企业首先要调查细分市场的现实消费者数量及购买力水平，其次要调查细分市场潜在消费者数量及购买力水平。

（2）细分市场的吸引力。细分市场可能具有适度规模和成长潜力，然而从长期盈利的观点来看，细分市场未必具有长期吸引力。细分市场吸引力的衡量指标是成本和利润。

（3）企业的市场营销战略目标和资源。细分市场可能具有适度规模和成长潜力，而且细分市场也具有长期的吸引力，然而，企业必须结合其市场营销战略目标和资源来综合评估。某些细分市场虽然有较大的吸引力，但不符合企业长远的市场营销战略目标，不能推动企业实现市场营销战略目标，甚至会分散企业的精力，阻止企业实现市场营销战略目标，因此，企业不得不放弃。即使细分市场可能符合企业长远的市场营销战略目标，企业也必须对企业资源条件进行评估，必须考虑企业是否具备细分市场所必需的资源条件。如果企业在细分市场缺乏必要的资源，并且没有获得必要资源的能力，企业就要放弃这个细分市场。企业如果确实能在该细分市场取得成功，也需要发挥其经营优势，以压倒竞争者。企业如果无法在细分市场创造某种形式的优势地位，就不应贸然进入。

2. 确定目标市场的原则

（1）产品、市场和技术三者密切关联。企业所选择的目标市场，应能充分发挥企业的技术特长，生产符合目标市场需求的产品。

（2）遵循企业既定的发展方向。目标市场的选择应根据企业市场营销战略目标的发展方向来确定。

（3）发挥企业的竞争优势。应选择能够突出和发挥企业特长的细分市场作为目标市场，这样才能利用企业的相对竞争优势，在竞争中处于有利地位。

（4）取得相乘效果。新确定的目标市场不能对企业原有的产品带来消极的影响。新、老产品要能互相促进，实现同时扩大销售量和提高市场占有率的目的，从而使企业所拥有的人才、技术、资金等资源都能有效地加以利用，使企业获得更好的经济效益。

企业通过对不同细分市场的评估，可确定一个或几个细分市场为其目标市场，即确定企业目标市场策略。

3. 目标市场策略

有三种不同的目标市场策略供企业选择，分别是无差异市场营销策略、差异市场营销策略和集中市场营销策略。

（1）无差异市场营销策略。无差异市场营销策略就是企业不考虑细分市场的差异性，把整体市场作为目标市场，对所有的消费者只提供一种产品，采用单一市场营销组合的目标市场策略，如图 7－1 所示。

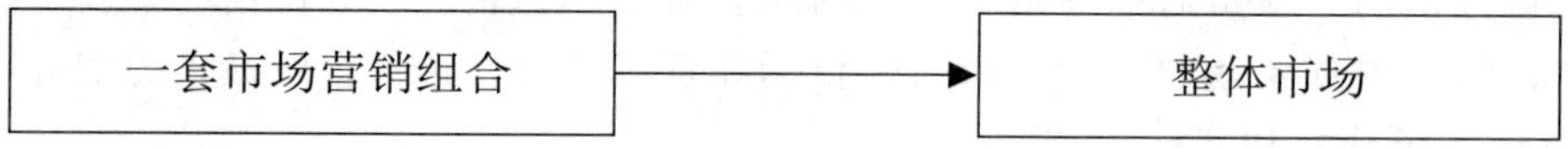

图 7－1　无差异市场营销策略

无差异市场营销策略适合的产品有：少数消费者需求同质的产品；消费者需求广泛，能够大量生产、大量销售的产品；以探求消费者购买情况的新产品、某些具有特殊专利的产品。

采用无差异市场营销策略的企业一般具有大规模、单一、连续的生产线，拥有广泛或大众化的分销渠道，并能开展强有力的促销活动，投放大量的广告和进行统一的宣传。无差异市场营销策略是一种成本领先策略，企业必须通过有效途径降低成本，使企业的全部成本低于竞争对手的成本，甚至是在同行业中最低的成本，从而获取相对竞争优势的策略。

无差异市场营销策略的优点是有利于标准化和大规模生产，有利于降低单位产品的成本费用，获得较好的规模效益。因为只设计一种产品，产品容易标准化，能够大批量地生产和储运，可以节省产品生产、储存、运输、广告宣传等费用；不搞市场细分，也相应减少了市场调研、制定多种市场营销组合策略所要消耗的费用。无差异市场营销策略的缺点是不能满足消费者需求的多样性，不能满足其他较小的细分市场的消费者需求，不能适应多变的市场形势。因此，在现代市场营销实践中，无差异市场营销策略只有少数企业才采用，而且对于一个企业来说，一般也不宜长期采用。

知识拓展

肯德基目标市场策略

肯德基在全球制胜的原因有很多，但毫无疑问的是，正确划分目标市场是肯德基在竞争激烈的快餐市场得以成功的法宝之一。肯德基以家庭成员为主要目标消费者，它一直强调这样一种附加的价值，即营造一种全家一起用餐的欢乐气氛。而肯德基又将主要的目标消费群划分为两个重要的目标市场，以年轻人作为重要的目标市场，逐步重视开发儿童市场。

（2）差异市场营销策略。差异市场营销策略是在市场细分的基础上，企业以两个以上乃至全部细分市场为目标市场，分别为之设计不同的产品，采取不同的市场营销组合，满足不同消费者需求的目标市场策略，如图 7－2 所示。

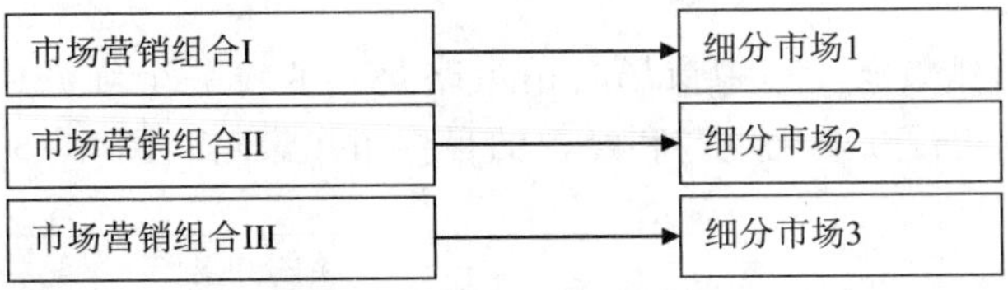

图 7－2　差异市场营销策略

差异市场营销策略适用于大多数异质的产品。企业要突出其产品与竞争对手之间的差异性，主要有四种基本的途径：一是产品差异化，重点突出产品的特征、工作性能、一致性、耐用性、可靠性、易修理性、式样和设计；二是服务差异化，主要突出送货、安装、顾客培训、咨询服务等；三是人事差异化，重点突出员工在胜任、礼貌、可信、可靠、反应敏捷、善于交流等特征上训练有素；四是形象差异化，重点突出企业的经营理念、经营实力、市场规模、生产经营技术等特色。

采用差异市场营销策略的企业一般是大企业，有一部分企业，尤其是小企业无力采用，因为采用差异市场营销策略必然受到企业资源和条件的限制。拥有较为雄厚的财力、较强的技术力量和素质较高的管理人员，是企业实行差异市场营销策略的必要条件，而且随着产品品种的增加，分销渠道的多样化以及市场调研和广告宣传活动的扩大与复杂化，生产成本和各种费用必然大幅度增加，需要企业拥有大量资源作为依托。

差异市场营销策略的优点是能扩大销售，减少经营风险，提高市场占有率。因为多品种的生产能分别满足不同消费者群的需要，扩大产品销售。这样即使由于某一两种产品经营不善产生的损失也可以由其他产品收益弥补。如果企业在数个细分市场都能取得较好的经营效果，就能树立企业良好的市场形象，提高市场占有率。

自 20 世纪 70 年代以来，世界上越来越多的大企业，如美国的可口可乐、日本的松下电器和三洋电机等都采取差异市场营销策略，并取得经营上的成功。

知识拓展

海底捞差异市场营销策略

一、产品差异化

海底捞的火锅有 10 多种锅底，口味选择丰富。还有就是它的调料，除了一般的麻酱和油碟外，还有海底捞自制特色调料，如今已改成自助式，20 多种原材料任由搭配。在新菜品开发方面，海底捞打造了三大系列的菜品：健美食品系列（能预防肥胖以及胆固醇升高等城市病、现代病，保持人体生态平衡的食品系列）；绿色食品系列（即安全无害、无污染，绝对新鲜的食品）；营养食品系列（补充人体所缺乏的各种微量元素，能够增强体力和开发智力的食品）。

二、服务差异化

海底捞始终秉承"服务至上、顾客至上"的理念，以创新为核心改变传统的标准化、单一化的服务，提倡个性化的特色服务，将用心服务作为基本的经营理念，致力于为顾客提供"贴心、温心、舒心"的服务。海底捞的服务不仅仅是体现于某一个细小的环节，而是形成了从顾客进门到就餐结束离开的一套完整的服务体系。

（资料来源：百度文库。）

（3）集中市场营销策略。集中市场营销策略是企业以一个细分或少数几个市场为目标市场，集中力量，实行专业化生产和经营的目标市场策略，图 7－3 所示。

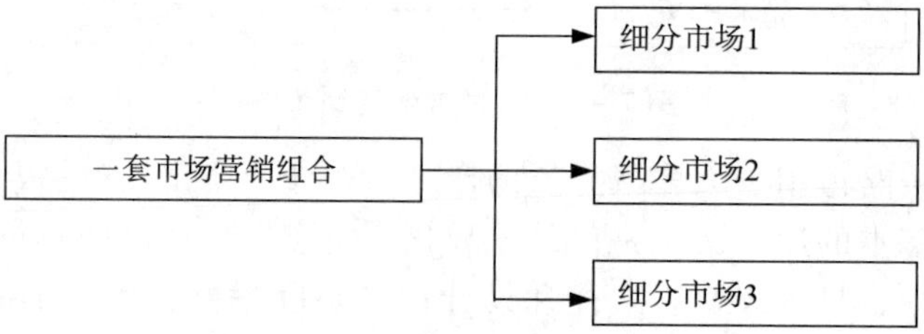

图 7－3　集中市场营销策略

集中市场营销策略主要适用于资源有限的中小型企业或是初次进入新市场的大型企业。中小型企业由于资源有限，无力在整体市场或多个细分市场上与大型企业展开竞争，而在大型企业未予注意或不愿顾及而自己又力所能及的某个细分市场上全力以赴，则往往容易取得成功。实行集中市场营销策略是中小型企业变劣势为优势的最佳选择。

集中市场营销策略的优点是目标市场集中，有助于企业更深入地注意、了解目标市场的消费者需求，使产品适销对路，有助于提高企业和产品在市场上的知名度。集中市场营销策略还有利于企业集中资源，节约生产成本和各种费用，增加盈利，取得良好的经济效益。

集中市场营销策略的缺点是企业潜伏着较大的经营风险。由于目标市场集中，一旦市场出现诸如较强大的竞争者加入、消费者需求的突然变化等，企业就有可能因承受不了短时间的竞争压力，而立即陷入困境。因此，采用集中市场营销策略的企业，要随时密切关注市场动向，充分考虑企业对未来可能出现的意外情况的各种对策和应急措施。

上述三种营销策略的对比见表 7－1。

表 7－1　三种营销策略比较

	追求利益	营销稳定性	营销成本	营销机会	竞争强度	管理难度
无差异市场营销策略	经济性	一般	低	易失去	强	低
差异性市场营销策略	销售额	好	高	易发展	弱	高
集中性市场营销策略	形象和小市场占有率	差	低	易失去	强	低

7.1.3　影响目标市场策略选择的因素

三种目标市场策略各有优缺点，企业在确定了目标市场后，究竟采取哪种策略，取决于下列影响目标市场策略选择的各种因素。

1. 企业实力

如果企业实力较强，可根据产品的不同特性选择采用差异市场营销策略或无差异市场营销策略；如果企业实力较弱，无力顾及整体市场或多个细分市场，则可选择采用集中市场营销策略。

2. 产品同质性

这里的产品同质性是指产品在性能、特点等方面差异性的大小。如果企业生产同质产品，诸如大米、小麦、煤炭、自来水、食盐等，则可选择采用无差异市场营销策略；如果企业生产异质产品，诸如食品、服装、家电、汽车、机械设备等，则可选择采用差异市场营销策略或集中市场营销策略。

3. 市场同质性

这里的市场同质性是指市场上消费者需求差异性的大小。如果市场是同质的，即消费者需求差异性不大、购买行为基本相同，企业可选择采用无差异市场营销策略；反之，企业可选择采用差异市场营销策略或集中市场营销策略。

4. 产品市场生命周期

处在介绍期和成长期初期的新产品，由于竞争者少，品种比较单一，市场营销的重点主要是探求市场需求和潜在消费者，企业可选择采用无差异市场营销策略；当产品进入成长期后期和成熟期时，由于市场竞争激烈，消费者需求差异性日益增大，为了开拓新的市场、扩大销售，企业可选择采用差异市场营销策略或集中市场营销策略或保持原有市场，延长产品市场生命周期。

5. 企业的市场营销战略目标和资源

企业的目标市场策略应当与竞争对手的目标市场策略不同。如果竞争对手强大并采取无差异市场营销策略，那么企业应选择采用差异市场营销策略或集中市场营销策略，以提高产品的市场竞争能力；如果竞争对手与自身实力相当或面对实力较弱的竞争对手，那么企业可选择采用与之相同的目标市场策略；如果竞争对手都采用差异市场营销策略，那么企业应进一步细分市场，实行更有效、更深入的差异市场营销策略或集中市场营销策略。

企业选择目标市场营销策略时，应综合考虑以上影响目标市场策略选择的因素，权衡利弊，综合决策。目标市场策略应保持相对稳定，但当市场营销环境发生重大改变时，企业应当及时改变目标市场策略。竞争对手之间没有完全相同的目标市场策略，企业也没有一成不变的目标市场策略。

7.2　市场定位

企业选择目标市场及确定目标市场策略后，还必须对产品进行市场定位（Positioning)。市场定位是目标市场营销重要的组成部分。它关系到企业及产品在激烈的市场竞争中，占领消费者心理，树立企业及产品形象，实现企业市场营销战略目标等一系列至关重要的问题。

7.2.1 市场定位的概念与程序

1. 市场定位的概念

现代市场营销理论认为，市场定位是指针对消费者对企业或产品属性的重视程度，确定企业相对于竞争者在目标市场上所处的市场位置，通过一定的信息传播途径，在消费者心目中树立企业与众不同的市场形象的过程。因此，市场定位一是依据消费者的需求特征，二是依据该产品主要竞争者的产品主要特征。

市场定位的实质是使企业与其他企业严格区分开，突出企业及其产品的特色，使消费者明显感觉和认识到这种差别，在消费者心目中占有特殊的位置，给消费者留下良好的印象，从而取得目标市场的竞争优势。市场定位的关键不是对产品本身做些什么，而是在消费者心目中做些什么，单凭产品质量上乘或价格的低廉已难以获得竞争优势。

市场定位在现代市场营销实践中具有极其重要的作用。市场定位通过向消费者传播信息，使产品差异性清楚地展现于消费者面前，从而有利于赋予产品个性，树立产品的独特形象。市场定位由于针对消费者对企业或产品不同属性的重视程度，能适应细分市场的特定要求，又因为与消费者实现了有效的信息沟通，强有力地塑造了企业或产品的独特市场形象，所以使企业与市场竞争对手与众不同，从而有效增强了企业的市场竞争力。市场定位可以避免企业恶性竞争，有利于促进企业良性发展。市场定位是制定市场营销组合策略的基础。

2. 市场定位的程序

市场定位的主要任务，就是通过集中企业的若干竞争优势，将自己与其他竞争者区别开。市场定位是企业明确其潜在的竞争优势，选择相对的竞争优势和市场定位策略以及准确地传播企业市场定位的过程。

（1）明确企业潜在的竞争优势。明确企业潜在的竞争优势，主要包括：调查研究影响定位的因素，了解竞争者的定位状况，竞争者向目标市场提供了何种产品及服务，在消费者心目中的形象如何，对其成本及经营情况作出评估，并了解目标消费者对产品的评价标准。企业应努力搞清楚消费者最关心的问题，以作为决策的依据，并要确认目标市场的潜在竞争优势是什么，是同样条件能比竞争者定价低，还是能提供更多的特色以满足消费者的特定需要。企业通过与竞争者在产品、促销、成本、服务等方面对比分析，了解企业的长处和不足，从而认定企业的竞争优势。

（2）选择企业相对的竞争优势和市场定位策略。相对的竞争优势，是企业能够胜过竞争者的能力。有的是现有的，有的是具备发展潜力的，还有的是可以通过努力创造的。简而言之，相对的竞争优势是企业能够比竞争者做得更好的工作。企业可以根据自己的资源配置，通过营销方案差异化突出自己的经营特色，如产品差异（突出产品的某种属性、特色、性能等）、服务差异（送货及时、准确、储运、装卸、配送等）、形象差异（品牌、标志等），使消费者感觉自己从中得到了价值最大的产品及服务。

（3）准确地传播企业的市场定位。这一步骤的主要任务是企业要通过一系列的宣传促销活动，使其独特的市场竞争优势准确地传播给消费者，并在消费者心目中留下深刻印象。为此，首先，企业应使目标消费者了解、知道、熟悉、认同、喜欢和偏爱企业的市场定位，要在消费者心目中建立与该定位相一致的形象。其次，企业尽可能地保持对目标消费者的了解，稳定目标消费者的态度和加深目标消费者的感情，来巩固企业市场形象。最后，企业应注意目标消费者对其市场定位理解出现的偏差或由于企业市场定位宣传上的失误而造成目标消费者的模糊、混乱和误会，及时纠正与市场定位不一致的市场形象。

7.2.2　市场定位策略

1. 迎头定位策略

迎头定位策略是指企业选择靠近于现有竞争者或与现有竞争者重合的市场位置，争夺同样的消费者，彼此在产品、价格、分销及促销等各个方面差别不大。迎头定位策略就是与市场上同行竞争对手“对着干”。使用迎头定位策略的企业，一般都具有相当的规模和实力，在竞争策略上有相当大的主动性，它们可以向市场领导者企业或其他企业发动进攻。企业迎头定位，要使自己的挑战获得成功，必须明确企业营销目标和挑战对象，然后选择相当的定位策略。迎头定位策略是一种挑战策略，向处于领导者地位的企业挑战，意在夺取其市场份额和产品优势；向与自己实力相当的企业挑战，意在扩展自身市场份额以改变市场地位；进攻力量薄弱的小企业，意在夺取其市场份额或进行兼并，扩充自身实力。

2. 避强定位策略

避强定位策略是指企业回避与目标市场上的竞争者直接对抗，将其位置定在市场“空白点”，开发并销售目前市场上还没有的产品，开拓新的市场领域。企业避强定位的竞争策略关键在于专业化、精细化营销，由于营销目标和营销力量的相对集中，所实现的产品高度差别化，使企业具有其他人无法轻易仿效的特殊竞争力量。企业具备弥补该市场空隙的营销能力，并且能够与竞争者抗衡。避强定位策略的优点是，能够迅速地在市场上站稳脚跟，并在消费者心中尽快树立起一定的企业形象。由于这种定位策略市场风险较小、成功率较高，常常为多数企业所采用。

知识拓展

七喜的避强定位策略

七喜出现于 19 世纪 20 年代美国金融危机之时，当时美国的经济很不景气，将近有 600 多个汽水品种从市场上消失，但七喜存活下来了。当时的市场上可口可乐独占鳌头，七喜为了生存下来，采取了避强定位的策略，避开了可口可乐的市场定位，以汽水作为自己的产品定位，不去和可口可乐争抢市场，减少了可口可乐对七喜的关注，在市场上迅速站稳脚跟，树立了企业形象和品牌名称。

3. 重新定位策略

重新定位策略是指企业变动产品特色，改变目标消费者对其原有的印象，使目标消费者对其产品新形象有一个重新认识的过程。市场重新定位对于企业适应市场营销环境，调整市场营销战略是必不可少的。企业产品在市场上的定位即使很恰当，但在出现下列情况时也需考虑重新定位：一是竞争者推出的产品市场定位在本企业产品的附近，侵占了本企业品牌的部分市场，使本企业品牌的市场占有率有所下降；二是消费者偏好发生变化，从喜欢本企业某品牌转移到喜爱竞争对手的品牌。

同步案例

“万宝路”的重新定位

尽管世界的控烟浪潮汹涌澎湃，但是“万宝路”在美国《商业周刊》和纽约国际名牌公司联合推出的2003年全球100大品牌排行榜上仍然高居第9位，其品牌价值为221.8亿美元。它的成功，得益于“万宝路”的市场定位。美国20世纪20年代的青年被称作“迷惘的时代”，时髦女郎们更是信奉及时行乐主义，致使女烟民的数量激增。菲利普·莫里斯公司决定生产一种适合女性嗜好的香烟，于是“万宝路”于1924年问世，但一直到20世纪50年代，始终默默无闻。公司逐渐意识到了问题的症结所在：对女性脂粉气的附合，使广大男性烟民对其望而却步，而女性难以形成固定的“瘾君子”群，于是，1954年，公司对“万宝路”香烟的形象进行了大胆的改造：产品品质不变；改变产品包装，使之更富有男子汉气息；广告不再以妇女为主要对象，而转为铮铮铁骨的男子汉。1955年，万宝路香烟在美国香烟品牌销量排名中一跃成为第10，之后便扶摇直上。

（资料来源：http：//www.cnki.com.cn/Article/CJFDTotal－SCGC200810014.htm。）

问题

“万宝路”为什么要重新定位？对你有什么启示？

分析提示

万宝路公司意识到了问题的症结所在：对女性脂粉气的附合，使广大男性烟民对其望而却步，而女性难以形成固定的“瘾君子”群，于是公司对“万宝路”香烟的形象进行了重新的定位。“万宝路”新的定位与目标对象对产品的心理期待吻合，因此成就了一个国际品牌。

同步案例

海尔药业定位失败案例

1996年11月，海尔药业成立。当时依靠一款名叫“采力”的保健品，海尔药业的销售规模迅速超过了1亿元。但好景不长，“采力”在1997年的短暂辉煌后，市场出现疲软并迅速衰落。1998年是第二个阶段。海尔进一步加大了对医药产业的投入，并转而选择进入终端。这一年，海尔引进了香港勇狮集团作为战略投资者，后者持有海尔药业25%的股权。同时，海尔药业开始按照“先有市场、后有工厂”的经营理念在全球范围内建设药房。在经营药房的尝试之后，海尔药业全面进入医药流通业，标志着海尔进入做药的第三阶段。2004年12月，青岛海尔医药有限公司正式亮相。按照当时的说法，海尔对医药的定位是“海尔药业做药品生产，海尔医药做医药流通”，实现“两条腿走路”。然而，正如媒体形容的那样，这一系列的努力都没能复制海尔在家电领域的奇迹。到2004年，海尔药业的整体销售额依然只有1亿元，这与国内领先的医药集团上百亿元的销售收入相去甚远。于是，在海尔一系列剥离缺乏竞争力行业的思路下，2007年，海尔历时10余年着力培育的医药业务也进入了剥离的行列。2008年7月8日，泰国正大集团在香港的上市公司中国生物制药有限公司公告称，旗下全资子公司正大永福将以 3825 万元收购青岛海尔药业有限公司 51% 的股权，海尔药业因此更名正大海尔制药。

（资料来源：https：//wenku. baidu. com/view/aceb3ab2c3c708a1284ac850ad02de80d4d806a3. html。）

问题：

海尔制药失败的原因是什么？

分析提示

企业为适应市场营销环境，调整市场营销战略是必不可少的。企业产品在市场上出现问题时，就需考虑重新定位，从而迎合消费者的需求。

本章小结

本章论述了目标市场营销的全过程。目标市场是指在市场细分的基础上，企业要进入的最佳细分市场。确定目标市场要求分析和评估细分市场的规模及成长潜力、细分市场的吸引力、企业的市场营销战略目标和资源。目标市场策略有无差异市场营销策略、差异市场营销策略、集中市场营销策略。影响目标市场策略选择的因素主要有企业实力、产品同质性、市场同质性、产品市场生命周期、企业的市场营销战略目标和资源。

市场定位是指针对消费者对企业或产品属性的重视程度，确定企业相对于竞争者在目标市场上所处的市场位置，通过一定的信息传播途径，在消费者心目中树立企业与众不同的市场形象的过程。市场定位的程序包括企业明确其潜在的竞争优势、选择企业相对竞争优势和市场定位策略、准确地传播企业的市场定位。市场定位策略主要有迎头定位策略、避强定位策略、重新定位策略。

思考与练习

1. 理论题

（1）单选题

①无差异性目标市场营销策略的最大优点是（　　）。

A. 策略的有效性　　B. 成本的经济性

C. 实施的便利性　　D. 结果的可控性

②市场定位是指（　　）。

A. 产品在市场上所处的位置　　B. 产品在消费者心目中所处的地位

C. 产品销售对象的选择　　D. 产品销售渠道的选择

③消费者对某种产品的需求和爱好比较接近，企业在选择目标市场时可采取（　　）。

A. 无差异性目标市场策略　　B. 差异性目标市场策略

C. 集中性目标市场策略　　D. 密集性目标市场策略

④企业市场定位是把企业产品在（　　）确定一个恰当的地位。

A. 市场的地理位置上　B. 产品质量上　　C. 顾客心目中　　D. 产品价格上

⑤目标市场营销由三个步骤组成：一是市场细分；二是选择目标市场；三是进行（　　）。

A. 推销　　B. 促销　　C. 竞争　　D. 市场定位

（2）多选题

①影响目标市场策略选择的因素有（　　）。

A. 购买者的可支配收入状况　　B. 产品特性

C. 市场特性　　D. 产品的生命周期

E. 竞争对手的市场策略　　F. 企业的资源积累状况

②对消费者市场进行细分的标准有（　　）。

A. 地理因素　　B. 人口因素　　C. 心理因素　　D. 行为因素

③企业在进行市场定位时可以依据（　　）。

A. 产品特性　　B. 用途及特定的使用场合

C. 需求　　D. 零售商

E. 使用者类型　　F. 竞争的需求

④市场定位的方式包括（　　）。

A. 迎头定位　　B. 重新定位　　C. 模糊定位

D. 随机定位　　E. 避强定位

⑤影响目标市场策略选择的因素有（　　）。

A. 企业资源　　B. 产品性质　　C. 市场规模　　D. 产品生命周期

（3）判断题

①企业的市场定位战略，要受市场营销组合策略的制约，它必须适应这个组合。（　　）

②市场定位就是进行目标市场选择。（　　）

③一个理想的目标市场必须有足够的市场需求。（　　）

④对同质市场，可选用差异目标市场营销策略。（　　）

⑤市场定位与产品差异化无关。（　　）

（4）简答题

①选择目标市场应考虑哪些因素。

②阐述市场定位的步骤。

③请说明市场定位策略在市场营销实践中的应用。

2. 实务训练题

【案例分析1】

朵唯女性手机

朵唯手机定位在女性的角度，专为女性定制，打出专业女性手机的旗号。朵唯推出的系列女性手机针对女性的喜好和习惯，无论是外观还是内置功方面都进行了针对性的设计和定制。朵唯手机外形时尚柔美，内置女性专属软件，比普通手机更契合女性的切实需求，具有以下特色功能：

(1) 一键求救，自动定位。朵唯手机特设一键求救、自动定位功能，可以快速确定所在位置，危急时刻仅按一键，即刻自动发送求救信息至亲友或警方，并告知所在位置，同时鸣笛警报。一机在手，犹如有贴身保镖随时陪伴，安全更有保障。这个是朵唯手机主打的特色功能，是史无前例的独创功能，在朵唯刚推出时的广告中也是极力地予以表现。广告中舒淇拿着朵唯手机，在商场中感觉到有人跟踪时躲进电梯中，然后按了手机上的一个按键。在电梯从五楼降到一楼的几秒钟内就出现了一群像黑客帝国中的黑衣保镖赶来保护。在朵唯品牌上市两个月后的总结会上，朵唯手机客服部提供了一份超过 5000 人的名单，都是在购买朵唯女性手机以后，打电话向企业咨询如何使用“一键求救、自动定位”功能的女性消费者。可见，朵唯创新的一键求救功能受到了目标消费者的广泛关注，实现了它的功能性利益。

(2)“爱美尚家”四大主题。朵唯手机提供了一系列专为女性打造的免费资源，包括手机软件、资讯。在这些功能的设置上，朵唯手机都是站在女性消费者的角度上来看的。首先，女性更需要他人的关爱，对恋人、丈夫的依赖性更强，更需要安全感，这是女性对“爱”的需要。其次，是女性对“美”的需要。爱美之心，人皆有之，女性在这方面要求更高。她们崇尚外在美，喜欢把自己打扮得漂漂亮亮，引人注目。再次，当今的女性已经不是传统的家庭妇女，她们是新时代的女性，关注时尚潮流，崇尚品质生活。这是对“尚”的需要。最后，是女性对“家”的需要。对于女性而言，家庭在她们的生活中具有不可替代的重要地位，和睦的家庭生活能够有效地提升女性的幸福感。由此，朵唯手机推出了“爱美尚家”四大主题，其中：“爱”包含一键防狼、星座运程、男人物语、恋爱常识和爱情测试五个菜单项，爱情让女人更滋润；“美”包含化妆指南、健美瘦身、发型设计、丽人礼仪，美丽的达人是由内而外的；“尚”包含视频聊天、随身男友、快乐消费等菜单，做新时代的时尚女王；“家”包含健康饮食、育儿常识、子女教育、教您理财四项菜单，多样化的选择，创造家庭的温馨。值得一提的是，这些资讯大多都是朵唯为女性独家定制的内置免费资源。

(3)“朵易”软件是朵唯 DOOV 手机专为女性贴心打造的软件系统，更符合女性的使用习惯，更懂女人心。朵唯 DOOV 手机对女性的贴心和关爱渗透在手机设置的点滴之中。

(4) 朵唯电子报是专为朵唯手机用户提供的一项免费增值服务。朵唯电子报关注女性生活，聚集时尚热点，以图文并茂的形式介绍最新、最前沿的资讯内容，包括四个主题菜单：“爱 · 他她”“美 · 颜形”“尚 · 时代”“家 · 天下”，周一到周四推出。

基于这些特色功能，朵唯满足女性对安全的需要，关注现代女性对“爱、美、尚、家”的多维追求，以高科技为载体用心演绎对女性的关爱。这都实现了朵唯手机品牌独特的功能性利益。

朵唯以“爱让女人更美丽”为品牌理念，在实现了其功能性利益的基础上，向消费者承诺以其独特的关爱让女性更美丽的情感性利益。目前，朵唯手机在消费者心中的形象还只停留在女性手机的概念上。要想向消费者传播企业独特的品牌理念，实现品牌的情感性利益，则需要通过多种形式的品牌传播方式持续不断地向消费者进行传达。

思考题：

朵唯手机在市场上取得成功的原因是什么？

【案例分析2】

雅诚德三年实现228%的高速增长

雅诚德运用定位方法论调整战略方向，把业务重点聚焦在“国内日用陶瓷市场”，并取得了突破性的增长。2016年雅诚德仅用一年时间就把营业额从原来的6.1亿元增至10.7亿元，2017年营业额达到15亿元，紧接着通过加强定位配称的调整与改革，2018年营业额成功突破20亿元，三年时间营业额实现228%的高速增长。

1. 趋势分析

根据《中国日用陶瓷年鉴（2017年版）》的资料显示，2012—2016年，中国日用陶瓷制品制造行业累计完成主营业务收入由2012年的921.96亿元增长到2016年的1139.47亿元，但是目前日用陶瓷行业内还没有一个品牌企业能够左右且引领行业的发展。

2. 竞争与认知分析

现在的广东潮州已经是“中国的瓷都”，大部分以中小陶瓷企业为主，且60%以上的陶瓷以出口为主。从中国内销市场来看，家庭日用陶瓷市场空间很大，而且目前领域内消费者认知并没有明显的品牌占位，所以希望未来能够把雅诚德打造成一个为每一个家庭提供“爱在家的味道”的国民日用陶瓷品牌。

3. 优势分析

雅诚德坚持永远跟着市场走，与时俱进，且保持与竞争对手与众不同的策略，从市场、组织建设、战略聚焦方面形成自己独特的竞争优势。公司自成立以来，雅诚德一直都很注重服务与品牌的打造，并专注于国内家庭日用陶瓷领域，聚焦优势产品，坚持做少做精，陆续调整了雅诚德的产品结构，让不同系列的陶瓷产品精准匹配相应的客户群体，从而使雅诚德的业务结构逐渐变得更加简单、清晰。

4. 寻找定位空位，制定品牌定位

区域聚焦：国内市场。

业务聚焦：国民日用陶。

差异化竞争策略：与对手与众不同，聚焦优势产品，坚持做少做精。

思考题：

（1）雅诚德三年为什么能实现高速增长？

（2）雅诚德采用了哪些定位策略？

第8章 产品策略与营销价值创造

> 未来竞争的关键，不在于工厂能生产什么产品，而在于其产品能提供的附加利益（如服务、顾客咨询、交货以及人们以价值来衡量的一切东西）。
>
> ——西奥多·李维特

【知识要点】

（1）产品；（2）产品生命周期；（3）品牌；（4）新产品开发。

【能力目标】

（1）掌握产品整体概念和产品的生命周期；
（2）掌握产品生命周期不同阶段的市场营销策略；
（3）掌握基本的产品组合策略概念；
（4）了解常用的产品包装策略。

导入案例

抖音产品分析

抖音上线于2016年9月26日，是一款音乐创意短视频社交软件，是一个专注年轻人的15秒音乐短视频社区。目前日活用户达到1.5亿人，月活用户达到3亿人。产品口号为“记录美好生活”，用户可以通过“视频内容+配音=短视频”的方式分享自己的生活，同时通过推荐功能，满足消遣娱乐内容、打发等需求。

抖音的产品定位分为两个维度：

1. 多边关系的UGC内容型产品。通过用户使用的过程中不断生产内容，从而在整个产品功能中形成完整的闭环。从微观角度来看，每个用户都能产生和浏览内容，但在大部分的使用场景中，产品对应的是双边用户关系，生产爆款视频内容的头部用户以及通过推荐页面观看的基层用户。

2. 工具属性延伸出的弱社交化产品。相对于微信（朋友圈）、微博（转发）等强社交化的产品，抖音更多表现出的是基于强运营策略下（推荐页面下通过算法呈现的内容）的弱社交化的表现，用户社交互动更多地停留在评论层面，更多展示出的是工具属性，通过产品获得娱乐内容。

（资料来源：https：//www.jianshu.com/p/1cd13db27d8c。）

启示：抖音从用户的核心需求出发，开发相应的产品核心功能和模块，分析背后的用户需求、动机和价值观。

8.1　产品与产品组合

8.1.1　现代营销产品的概念

随着科学技术的快速发展，社会的不断进步，消费者需求特征的日趋个性化，市场竞争程度的加深，产品的内涵和外延不断扩大。人们从传统的实物产品向意识产品认识的转变，推动着产品概念的发展。

1. 产品的概念

菲利普·科特勒认为："产品是指为留意、获取、使用或消费以满足某种欲望和需要而提供给市场的一切东西。"因而从营销学的意义上讲，产品的本质是一种满足消费者需求的载体，或是一种能使消费者需求得以满足的手段。由消费者需求满足方式的多样性所决定，产品由实体和服务构成，即"产品＝实体＋服务"。

2. 产品的整体概念

消费需求不断地扩展和变化，使产品的内涵和外延不断扩大：从内涵看，产品从有形实物产品扩大到服务、人员、地点、组织和观念；从外延看，产品从实质产品向形式产品、附加产品拓展。为此，我们应以发展的眼光，联系消费者需求和企业间的产品竞争，从整体上对产品进行研究，这就是营销学提出的产品的整体概念，如图8－1所示。

（1）实质产品。它是向消费者提供产品的基本效用和性能，是指消费者需求的核心部分，是产品整体概念中最主要的内容。消费者购买产品，并不是为了获得产品本身，而是为了获得满足自身某种需要的效用和利益。例如，在旅馆夜宿的顾客的需求是"休息与睡眠"；购买移动硬盘、网盘的顾客的需求是"储存资料"。因此，企业的产品生产或营销经营活动，首先考虑能为消费者提供哪些效用和功能，并且着眼于产品的这些基本效用和性能。

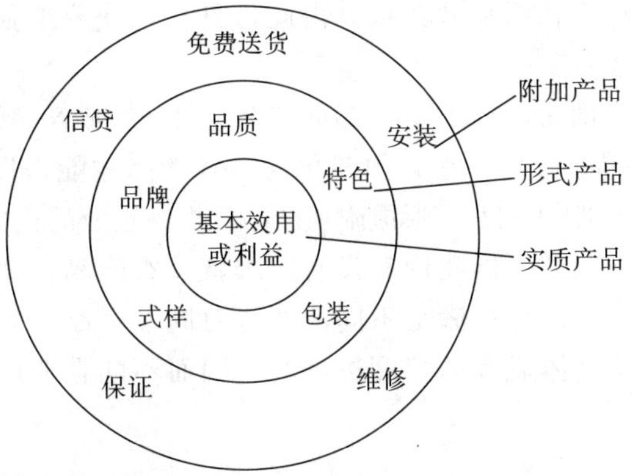

图 8－1　产品的整体概念

知识拓展

核心产品用户思维

在安装书架时会用到好几种工具，其中之一可能是钻头，用来在墙上打洞，以便用螺丝把支架固定在墙上，然后在上面安放书架。实际上，安装者需要的并不是一个 1/4 英寸的钻头而是一个 1/4 英寸的洞。使用钻头只不过是带来这种利益（洞）的一种手段，是在没有其他更好的解决办法时用于满足基本需要的方法。我们可以想得更深入一些，安装者真正的需要是储藏书籍（或者更长远地看，用电子媒介存储知识和信息或许是一种很好的替代方案）。因此，竞争不仅来自其他的钻头生产商，也来自能够在墙上打洞的激光技术，能支撑住书架的黏合剂，或是其他储藏书籍的办法。从这个意义上讲，大型家电生产商可以将自己视为一个行业，它们都生产装有电机的家用电器，但它们服务的市场包括洗衣市场、食品储存市场等。同样，一个园丁需要的并不是剪草机，而是 1 英寸高的草。因此，一种能生长出既耐磨又不高于 1 英寸的草的人造草坪，或无草坪式时尚花园设计，都将给剪草机生产商带来巨大的竞争压力。

（资料来源：摘自《用户思维：顾客不是要买 1/4 英寸的钻头，而是买 1/4 英寸的洞》，《商界杂志》，2018 年 8 月 29 日。）

（2）形式产品。它是指产品的本体，是核心产品借以实现的各种具体产品形式，即向市场提供的产品实体的外观。而外观是指产品出现于市场时，可以为消费者识别的面貌，它一般由产品的质量、特色、品牌、商标、包装等有形因素构成。由于产品的基本效用必须通过某些形式才能实现，消费者购买产品除了要求该产品具有某些基本性能外，还要考虑产品的质量、包装、特色等有形因素。因此，企业在进行产品设计时，应着眼于消费者所追求的基本利益，同时市场营销人员也要重视如何以独特的形式将这种利益呈现给消费者。因为形式产品的各种有形因素虽然不是全部直接进入产品的使用过程，但也间接影响消费者对产品的满意程度和评价。

（3）附加产品。它是指消费者购买产品时随同产品所获得的全部附加服务与利益，包括提供信贷、免费送货、安装调试、保养、包换、售后服务等。附加产品是产品整体概念中的一部分，因为消费者购买产品就是为了需要得到满足，即希望得到满足其需求的一切东西。在现代市场经济中，特别是在同类或同质产品中，附加产品有利于引导、启发、刺激消费者购买、重复购买和增加购买量。由此可见，企业要增强竞争优势，应着眼于比对手提供更多的附加产品。

实质产品、形式产品和附加产品作为产品的三个层次，构成产品整体概念，是不可分割的一个整体。其中，实质产品是核心，它必须转化为形式产品才能得以实现，在提供产品的同时，还要提供广泛的服务和附加利益，形成附加产品，提高企业的竞争力。

产品的整体概念这一原理告诉我们，没有需求就没有产品，通过对产品整体概念三个层次的内容进行不同的组合，可以满足不同消费者对同一产品的差异性的需求。消费者对产品质量的评价是从产品整体概念的角度进行的，因而不同企业产品质量的竞争实质上是产品整体概念的竞争。

3. 产品分类

在市场营销中要根据不同的产品制定不同的营销策略，制定科学有效的营销策略，就必须对产品进行分类。

（1）按产品的用途划分，可分为消费品和工业品两大类。消费品是直接用于满足最终消费者生活需要的产品，工业品则由企业或组织购买后用于生产其他产品。消费品与工业品两者在购买目的、购买方式及购买数量等方面均有较大的差异。因此，对于这两类不同的产品，企业的营销策略必须进行区别对待。比如钢笔，在向学生做消费品推销时，新颖的式样和鲜明的广告会产生很大的效果，而对于作为工业品成批购买的企业或组织则更具吸引力的是书写质量、舒适程度以及价格等因素。

（2）按消费品的使用时间长短划分，可分为耐用品、半耐用品和非耐用品。

①耐用品。这类产品的使用寿命较长，且价格比较昂贵或者体积较大，如电视机、电冰箱、洗衣机、空调、汽车等。因此，消费者在购买时都很谨慎，重视产品的质量以及品牌，对产品的附加利益要求较高。企业在生产此类产品时，应注重产品的质量、销售服务和销售保证等方面，同时选择信誉较好的、大型零售商进行产品的销售。

②半耐用品。这类产品的特点在于能使用一段时间，如大部分纺织品、服装、鞋帽、一般家具等。因此，消费者不需要经常购买，但购买时对产品的适用性、样式、色彩、质量、价格等基本方面会进行有针对性的比较、挑选。企业生产此类产品时，在保证质量的同时，应注重产品的多样性，并要选择比较繁华的商业区来销售产品。

③非耐用品。非耐用品有日常用品，如食品、牙膏、肥皂、日用百货等。其特点是一次性消耗或使用时间很短，因此，消费者需要经常购买且希望能方便及时地购买。企业应在人群集中、交通方便的地区设置零售网点。

（3）按产品之间的销售关系划分，可分为独立产品、互补产品和替代产品。

①独立产品。独立产品是指产品的销售不受其他产品销售的影响而影响，比如钢笔与手表、电视机与电冰箱等都互为独立产品。

②互补产品。互补产品是指产品与相关产品的销售相互依存、相互补充。一种产品销售的增加（或减少）就会引起相关产品销售的增加（或减少）。

③替代产品。替代产品是指两种产品之间的销售存在着竞争关系，也就是说一种产品销售量的增加会减少另外一种产品潜在的销售量。如机械表与石英表、石英火炉与暖风机、电磁炉与煤气炉、白炽灯与日光灯等产品都互为替代产品。

8.1.2　产品组合

1. 相关基本概念

（1）产品组合。它是指企业生产或销售的全部产品的大类产品项目组合。产品组合不恰当可能造成产品的滞销积压，甚至引起企业亏损。

（2）产品线。它指同一产品种类中具有密切关系的一组产品。他们以类似的方式起作用，或通过相同的销售网点销售，或者满足消费者相同的需要。比如，在工业生产上按品种、型号、规格划分产品线；在销售部门按消费品的相关程度划分产品线，如服装部、五金部、市场部等。

（3）产品项目。它是指一类产品中品牌、规格、式样、价格不同的每一个具体产品。

（4）产品组合的宽度。它是指产品组合所包含产品大类的多少。

（5）产品组合的深度。它指每个产品所包含花色、式样、规格的多少。

（6）产品组合的长度。它指产品组合中所包含产品项目的总和。

（7）产品组合的关联性。它指一个企业的各个产品线在最终使用、生产条件、分销渠道和其他方面相互关联的程度。

一般情况下，企业增加产品组合宽度，有利于扩大经营范围，发挥企业特长，提高经济效益，分散经营风险；增加产品组合的深度，可占领更多的细分市场，满足消费者广泛的需求和爱好，吸引更多的消费者；增加产品组合的长度，可以满足消费者不同的需求，增加企业经济效益；增加产品组合的关联性，可以使企业在某一特定领域内加强竞争力和获得良好声誉。

同步案例

背景资料：

宝洁公司的产品组合

	产品组合的宽度				
产品线长度	清洁剂	牙膏	条状肥皂	纸尿布	纸巾
	象牙雪	格利	象牙	帮宝适	媚人
	德来夫特	佳洁士	柯克斯	露肤	粉扑
	汰渍		洗污		旗帜
	快乐		佳美		绝顶
	奥克雪多		香味		
	德希		保洁净		
	波尔德		海岸		
	圭尼		玉兰油		
	伊拉				

问题：

宝洁公司产品组合的宽度是多少？产品线的长度是多少？

分析提示：

一般情况下，企业增加产品组合的宽度，有利于扩大经营范围，发挥企业特长，提高经济效益，分散经营风险；增加产品组合的长度，可以满足消费者不同的需求，增加企业经济效益。

2. 产品组合策略

（1）拓展产品组合。企业可以充分利用资源，发展优势，分散企业的市场风险，增强竞争力。其渠道主要是扩大产品组合的宽度和加深产品组合的深度，即增加一条和多条生产线，拓宽产品经营领域和在原生产线的基础上增加新的产品项目。若企业现有的产品线销售和利润下降时，应及时扩大产品组合宽度，增加生产线；若企业需要进军更多的细分市场，满足更多不同需求的消费者，可以选择加深产品组合的深度，增加新的产品项目。实行这一策略的主要特点是降低企业的市场风险或平衡风险，但企业的投入将增加，成本提高，利润可能减少。

知识拓展

雀巢的米粉

自雀巢登陆中国以来，雀巢米粉系列已经成为中国婴儿食品市场上仅次于亨氏米粉的巨头，市场份额居全国第二位，成为国内婴儿食品行业的领头羊。与此同时，雀巢“营养专家”的称号也越来越为广大消费者所熟知。雀巢除了做咖啡，米粉市场也发展迅速。

（资料来源：摘自《雀巢公司拓展米粉市场的策略探讨》。）

（2）缩减产品组合。与拓展产品组合策略相反，企业为了减少不必要的投资、降低成本、增加利润，必须发展一些获利较多的产品线和产品项目。该策略的主要特点是集中企业优势发展利好产品，降低成本，但增加了企业的市场风险。

（3）产品延伸。产品延伸即企业根据市场的需求，重新对全部或部分产品进行市场定位，对产品线内的产品项目进行延伸。比如企业原来定位于低档产品市场，在原产品线内增加高档产品项目进入高档品市场，原因在于高档品有较高的利润率；反之，企业原定位于高档品市场，现增加低档产品项目，进入低档品市场，来弥补高档品增长缓慢、市场需求有限、竞争激烈的风险，通过高档品市场建立的形象和声誉，满足更多消费者的需求，吸引更多的消费者。

8.2　产品的市场生命周期

8.2.1　产品市场生命周期各阶段的特点和策略

1. 产品市场生命周期的概念

产品市场生命周期，是指产品从投放市场到被淘汰出市场的全过程，即产品在市场上的存在时间。产品市场生命周期受消费者需求变化、产品更新换代的速度等多种因素的影响。产品市场生命与产品的使用寿命概念不同，市场营销学所研究的是产品市场生命周期。

2. 产品市场生命周期各阶段的特点

产品市场生命周期由于受到市场诸多因素的影响，其各个时期或阶段一般是以销售量和利润额的变化来衡量和区分的，如图 8－2 所示。

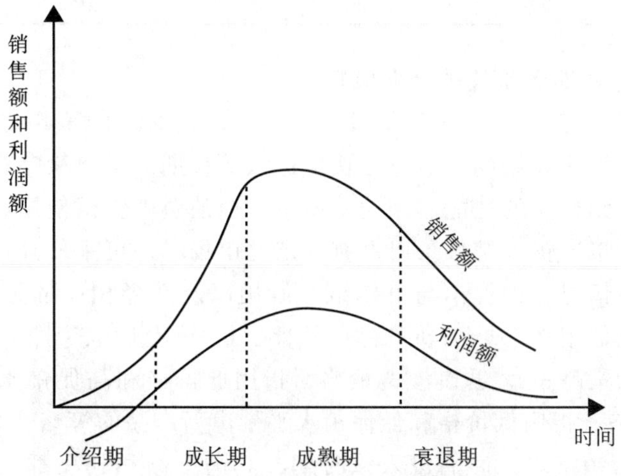

图 8－2　产品市场生命周期图

由图 8－2 可见，典型的产品市场生命周期包括四个阶段，即介绍期、成长期、成熟期和衰退期。其生命周期表现为一条“S”形的曲线，对于各阶段则体现出不同的特点。

（1）介绍期，又称引入期、试销期，一般指产品从发明投产到投入市场试销的阶段。其主要特点有：①生产批量小，试制费用大，制造成本高；②由于消费者对产品不熟悉，广告促销费较高；③产品售价常常偏高，这是由生产量小、成本高、广告促销费较高所致；④销售量增长缓慢，利润少，甚至发生亏损。

（2）成长期，又称畅销期，指产品通过试销阶段以后，转入成批生产和扩大市场销售的阶段。其主要特点如下：①销售额迅速增长；②生产成本大幅度下降，产品设计和工艺定型，可以大批量生产；③利润迅速增长；④由于同类产品、仿制品和代用品开始出现，使市场竞争日趋激烈。

（3）成熟期，又称饱和期，指产品在市场上的销售已经达到饱和状态的阶段。其主要特点如下：①销售额虽然仍在增长，但速度趋于缓慢；②市场需求趋向饱和，销售量和利润达到最高点，后期两者增长缓慢，甚至趋于零或负增长；③竞争最为激烈。

（4）衰退期，又称滞销期，指产品不能适应市场需求，逐步被市场淘汰或更新换代的阶段。其主要特点如下：①产品需求量、销售量和利润迅速下降；②新产品进入市场，竞争突出表现为价格竞争，且价格压到极低的水平。

产品生命周期各阶段的特点见表 8－1。

表 8 - 1　　产品生命周期各阶段的特点

阶段＼特点	介绍期	成长期	成熟期	衰退期
销售额	小	快速增长	达到最大值有下降	下降
利润	微利或负	大	最大且开始下降	低或负
消费者	喜新	较多	大众	少数
竞争	甚微	加剧	激烈	减弱

3. 产品市场生命周期各阶段的企业策略

（1）介绍期的营销策略。对进入介绍期的产品，企业总的策略思想应该是迅速扩大销售量，提高盈利，缩短介绍期，尽量更快地进入成长期。主要策略有：①促销活动的重点是向消费者宣传介绍产品的性能、用途、质量，使消费者尝试使用新产品。②价格上可采取低价渗透策略，迅速扩大销售量以占有一定的市场，还可采取高价取脂策略以提高盈利。③根据市场具体情况，把促销与价格组合运用以及选择相应的策略：a. 迅速掠取策略，指以高价格和高促销水平推出新产品的策略；b. 缓慢掠取策略，指以高价格和低促销水平推出新产品的策略；c. 迅速渗透策略，指用低价格和高促销水平推出新产品的策略；d. 缓慢渗透策略，指用低价格和低促销水平推出新产品的策略。

（2）成长期的营销策略。产品进入该时期，其销售额和利润都呈现出迅速增长的势头，故企业的策略思想应尽可能延长成长期时间，并保持旺销的活力，其主要策略有以下几个方面：①为适应市场需求，集中企业必要的人、财、物资源，改进和完善生产工艺，改进产品质量，增加花色品种，扩大产品批量；②进一步细分市场，扩大目标市场；③改变广告宣传目标，由投入期提高知名度为中心转为树立企业和产品形象，为产品争创名牌；④建立高绩效的分销渠道体系。

（3）成熟期的营销策略。产品进入该时期，销售额和利润出现最高点。由于生产能力过剩，市场竞争加剧，销售增长速度缓慢甚至出现下降趋势，而此时期企业营销思想应尽量延长生命周期，使已处于停滞状态的销售增长率和利润率重新得以回升，其主要策略有以下几种：①市场改进策略，即开发新的目标市场，寻求新顾客。其方式有：一是发展产品的新用途，即不改变产品质量和功能，发掘产品新用途，从而延长产品的生命周期；二是寻求新市场。比如发达国家通常是把已经处于成熟期甚至衰退期的产品向发展中国家销售，或直接转移到国外生产，以延长产品的生命周期。②产品改进策略，即通过对产品自身作某种改进，来满足消费者的不同需要，从而为消费者寻求新用途，使销量获得回升。可以从产品的特性、质量、式样和附加产品等方面进行改革。③市场营销组合改革策略，即对产品、定价、分销渠道和促销这四个因素加以改革，以刺激销售额的回升，通常做法如降价，增加广告，改善销售渠道以及提供更多的售后服务等。

（4）衰退期的营销策略。该时期产品的销售和利润直线下降。其主要策略有以下几种：①立刻改革策略。对于企业已准备好替代的新产品，或者该产品的资金可能迅速转移，或者该产品的存在危害其他有发展前途的产品，应当机立断，放弃经营。②逐步放弃策略。如果企业立刻放弃该产品将会造成更大损失，则应采取逐步放弃的策略。③自然淘汰策略。企业不主动放弃该产品，继续沿用以往的营销策略，保持原有的目标市场销售渠道，直到产品完全退出市场为止。其中可以采用把企业人、财、物集中到最有利的细分市场获取利润的集中策略以及把目标市场做出调整的转移策略。

总之，如何放弃衰退期产品是企业最难做出的决策问题。首先，必须能正确判断产品是否已进入衰退期；其次，选择淘汰产品的最佳方式。而解决好这些问题的基础就是要有健全的商情分析制度和确切的市场信息资料。

4. 产品市场生命周期的特殊表现形式

事实上，各种产品生命周期的曲线形状是有差异的。有的产品一进入市场就快速成长，迅速跳过介绍期；有的产品则可能越过成长期而直接进入成熟期；还有的产品可能经历了成熟期以后，进入第二个快速成长期。

产品生命周期与产品定义的范围有直接关系。产品定义范围不同，所表现出来的生命周期曲线形状就不同。根据定义范围的大小，可分为种类、型式和品牌三种。产品种类是指具有相同功能及用途的所有产品。产品型式是指同一类产品中，辅助功能、用途或实体销售有差别的不同产品。而产品品牌则是指企业生产与销售的特定产品。如北京牌彩色电视机：电视机表示产品种类，彩色电视机是产品型式，北京牌彩色电视机则是一种产品品牌。产品种类的生命周期要比产品型式、产品品牌长，有些产品种类生命周期中的成熟期可能无限延续。产品型式一般表现出上述比较典型的生命周期过程，即从介绍期开始，经过成长期、成熟期，最后是走向衰落期。至于品牌产品的生命周期，一般是不规则的，它受到市场环境及企业市场营销策略、品牌知名度等影响。品牌知名度越高，生命周期就越长，反之亦然。

8.2.2　判断企业产品市场生命周期的方法

对于产品生命周期各阶段的划分是一种理论上的定性划分，其方法主要有以下三种：

1. 类比法

类比法即参照类似产品的生命周期曲线或资料来划分某一新产品生命周期阶段。如参照黑白电视机的资料来判断彩电的生命周期阶段及其市场发展趋势。

2. 销售增长率比值法

销售增长率比值法即以销售增长率来划分产品生命周期的各个阶段，若以 $\triangle Q$ 表示产品销售量的增量，以 $\triangle T$ 表示时间的增量，若 $P = \triangle Q/\triangle T$，按国际惯例，下述 P 值数据可供确定产品生命周期阶段参考（见表 8－2）。

表 8－2　销售增长率法

销售增长率	所处阶段
$0 < P \leq 10\%$	引入期
$P > 10\%$	成长期
$-10\% < P < 10\%$	成熟期
$P < -10\%$	衰退期

这种划分标准是一种典型的理想方式，并非所有产品都是如此，因此要结合其他分析方法来进行判断。

3. 产品普及率分析法

产品普及率=社会拥有量/人口总数。

经验表明：对于一般消费品，产品普及率在15%以下为引入期，15%—50%为成长期，50%—80%为成熟期，超过80%为衰退期；对于高档耐用消费品，产品普及率在5%以下为引入期，5%—50%为成长期，50%—90%为成熟期，超过90%为衰退期。

8.3 新产品开发

产品生命周期理论说明，不会有一种产品经久不衰，永远获利。企业必须经常对企业各类产品的市场状况进行分析，淘汰老产品，开发新产品，使产品组合处于最优状态。当一种产品进入衰退期时，必须保证有其他产品处于介绍期、成长期或成熟期，以避免因老产品的淘汰而引起的利润下降。

8.3.1 新产品的概念

1. 新产品的含义

市场营销意义上的新产品含义很广，除包含因科学技术在某一领域的重大发现所产生的科技新产品外，还包括在生产销售方面，只要在功能或形态上比老产品有明显改进，或者是采用新技术原理、新设计构思，从而显著提高产品性能或扩大使用功能的产品，甚至只是产品从原有市场进入新的市场，都可视为新产品。

现代市场营销观念下的新产品概念是指凡是在产品整体概念中的任何一个部分有所创新、改革和改变，能够给消费者带来新的利益和满足的产品，都是新产品。

2. 新产品的分类

按不同的划分标准，新产品可以分为不同的种类。

（1）按产品研究开发过程划分。①全新产品。全新产品指应用新原理、新技术、新材料制造出前所未有，能满足消费者的一种新需求的产品。它占新产品的比例为10%左右。②改进型产品。改进型产品指在原有产品的基础上进行改进，使产品在结构、品质、功能、款式、花色及包装上具有新的特点和新的突破的产品。改进型产品有利于提高原有产品的质量或产品多样化，满足消费者对产品的更高要求，或者满足不同消费者的不同需求。它占新产品的比例为26%左右。③模仿型产品。模仿型产品指企业对国内外市场上已有的产品进行模仿生产，形成本企业的新产品。这类产品占新产品的比例为20%左右。④系列产品。系列产品指在现有产品大类中开发出新的品种、花色、规格等，从而与原有产品形成系列，扩大产品的目标市场。它占新产品的比例为26%左右。⑤降低成本型产品。降低成本型产品指企业通过新科技手段，削减原产品的成本，但保持原有功能不变的新产品。这类产品占新产品的11%左右。⑥重新定位型产品。重新定位型产品指企业的老产品进入新的市场而被该市场称为新产品。该类产品占新产品的7%左右。

知识拓展

好想你重新定位

好想你枣业股份有限公司（以下简称“好想你”）的一个高端品牌叫“枣博士”，枣博士给好想你贡献了百分之三十的营收，但是在这之前，它也曾堕落谷底。枣博士之前的目标客户是政府、企事业单位，因此，它之前的定位是高端礼品。它和很多礼品业、奢侈品行业一样都遇到了发展上的问题。这时的好想你做出怎样的改变呢？好想你宣布关闭 600 家门店，对产品做了重新定位：好想你专注于为 25—45 岁的白领女性提供日常休闲食品。

为什么这个定位取得了奇效？因为他们发现，对于 25—45 岁的白领女性而言，华丽的包装、精美的礼盒，这些适用于高端定位的元素显得非常多余，事实上她们需要的是健康、便宜、美味。

（2）按地区、范围划分。①世界性新产品。世界性新产品指世界上第一次试制成功，并生产和销售的产品。②全国性新产品。全国性新产品指在国内试制生产并投入市场的产品。③地区性新产品。地区性新产品指在其他地区已投入生产，但本企业所在地区是首次试制成功并投入市场的产品。④企业新产品。企业新产品指企业采用引进或仿制的方法首次生产和销售的产品。

8.3.2　新产品的发展趋势

随着市场经济的不断发展，消费者的需求水平不断提高，消费领域也不断扩大，因而新产品的生产也必须注重发展趋势。

1. 新产品的科技含量不断提高

企业必须在新产品开发中投入更多的科研力量，使之转化成更多的知识经济技术成果，确保新产品更加完美，更具有市场竞争力。

2. 新产品多样化

由于消费者的需求层次不同，喜好也不同，而且复杂多变，因而新产品开发应做到多样化，适应市场的发展趋势，以满足消费者多层次的需求。

3. 产品更美观、更舒适、更适用

消费者的物质文化生活水平不断提高，使得对产品的要求朝着舒适性、艺术性、功能更齐全的方面发展。

4. “绿色产品”的发展

随着社会公众优化环境意识的提高，“绿色”消费迅速普及，因此，开发新产品时，除严格做到无污染外，还要注意保护环境，维护生态平衡。

8.3.3　新产品的开发程序

一个新产品从独立构思到开发研制成功，其过程主要经历 8 个阶段：创意产生、创意的筛选、概念发展和试制、试验与鉴定、市场分析、产品开发、市场试销和商品化。

1. 创意产生

创意产生是提出新产品的设想方案。产生一个好的新产品构思或创意是新产品成功的关键。企业通常可以从企业内部和企业外寻找新产品创意的来源。而寻求创意的主要方法有以下几种：①产品属性列举法，指将现有产品的属性一一列出，寻求改良这种产品的方法；②强行关系法，指列出多个不同的产品或物品，然后考虑它们彼此之间的关系，从中启发更多的创意；③调查法，指向消费者调查使用某种产品时出现的问题或值得改进的地方，然后整理意见，转化为创意；④头脑风暴法，指选择专长各异的人员进行座谈，集思广益，以发现新的创意。

2. 创意的筛选

创意的筛选是采用适当的评价系统及科学的评价方法对各种创意进行分析比较，选出最佳创意的过程。在这个过程中，力求做到除去亏损最大和必定亏损的新产品构思，选出潜在盈利大的新产品创意（见表 8－3）。

表 8－3　　新产品创意评估表

产品成功的必备条件	权数（A）	企业能力水平（B）											评定（A×B）
		0	0.1	0.2	0.3	0.4	0.5	0.6	0.7	0.8	0.9	1.0	
企业声誉													
市场营销													
研究与开发													
人员状况													
财务													
生产													
位置与设施													
采购与供应													
合计	1												

表中第一栏列出了产品成功打入市场必备的因素；第二栏为管理部门根据这些因素对自己企业的相对重要性而给予的权数；第三栏是根据每一个因素对公司的能力进行打分，分值为0—1.0；最后一栏是将每一个成功因素的权数和本公司的能力水平相乘。将各因素的得分相加，得到公司成功把这种产品引入市场的能力总评分。可以根据这个总评分对新产品创意进行筛选，但是它并不能取代管理部门的决策，而只是管理部门的决策依据之一。

3. 概念发展和试制

新产品概念是企业从消费者的角度对产品创意进行的详尽描述，即创意具体化，描述出产品的性能、具体用途、形状、优点、价格、提供给消费者的利益等。同时，将筛选出的创意发展成更具体、明确的产品概念，试制转变成真正的产品，而试制一般包括样品试制和小批量试制。

4. 试验与鉴定

新产品试制后，须进行全面鉴定，对新产品从技术和经济上做出评价。鉴定的内容主要包括：设计文件的完整性和样品是否符合已批准的技术文件要求；样品精度与外观质量是否符合设计要求，并进行有关试验；对质量、工艺、经济性的评价、改进意见、编写鉴定书。新产品只有通过鉴定合格，才可进行定型，正式生产产品。

5. 市场分析

市场分析是对新产品估计的销售量、成本和利润等财务情况以及消费者满足程度和市场占有率等情况进行综合分析，判断该产品是否满足企业开发的目标。

6. 产品开发

产品开发主要解决产品构思能否转化为在技术上和商业上可行的产品的问题。它通过对新产品的设计、试制、测试和鉴定来完成。

7. 市场试销

市场试销是将正式产品投放到有代表性的小范围市场上进行试销，旨在检查该产品的市场效应，然后决定是否大批量生产。通过试销可为新产品能否全面上市提供全面、系统的决策依据，也为新产品的改进和市场营销策略的完善提供启示。有许多产品是通过试销改进后才取得成功，但并非所有的新产品都要经过试销，可根据新产品的特点及试销对新产品的利弊分析来决定。如果市场呈现高试用率和高再购率，表明该产品可以继续发展下去；如果市场呈现高试用率和低再购率，表明消费者不满足，必须重新设计或放弃该产品；如果市场呈现低试用率和高再购率，表明该产品很有前途；如果试用率和再购率都很低，表明该产品应当放弃。

8. 商品化

新产品试销成功后，就可以正式批量生产，全面推向市场。而企业在此阶段应在以下几个方面作好决策：

（1）何时推出新产品，即在什么时候将产品推入市场最适宜。针对竞争者而言，可以做三种选择：首先进入、平行进入和后期进入。

（2）何地推出新产品。企业如何推出新产品，必须制定详细的上市计划，如营销组合策略、营销预算、营销活动的组织和控制等。

（3）向谁推出新产品。企业应把分销和促销目标面向最理想的消费者，利用他们带动其他消费者。

（4）如何推出新产品，即企业制订较为完善的营销综合方案，有计划地进行营销活动。

知识拓展

彩电的产品概念

一台彩色电视机，从企业角度来看，主要包括这样一些因素：显像管、屏幕、外壳以及它的制造过程、管理方法（市场、人事方面的条件）及成本（财务状况）等。而从消费者的角度看，他们不会考虑上述因素，他们只考虑电视机的外形、价格、尺寸、是否保修、额外的附加功能等。企业必须根据消费者的要求把产品创意发展为产品概念。

（资料来源：郭国庆，钱明辉．市场营销学通论．7 版．北京：中国人民大学出版社，2017.）

8.3.4 新产品的推广策略

人们对新产品的接受过程，存在一定的规律性，西方学者总结归为五个阶段，即“认识—说服—决策—实施—证实”。根据这些阶段的特点，在推广新产品时可以采取以下几种策略：

1. 市场导向策略

新产品投放市场时促销活动的重点应该是向消费者宣传和介绍产品的用途、性能、质量，其主要宣传手段可采用报纸、杂志、广告、新闻媒体等，引导和说服消费者购买新产品。

2. 技术领先型策略

企业以掌握的先进技术生产出具有科技含量较高的新产品，推入市场时着重展示产品的技术含量。

3. 竞争性模仿策略

新产品进入市场时可以采纳或模仿成功品牌的经验，如外形、色彩、营销策略等。

4. 综合型策略

新产品投入市场时可将市场导向、技术领先型、竞争性模仿等策略相结合起来使用。

8.4 品牌与包装

8.4.1 品牌与品牌策略

1. 品牌的概念和特征

（1）品牌的概念。品牌与包装都是产品整体观念的重要组成部分。品牌又称为产品的牌子，它是制造商或经销商加在产品上的标志，是指用来识别卖者的产品或劳动的名称、符号、象征、设计或它们的组合，用来区别本企业与同行业其他企业同类产品的商业名称。

品牌是一个集合概念，它包含品牌名称、品牌标志等概念。品牌名称指品牌中可以用语言来称呼和表达的部分。如电冰箱有海尔，电视机有康佳、长虹、创维等。品牌标志指品牌中可被识别而不能用语言表达的特定标志，包括专门设计的符号、图案、色彩、文字等。比如，TCL、金利来的特定图案，李宁服装系列的图案等。

（2）商标的概念。商标是一个专门的法律术语。品牌或品牌的一部分在政府有关部门依法注册登记后，获得专用权，受到法律保护的，称为商标。经注册登记的商标有“R”标记，或“注册商标”的字样。

（3）商标的特征。①商标是商品或服务的标志，非商品上的图案、符号、标记都不是商标。②商标是受到法律保护的产权标志，是经商标局核准注册而取得的特殊权利，具有独占性，不容他人或企业侵犯。③商标是生产者或经营者的标志，区别于其他商品，它是企业声誉和评价的象征。

（4）商标与品牌的联系与区别。①联系：商标的实质是品牌，两者都是产品的标记；②区别：并非所有的品牌都是商标，品牌与商标可以相同也可以不同；商标必须办理注册登记，品牌则无须办理；商标是受法律保护的品牌，具有专门的使用权。

2. 商标的种类

现代商标可划分为不同的种类，具体划分如下：

（1）根据商标的构成分为文字商标、符号商标、图形商标、组合商标、立体商标与非形象商标。

（2）根据用途分为营业商标、等级商标和证明商标。

（3）根据使用者不同分为制造商标、销售商标、集体商标和服务商标。

3. 品牌策略

品牌策略，是指企业如何合理地使用品牌、发挥品牌的积极作用的方法。具体有以下策略：

（1）有品牌和无品牌策略。采用品牌对大部分产品来说可以起到积极作用，但并不是所有产品都必须采用品牌。有的产品使用品牌对促进销售的作用很小，比如没有特点的产品——钢材、煤炭以及临时性或一次性产品，都可以不使用品牌。

（2）制造品牌与销售品牌策略。由于消费者对所要购买的产品并不具备充分的选购知识，所以在购买产品时除了以产品的制造者的品牌作为选择依据外，还要以经销者的品牌为依据，即在具有良好信誉的商家购买。因此，产品制造者就需衡量品牌在市场上的声誉，在采用谁的品牌上做出选择。一般来说，如果制造者在一个新的市场上销售产品，或者制造者的信誉不及其经销者的信誉，则适宜采用经销者的品牌，等到这种产品被市场接受后，再转而使用制造者的品牌，或者同时使用经销者品牌和制造者品牌。

（3）统一品牌和个别品牌策略。统一品牌策略是指生产企业对其全部产品使用同一个品牌。这种策略的好处是节省品牌的设计费用，有利于建立消费者的信任感，壮大企业的声誉，如三九集团。但采用这种策略应注意以下几点：①这种品牌在市场上已有较好的声誉；②各种产品应具有相同的质量水平；③产品属于同一细分市场，否则易造成企业的信誉和品牌的错位。

而个别品牌策略是指对各种产品分别采用不同的品牌。如果企业的产品类型较多，产品线之间的关联程度较小，企业生产产品有较大差别，采用个别品牌的策略较为有利。

统一品牌和个别品牌相结合的策略，是一个拥有多条生产线或者具有多种类型产品的企业可以考虑的策略。如美国通用汽车公司生产多种类型的汽车，采用 GM 两个字母组成总品牌，对各类产品又分别使用卡迪拉克（Cadillac）、别克（Buick）、雪佛莱（Chevrolet）等不同品牌，每个个别品牌都有自己的特点，如雪佛莱牌表示普及型的大众化轿车，卡迪拉克牌表示豪华型的品牌轿车。

（4）多重品牌策略，是指企业在同类产品中同时使用两种或两种以上的品牌，由宝洁公司（P&G）首创。此策略可以给企业带来以下利益：①可以增加品牌的陈列面积，增加零售商对产品的依赖性；②可以吸引喜好新牌子的消费者；③使组织内部直接产生竞争，有利于提高企业的工作效率和管理效率；④可以满足不同的细分市场的需要，为提高总销售量创造条件。其存在的风险是使用的品牌量过多，导致每种产品的市场份额较小；企业资源分散，而不能集中到少数几个获利水平较高的品牌。

4. 品牌成长的一般规律

每个企业都希望自己的品牌成长、壮大，直到成为名牌。从国内外许多著名的企业品牌成长来看，虽各有特色，但都有共同的成长规律可循。

（1）企业品牌在适应市场的需求中成长。只有适应市场需求，掌握市场需求规律，制定有效的营销策略，企业才能真正地发展和成长起来，产品品牌才能从知名到著名。

（2）在激烈的市场竞争中成长。品牌要想在变化无常、竞争激烈的市场中占有一席之地，并得到发展，就必须遵循市场上的“游戏规则”。首先，是优胜劣汰的规则。企业可以采取以下几个策略：①以奇制胜，即通过满足部分消费者的特殊需要而赢得市场；②以质取胜，即质量是产品的生命，也是品牌成名的关键；③以新取胜，即企业通过开发新产品，满足市场的新需求，把消费者的潜在需求转化为现实需求，把潜在的市场转化企业的实际市场；④以诚取胜，即企业以加强销售服务，提高服务质量，以诚取信，赢得消费者信赖，从而赢得市场。其次，是后来者居上的规则。市场竞争是企业实力的较量，在一般情况下，雄厚的实力是竞争取胜的条件之一，但不是唯一的条件。实力较弱的企业只有通过自己的努力积累实力，善于利用竞争战略和策略，是可以与实力雄厚的对手进行较量并战胜对手的。最后，是又竞争又联合的规则。在当前的市场竞争中，运用联合的策略来增强自己的实力，其目的就是在局部或全部取得相对优势，与对手竞争，逐步使自己壮大起来。

（3）在强化市场营销中成长。企业的产品从生产环节进入销售环节，从生产经营到商品经营，再转化为品牌经营，到创立品牌优势并逐步成为名牌，是企业品牌成长的必经之路。在市场竞争中，以品牌为核心已成为企业重组和资源重新配置的重要内容。美国学者莱利·莱特认为：“拥有市场将会比拥有工厂更重要，拥有市场的唯一方法是拥有占市场主导地位的品牌。”因此，当某企业品牌在一个较大的市场上占有主导地位，并且其信誉度不断提高时，该品牌就逐步成长为名牌。

（4）在追求技术进步中成长。品牌只有依靠技术的不断更新，推陈出新而求得发展。技术的进步可以促进产品的产量和销售量增加，提高效率，增加企业利润，进而增加企业科研经费的积累，实现产品的升级换代，提高产品的附加价值，以优质的产品和新颖的产品供应市场，从而提高品牌的信誉度和消费者对产品的忠诚度。

（5）在先进的管理中成长。企业管理的进步和优化以及不断地吸取先进管理思想，才能有力地促进企业品牌走向知名品牌。

5. 品牌的作用

（1）有利于广告宣传和树立企业以及产品的形象。

（2）有利于产品组合的扩充。在品牌的产品线中增加新的产品项目，使新产品更容易被消费者接受。

（3）有利于扩大市场占有率。品牌的建立可以吸引消费者重复购买，也可以防止假冒伪劣产品的侵害，扩大市场份额。

（4）有利于监督、提高企业产品的质量。无论是处于创立还是维护品牌阶段，品牌都是公众监督产品质量的重要手段。

知识拓展

2019 年百度 Apollo 自动驾驶开放平台获奖

2019 年 1 月 9 日，“2018—2019 全球领先品牌 Global Top Brands 评选活动”在美国拉斯维加斯颁奖，百度 Apollo 获得“全球自动驾驶开放平台领先品牌”。百度 Apollo 是面向汽车行业及自动驾驶领域合作伙伴的一个开放、完整、安全的软件平台。整个平台由软件平台、云端服务平台、参考硬件平台和参考车辆平台四部分组成，通过开放代码、开放能力和开放数据，实现合作伙伴运行自动驾驶系统，为开发者和合作伙伴赋能。伴随互联网、人工智能和新技术的发展，无人驾驶技术、人工智能交互产品、智能生活用品等新领域迎来了革命性的发展，全球消费电子品牌和互联网企业纷纷展开布局。其中，无人驾驶更是成为各大品牌争相入围的角力场，竞争异常激烈。从概念提出到应用成型，无人驾驶技术走过了近 30 年的历程。自 2010 年起，全球与无人驾驶技术相关的发明专利超过 2.2 万件。集自动控制、人工智能、视觉计算等众多发明专利于一身的无人驾驶汽车，更是成为智能控制技术高度发展的产物，给人们带来轻松舒适的驾驶体验。

（资料来源：摘自《2018—2019 年度 GTB 榜单发布，中国消费电子品牌创新技术全面应用》，中国日报网，2019 年 1 月 11 日。）

8.4.2　包装与包装作用

1. 包装的概念

包装是指产品的容器或外部包扎物，是产品策略的重要内容，有着识别、便利、美化、增值和促销等功能，是产品整体概念的重要组成部分。产品包装有两层含义：其一是指采用不同形式的容器或物品对产品进行包容或捆扎；其二是指企业采用一定的技术方法将产品盛装于一定容器或包装物的操作活动。

产品包装是一项技术性和艺术性很强的工作，通过对产品的包装可以达到多种效果。包装设计应适应消费者心理，显示产品的特色、风格和包装形状，大小应为运输、携带、保管和使用提供方便。在发达国家，75%以上的商品是经由包装再供应市场的。人们把包装比喻为“沉默的推销员”，它在现代市场营销活动中显示出越来越重要的作用，成为刺激消费、参与市场竞争的重要手段。

2. 包装的作用

作为商品生产的最后一道工序和产品的外衣，包装的作用主要体现以下几个方面：

（1）保护商品。保护商品质量安全和数量的完好无损，是商品包装最原始、最基本的目的。商品在从生产领域向消费领域转移的过程中，要经过多次运输和储存的环节，其中会出现震动、挤压、碰撞、日晒、变质等情况，给商品造成一些不必要的损失。所以，包装可以保证产品在储存、运输和销售过程中不至于损坏、变质，同时使产品保持清洁、卫生和使用方便。

（2）便于运输、携带和储存。产品的物质形态有气态、液态、固态、胶态等，它们的理化性也各异，可能是有毒的、有腐蚀性的或易挥发、易燃、易爆等，外形上可能有棱角、刃口等危及人身安全的形状。对它们进行合理的包装，可便于商品的运输，从而节省流通时间及降低运输费用。经过合理包装的产品，便于储存和点检，有利于仓库作业，保护商品品质，同时便于计数，有利于管理。

（3）便于使用。适当的包装可以起到便于使用和指导消费者的作用。比如，瓶装酒有一斤装或半斤装，味精有一斤装（适用于食堂和饭馆）、一两装（适用于家庭）等，并在包装上说明用法用量。这里包装的大小，就起到了便于使用的作用。再如拉环式、掀钮式的易开罐头、拉链式包装盒、喷射式包装容器等，也是如此。

（4）美化商品，促进销售。产品采用包装后，首先进入消费者视觉的往往不是产品本身，而是包装。能否引起消费者的兴趣和激发购买动机，在一定程度上取决于产品的包装，因而包装成为“无声的推销员”。产品经过包装，尤其加上装潢后，更加美化。一个好的包装还可以增加产品的价值，引起或刺激消费者的兴趣，从而促进产品的销售。

（5）增强竞争力。不同产品采用不同的包装，或同类产品不同厂家、不同品牌，采用不同的包装，可以使消费者易于识别。同时，通过产品包装，企业可以与竞争者的同类产品有所不同，不易仿制和伪造，有利于维护企业信誉，增强企业竞争力，提高经济效益。

（6）增收节支。首先，在运输过程中，包装能减少损坏、变质等情况，减少损耗，从而减少支出，增加利润；其次，在销售中由于可以刺激消费者的消费，使销售量增加，进而也增加利润。

8.4.3 包装的策略

1. 类似包装策略

类似包装，亦称产品线包装，即企业所生产的各种不同产品，在包装上采用共同或相似的图案、形状或其他共同的特征，使消费者容易发现是同一家企业的产品。类似包装具有和采用统一品牌策略的好处，可以节省包装设计的成本，有利于提高企业的整体声誉，壮大企业声誉。特别是新产品进入市场时，容易进入市场。但如果企业产品品质相差太大，则不宜采用这种策略。

2. 等级包装策略

等级包装策略是指按照产品的价值、品质将产品分成若干等级，并实行不同的包装，使包装与产品的价值相称。比如优质包装与普通包装、豪华包装与简易包装等，有利于消费者辨别产品的档次差别和品质的优劣。它适用于产品相关性不大，产品档次、品质比较悬殊的企业。其优点是能实现产品的特点，并与产品质量协调一致；缺点是增加包装设计成本。

3. 组合包装策略

组合包装策略是指把使用时相互关联的多种商品纳入一个包装容器中，同时出售。比如家用药箱、针线包、工具包等。这种策略不仅有利于充分利用包装容器的空间，而且有利于同时满足同一消费者的多种需要，扩大销售。

4. 复用包装策略

复用包装策略是指在原包装的产品使用完后，其包装物还可以有其他用途。比如果酱、咖啡、酱菜采用的杯形包装瓶，可用作茶杯；糖果、饼干的包装盒还可以用作文具盒、针线盒等。这样可以利用消费者一物多用、得到额外使用价值的心理，吸引消费者购买。同时，包装物在使用过程中，也可起到广告宣传的作用，诱发消费者购买或引起重复购买。

5. 附赠品包装策略

附赠品包装策略是指在商品包装物内附赠给购买者一定的物品或奖券，从而吸引消费者购买。比如儿童用品中附赠玩具，购买某品牌牛奶附赠一个相同品牌的杯子等。

6. 更换包装策略

更换包装策略是指对原商品包装进行改进或更换，重新投入市场以吸引消费者；或者原商品声誉不是太好，销售量下降时，通过更换包装、重塑形象，保持市场占有率。采取该策略，可以重塑产品在消费者心中的形象，改变一些不良影响。但对于优质名牌产品，不宜采用这种策略。

本章小结

所谓产品是指为留意、获取、使用或消费以满足某种欲望和需要而提供给市场的一切东西。产品的整体概念包括三个层次的含义：实质产品、形式产品和附加产品。产品组合是指企业生产或销售的全部产品的大类产品项目组合。产品的生命周期一般可分为产品使用生命周期和产品市场生命周期，市场营销学主要研究的是产品市场生命周期。

新产品的含义较为广泛，现代市场营销观念下的新产品是指凡是在产品整体概念中的任何一个部分有所创新、改革和改变，能够给消费者带来新的利益和满足的产品，都是新产品。推广新产品的策略主要有以下几种：市场导向策略；技术领先型策略；竞争性模仿策略；综合型策略。

品牌又称为产品的牌子，它是制造商或经销商加在产品上的标志，是指用来识别卖者的产品或劳动的名称、符号、象征、设计或它们的组合，用来区别本企业与同行业其他企业同类产品的商业名称。

商标是一个专门的法律术语。品牌或品牌的一部分在政府有关部门依法注册登记后，获得专用权，受到法律保护的，称为商标。

品牌与商标的区别与联系。①联系：商标的实质是品牌，两者都是产品的标记；②区别：并非所有的品牌都是商标，品牌与商标可以相同也可以不同；商标必须办理注册登记，品牌则无须办理；商标是受法律保护的品牌，具有专门的使用权。

品牌成长的一般规律：①企业品牌在适应市场的需求中成长；②在激烈的市场竞争中成长；③在强化市场营销中成长；④在追求技术进步中成长；⑤在先进的管理中成长。

包装的含义主要体现两个方面：其一是指采用不同形式的容器或物品对产品进行包容或捆扎；其二是指企业采用一定的技术方法将产品盛装于一定容器或包装物的操作活动。

思考与练习

1. 理论题

(1) 单选题

①属于附加产品的有（　　）。

A. 产品基本效用　　B. 质量　　C. 包装　　D. 售后服务

②从产品的整体概念来看，核心产品是指产品的（　　）。

A. 基本功能　　B. 质量　　C. 商标　　D. 售前和售后服务

③一个家电企业生产4种电冰箱产品、8种洗衣机产品、5种空调产品，那么这个企业的产品线有（　　）。

A. 1条　　B. 3条　　C. 17条　　D. 8条

④将牙膏、刮脸刀、指甲刀、肥皂、牙膏等几种旅游必备品放在一个盒内，这种包装策略称为（　　）。

A. 一致性包装策略　　B. 一次性包装策略

C. 组合包装策略　　D. 再使用包装策略

⑤可口可乐公司的老板说，假若他的公司一夜之间被付之一炬，他第二天就可以从国际银行贷款数十亿美元重新开始。他凭借的是（　　）。

A. 企业形象　　B. 商标　　C. 标准色　　D. 品牌

（2）多选题

①产品包装的作用有以下几个方面（　　）。

A. 美化产品　　B. 保护产品　　C. 促进销售　　D. 增加产品价值

E. 方便生产

②产品进入成熟期的营销策略有（　　）。

A. 市场改进策略　　B. 产品改进策略

C. 集中策略　　D. 营销组合改革策略

③产品的整体概念分为三个层次，他们是（　　）。

A. 产品核心　　B. 有形产品　　C. 劳动产品　　D. 附加产品

④产品市场生命周期在导入期的营销策略是高格调策略、选择性渗透策略、密集型渗透策略和低格调策略，其含义依次分别是（　　）。

A. 高价格、低促销　　B. 低价格、高促销

C. 高价格、高促销　　D. 低价格、低促销

⑤下列（　　）属于形式产品。

A. 使用价值　　B. 造型　　C. 款式　　D. 售后服务

（3）判断题

①企业营销的目标就是要尽量延长其产品的生命周期。（　　）

②在产品的成长期，企业竞争最激烈。（　　）

③品牌形象难以培育、难以维护，但损害它非常容易，既然它如此娇气，企业就不应该在这方面浪费大量的人力财力。（　　）

④企业产品的市场生命越长，企业的经济效益越好。（　　）

⑤现代企业都希望把自己做大做强，所以在运用产品组合策略时，通常都采用扩大产品组合策略。（　　）

（4）简答题

①什么是产品整体概念？企业应如何正确地处理产品整体概念三个层次之间的关系？

②以计算机为例，分析高科技产品的市场扩散过程。

③什么是品牌？品牌与商标的区别与联系是什么？

④品牌成长的一般规律是什么？

⑤销售包装的作用有哪些？

2. 实务训练题

【案例分析 1】

联想的品牌保卫战

舆情监测一直是企业维护品牌形象的重要工具。尤其在互联网时代，负面新闻的传播速度更快，企业公关必须快速应对，才能保护品牌形象不受侵害。2018 年 5 月 10 日，知乎等社交平台及媒体平台开始流传 2016 年 3GPP（Third Generation Partnership Project，第三代合作伙伴计划）关于全球移动通信 5G 编码标准会议中的投票经过，文中指出同为中国企业的中兴支持华为，但联想投票给了外企高通，指出联想在“5G 数据信道短码投票”中支持高通而非华为，导致华为失去了在 5G 数据信道短码标准控制权，抨击联想不以国家利益为重。

5 月 11 日下午，联想发布简短声明，笼统表示在投票中支持华为 Polar 码。1 日晚 9 点，华为在新浪官方微博上发声，证实联想在 5G 控制信道编码中对华为方案投了赞成票，联想新浪官微随后转发华为微博以示澄清与致谢。但不少网民对当事双方的友好互动并不买“账”，他们的理由是：在控制信道编码上，华为主推的 Polar 码有优势，联想投赞成票与否对结果影响不大，对结果有影响的是联想在“数据信道短码”上没有投华为的票。而此次双方的公开声明恰恰都没有明确说明这一点。而恰好此时中美经贸关系紧张，社交平台上不断冒出对联想的负面评论。

这些舆情激发联想的强烈反应。联想创始人柳传志已经多年不问联想集团具体事务，但 5 月 16 日，一封由他和联想集团董事长兼 CEO 杨元庆、联想控股总裁朱立南联合发布的声明引人注目。5 月 16 日一早，联想集团创始人柳传志一封名为《行动起来，誓死打赢联想荣誉保卫战！》的亲笔公开信在各大社交网络“刷屏”。柳传志在该信里还原了“5G 信道编码投票”中联想的行为，称“联想的投票原则没有问题，执行也没有问题”。柳传志还透露他与华为创始人兼董事任正非就此事通过电话，任正非对他表示“联想在 5G 标准的投票过程中的做法没有任何问题，并对联想对华为的支持表示感谢”。声明最后呼吁联想全体同仁“万众一心，同仇敌忾，誓死打赢这场联想荣誉保卫战！”

5 月 16 日下午，联想官方公布《关于联想在 3GPP 5G 信道编码国际会议上投票的简要事实经过》，完整回顾了三次投票经历，第一次明确向公众表示该公司在“Polar 码用于数据信道短码”上投了赞成票。之后，包括阿里巴巴集团董事局主席马云、百度公司董事长兼首席执行官李彦宏、京东集团董事局主席兼首席执行官刘强东等在内的 100 多位知名企业家表示力挺联想。而学术专家、联想的员工、前员工以及联想用户也纷纷帮助联想辟谣，联想的品牌形象得到了有力保护。

（资料来源：摘自《联想要誓死打赢的保卫战背后是怎样的真相与博弈》，中华网，2018 年 5 月 17 日。）

思考题：

（1）联想为什么一开始辟谣没有得到大众的认可？

（2）联想此次保卫战的成功有哪些关键因素？

【案例分析 2】

用户参与创新：基于小米案例探讨互联网生态中的产品创新模式

创新是企业生存和发展的源泉，是企业获得核心竞争力的重要因素。在传统模式下，企业的这些创新主要依靠内部人员实现。然而在互联网飞速发展的时代，在产品生命周期缩短、企业内部资源缺乏、企业难以精准地收集消费者需求变化的情境下，企业仅仅依赖内部人员进行创新已经不能满足消费者需求。于是，消费者参与产品创新应运而生。

北京小米科技有限责任公司（以下简称“小米”）作为互联网领域优秀企业，将核心用户定位于发烧友，认为这类用户愿意体验和参与手机新产品的开发，并成为口碑销售的推动者，从而让更多的人知道并认可小米手机。在小米进行产品创新的不同阶段，都设计了用户参与的机制。

在产品策划阶段，小米充分考虑用户的价值和参与感，把发烧友作为一种创新资源和小米产品的共同创造者。发烧友能够接受不完美产品，而且还会给厂商提供反馈意见，这时小米可以根据发烧友的反馈进行调整。而如果产品的价值符合其需求，发烧友们还会积极地进行品牌推广。

在产品设计阶段，小米重视用户的需求，让他们的期望快速实现。就软件来说，小米手机操作系统是基于 Android 改进的用户界面（MIUI）系统。MIUI 团队在设计过程中通过网上平台 MIUI 社区与客户密切讨论，每天推出一个内测版供荣誉组核心客户试用，以确定该功能是否符合他们的真正需求，他们已经推出了 200 余项符合国人使用习惯的设计。在硬件研发上，小米团队不光是对市场最新硬件元素进行组合，还从用户体验出发，在易用性和个性化上重点设计。在手机新功能开发之前会通过 MIUI 社区提前透露一些想法，或者在正式版本发布前几周，让用户投票选择所需产品，从而及时调整。在产品开发阶段，小米让客户既当“产品经理”，又当“体验评测员”，设计了多种平台和工具多渠道收集和分析用户的反馈，既基于大数据进行分析，更看重用户的网上吐槽，根据用户的最大痛点去完善产品。同时，小米通过建立员工与客户互动的互联网平台，建立员工与客户交流鼓励机制、筛选用户反馈信息和迅速解决问题等手段构建了完善的用户反馈和产品改进机制。此外，小米还按照客户的兴趣和参与程度，组织建立客户开发者团队。该组织中的用户以志愿者方式无偿完成大部分工作，而完成少量产品开发工作还可以获取部分报酬。

在产品测试阶段，小米让客户参与全方向的测试。小米的每个软件系统都有由用户组成的荣誉内测组，这是产品测试的核心组织，完全由客户自治并制定操作规则，自主发展成员，小米软件中 80% 的问题是他们发现的。小米产品通过内测后才会被推广到更大的客户群。例如，MIUI 首先筛选 1% 的用户让他们升级，观察测试他们没有遇到问题后，再分步把产品分层逐渐推广至其余客户。同时，小米会让这些用户知道他们是荣誉用户，这一“尝鲜”的策略吸引了部分客户成为小米的测试人员。而在硬件上，在每一代小米硬件产品正式发售之前，小米都会推出工程测试机，让荣誉内测组的资深发烧友测试并写出报告。此外，小米论坛专门开辟收集米粉对测试机建议的板块，汇总问题后，工程师会在下一批量产前改进。

最后，在产品发布阶段，分为线下和线上两种渠道，这是小米回馈粉丝并与粉丝互动的方式。在线下，会有每年一度的类似“秀场”的发布会，既有新产品看点，又有现场台上台下的互动；而线上是小米的常规产品发布方式，大部分新版硬件产品和几乎所有软件产品都是用线上方式发布的。例如，MIUI 每天发布一个内测版，每周发布一个开发版，每月发布一个稳定版，还能及时收集用户反馈。小米团队秉持“开发就是为了发布，发布就是为了反馈，反馈就是为了指导下一步的开发”的原则，在产品发布后开发团队快速地开始跟踪客户反馈，进入下一轮的产品策划、设计、开发、测试的循环过程。

（资料来源：董洁林，陈娟．无缝开放式创新：基于小米案例探讨互联网生态中的产品创新模式．科研管理，2014（12）：76－84．）

思考题：

（1）小米为什么要构建企业和用户之间的关系？

（2）相比标准化的生产，企业采取用户参与创新的成本大大增加，小米如何兼顾成本和创新？

第 9 章
价格策略与营销价值表现

价格营销是企业营销组合中的重要组成部分。价格营销策略制定是否合理，不仅关系到企业产品的销售及利润目标的实现，而且直接涉及消费者的切身利益。

——马歇尔·科恩

【知识要点】

（1）价格；（2）定价目标；（3）撇脂定价策略；（4）渗透定价策略；（5）满意定价策略。

【能力目标】

（1）分析影响企业产品定价的因素；
（2）掌握三种基本的定价方法；
（3）掌握三种基本的定价策略；
（4）了解竞争者变价的应对措施。

导入案例

成本对手机定价的影响

荣耀 V20 手机的发布，标志着国产智能手机 2018 年完美收官。无论是从性能、卖点还是售价来说，这款手机都有很多可圈可点的地方。2019 年，高通最新芯片骁龙 855 将会迎来出货，相比骁龙 845，各方面全新升级，当然售价不菲。由于智能手机芯片、内存等核心元器件价格的上涨，2018 年智能手机平均售价相比上年普遍上涨 200 元左右。进入 2019 年，智能手机的平均售价预计还会上涨 200 元。对于旗舰机来说，必须保证整机所有方面都采用最新的技术，新技术往往意味着更高的成本，因而体现在旗舰机上，售价的上涨非常明显。与旗舰机不同的是，厂商会在中低端手机上最大限度地控制物料成本。

成本的上升和整体智能手机行业销量的下降，给企业盈利增添了压力，提高价格对于厂商来说也是无奈之举。而对于众多小厂来说，2019 年恐怕会更加艰难。

（资料来源：摘自《2019 年手机价格普遍将会上涨 200 元，小厂存活会更加艰难》，牛科技网，2018 年 12 月 29 日。）

启示：企业在特定的定价目标指导下，依据对成本、需求及竞争情况的研究，运用价格决策理论并选择适当的定价方法而最终确定产品价格，从而为企业赢得市场。

9.1　影响定价的主要因素

定价策略是指在制定价格和调整价格的过程中，为了达到企业的经营目标而采取的定价艺术和技巧。定价策略是市场营销组合中一个十分关键的组成部分。价格通常是影响交易成败的重要因素，同时又是市场营销组合中最难以确定的因素。企业定价的目标是促进销售，获取利润。这要求企业既要考虑成本的补偿，又要考虑消费者对价格的接受能力，从而使定价策略具有买卖双方双向决策的特征。此外，价格还是市场营销组合中最灵活的因素，它可以对市场做出灵敏的反映。

价格形成及波动是商品经济中最复杂的现象之一，除了价值这个形成价格的基础因素外，现实中企业价格的制定和实现还受到多方面因素的影响和制约，因此企业应给予充分的重视和全面的考虑。

9.1.1　市场需求及变化

1. 需求规律

一般情况下，商品的成本影响商品的价格，而商品的价格影响商品的需求。经济学原理告诉我们，如果其他因素保持不变，消费者对某一商品需求量的变化与这一商品价格变化的方向相反：如果商品的价格下跌，需求量就上升；而商品的价格上涨时，需求量就相应下降。这就是商品的内在规律——需求规律。需求规律反映了商品需求量变化与商品价格变化之间的一般关系，是企业决定自己的市场行为特别是制定价格时必须考虑的一个重要因素。

2. 需求价格弹性

需求价格弹性，表明需求量 Q 对于价格 P 的变动反应的灵敏程度。需求弹性一般分为需求价格弹性、需求收入弹性和需求交叉弹性，这里主要讨论需求价格弹性。需求价格弹性依据需求价格弹性系数的大小来测定。需求价格弹性系数 E_D 反映需求量变动的百分比与价格变动百分比之比，它表明当价格变动百分之一时，需求量发生变动的百分比，其计算公式为：

$$E_D = \frac{\triangle Q_D}{Q_D} / \frac{-\triangle P}{P} = \frac{-\triangle Q_D}{\triangle P} \times \frac{P}{Q_D}$$

其中：$\triangle P$ 为价格变动的数量；$\triangle Q_D$ 为需求变动的数量。

影响需求价格弹性的因素主要有以下几个方面：

（1）属于生活必需的商品，其需求对价格不敏感，需求价格弹性较小，而非生活必需品的需求价格弹性则较大。

（2）消费者购买力水平较高，个人可任意支配的收入较多，生活必需品的支出在其总支出中所占比例小，其需求价格弹性较大；反之，购买力水平低的消费者，需求价格弹性较小。

（3）替代商品供给充分，其价格变动幅度较小时，需求价格弹性就较大；反之，替代商品供给不充分，或者其价格变动幅度更大时，则需求价格弹性较小。

（4）连带商品价格不变，或者呈相反的方向变动，则需求价格弹性较小；反之，若连带商品的价格呈同一方向变动，则需求价格弹性较大。

需求价格弹性由于受到多种因素的影响，表现为以下几种形式：需求对价格没有弹性，需求弹性系数 $E_D=0$；需求对价格的弹性无穷大，需求弹性系数 $E_D\to\infty$；需求价格弹性等于1，需求变动与价格发生等比例变动；需求价格弹性小于1，需求变动小于价格变动；需求弹性大于1，需求变动大于价格变动，即价格发生较小的变动会引起需求较大的变动。由于需求量与价格两者成反比例关系，需求价格的弹性系数为负值。考察需求价格弹性，以其绝对值来衡量弹性的大小。

9.1.2 市场竞争状况

企业定价的“自由程度”，首先取决于市场竞争格局。在不同市场竞争条件下企业定价的自由度有所不同，企业定价时必须对其产品的市场模式予以考虑。在现代经济中可分为以下四种竞争格局：

1. 完全竞争

在完全竞争的条件下，买卖双方都只是价格的接受者，而不是价格的决定者，价格完全由供求关系决定，各自的行为只受价格因素的支配，企业无须去进行市场分析、营销调研。完全竞争的市场在现实中是不存在的，它主要被用于理论分析。对于某些产品差异性很小、有大量买主和卖主的近似完全竞争的市场，企业的主要竞争策略是降低成本。

2. 纯粹垄断（或称完全垄断）

纯粹垄断是指某种产品或服务完全被一个企业所独占。从理论上分析，垄断企业有完全自由定价的可能，但在现实中，其价格也会受到消费者情绪及政府干预等方面的限制。

3. 不完全竞争（也叫垄断性竞争）

这是一种介于完全竞争和纯粹垄断之间的市场条件。不完全竞争市场上众多卖方企业的产品在质量、外观、花色、式样、包装等方面存在着差异。某些企业依仗“差异”的优势，由价格的消极接受者变为强有力的价格决定者。

4. 寡头竞争

寡头竞争指一个行业中少数几家的企业生产和销售的产品占该行业市场销售量的绝大部分，价格实际上由它们共同控制。各个寡头之间相互依存、影响，一个企业调整价格都会引起其他企业的连锁反应。因此，寡头企业之间都互相密切注意着对方战略的变化和价格的调整。

9.1.3　政府的干预程度

除了竞争状况之外，各国政府干预企业价格制定也直接影响企业的价格决策。世界各国政府对价格的干预和控制是普遍存在的，只是程度不同而已。我国政府除了通过宏观控制货币发行、财政收支、信贷、积累与消费的关系影响价格的总水平外，还有规范企业定价行为的法律法规，这些法律法规有《价格法》《反不正当竞争法》《关于商品和服务实行明码标价的规定》《制止牟取暴利的暂行规定》《价格违法行为行政处罚规定》《关于制止低价倾销行为的规定》等，这些法律法规以结合的形式规定了企业的定价权限，如作价原则、利润水平、价格浮动方向和浮动幅度。这是对企业制定价格的一种外部限制和规定。

9.1.4　产品特点

产品的自身属性、特征等因素，在企业制定价格时也必须考虑。

1. 产品的种类

企业应分析自己生产或经营的产品种类是日用必需品、选购品、特殊品，是威望与地位性产品还是功能性产品，不同的产品种类对价格有不同的要求。如日用必需品的价格必然要顾及大众消费的水平，特殊品的价格则侧重特殊消费者。

2. 标准化程度

产品标准化的程度直接影响产品的价格决策。标准化程度高的产品的价格变动的可能性一般低于非标准化或标准化程度低的产品。标准化程度高的产品的价格变动如果过大，也很可能引发行业内的价格竞争。

3. 产品的易腐、易毁和季节性

一般情况下容易腐烂、变质并不宜保管的产品，其价格变动的可能性比较高。如生鲜产品，价格变化的幅度比较大。常年生产、季节性消费的产品与季节性生产、常年消费的产品，在利用价格的作用促进持续平衡生产和提高效益方面有较大的主动性。此外，产品本身的易储、易运特征也在一定程度上影响企业的定价决策。

4. 时尚性

时尚性强的产品价格变化较显著。一般新潮产品的高峰阶段，价格要定得高一些。新潮产品高峰阶段过后，应及时采取适当的调整策略。

5. 需求弹性

如果企业所经营产品的需求价格弹性大，价格的调整会影响市场需求；反之，价格的调整对销售量不会产生大的刺激和影响。

6. 生命周期阶段

产品生命周期不同阶段对价格策略的影响可以从以下两个方面考虑：

（1）产品生命周期的长短对定价的作用。有些生命周期短的产品，如时装等时尚产品，由于市场变化快，需求增长较快，消退也快，其需求量的高峰一般出现于生命周期的前期，所以，企业应抓住时机，尽快收回成本和利润。

（2）不同周期阶段的影响。处在不同周期阶段的产品的变化有一定规律，是企业选择价格策略和定价方法的客观依据。

9.1.5 企业状况

企业状况主要指企业的生产经营能力和企业经营管理水平对制定价格的影响。不同的企业由于规模和实力的不同，销售渠道和信息沟通方式不同以及企业营销人员的素质和能力高低不同，对价格的制定和调整应采取不同的策略。

1. 企业的规模与实力

规模大、实力强的企业在价格制定上的余地大，企业认为必要时，可以有条件大范围地选用薄利多销和价格正面竞争策略。而规模小、实力弱的企业生产成本一般高于大企业，在价格的制定上往往比较被动。

2. 企业的销售渠道

渠道成员有力、控制程度高的企业在价格决策中可以有较大的灵活性，反之，则应相对固定。

3. 企业的信息沟通

它包括企业的信息控制和与消费者的关系两个方面。信息通畅、与消费者保持良好的关系可在适时调整价格中得到消费者的理解和认可。

4. 企业营销人员的素质和能力

拥有熟悉生产经营环节，掌握市场销售、供求变化等情况并具备价格理论知识和一定的实践能力的营销人员，是企业制定最有利价格和选择最适当时机调整价格的必要条件。

9.1.6 成本因素

成本是制定商品价格的最低限度。一般说来，商品价格必须能够补偿产品生产及市场营销的所有支出，并补偿商品的经营者为其所承担的风险支出。成本的高低是影响定价策略的一个重要因素。

根据市场营销定价策略的不同需要，对成本可以从不同的角度作以下分类：

1. 固定成本

固定成本是企业在一定规模内生产经营某一商品支出的固定费用，在短期内不会随产量的变动而发生变动的成本费用。如固定资产折旧、房租、办公费用、管理人员的工资等，不论产量多少都必须支出，但从长期看固定成本也是变动成本。

2. 变动成本

变动成本是指企业在同一范围内支付变动因素的费用，这是随产量的增减变化而发生变化的成本，如原材料、生产工人工资、销售佣金及直接营销费用。

3. 总成本

总成本是固定成本与变动成本之和。当产量为零时，总成本等于固定成本。

4. 平均固定成本

平均固定成本即总固定成本除以产量的商。固定成本不随产量的变动而变动，但是平均固定成本必然随产量的增加而减少，随产量的减少而增加。

5. 平均变动成本

平均变动成本即总变动成本除以产量的商。平均变动成本不会随产量增加而变动，但是当生产发展到一定的规模，工人熟练程度提高，批量采购原材料价格优惠，变动成本呈递减趋势；如果超过某一极限，则平均变动成本又可能上升。

6. 平均成本

平均成本即总成本除以产量的商。因为固定成本和变动成本随生产效率提高、规模经济效益的逐步形成而下降，单位产品平均成本呈递减趋势。

7. 边际成本

边际成本是指每增加或减少一单位产品而引起总成本变动的数值。在一定产量上，最后增加的那个产品所花费的成本引起总成本的增量，即边际成本。企业可根据边际成本等于边际收益的原则，寻求最大利润的均衡产量；同时，按边际成本制定产品价格，使全社会的资源得到合理利用。

8. 长期成本

长期成本是指企业能够调整全部生产要素时，生产一定数量的产品所消耗的成本。所谓长期，是指足以使企业能够根据它所要达到的产量来调整一切生产要素的时间量。在长时期内，一切生产要素都可以变动。所以，长期成本中没有固定成本和可变成本之分，只有总成本、边际成本与平均成本之别。

9. 机会成本

机会成本指企业为从事某项经营活动而放弃另一项经营活动的机会，或利用一定资源获得某种收入时所放弃的另一种收入。另一项经营活动所应取得的收益或另一种收入即为正在从事的经营活动的机会成本。

9.2 定价目标与定价方法

由于受到资源的约束，企业的规模和企业所采用的管理方法有差异，企业可能从不同的角度选择自己的定价目标。企业在特定的定价目标指导下，依据对成本、需求及竞争情况的研究，应运用价格决策理论，并选择适当的定价方法来确定最终的产品价格。

9.2.1 定价目标

1. 以利润为定价目标

利润是企业从事经营活动的主要目标，也是企业生存和发展的源泉。在市场营销中不少企业就直接以获取利润为制定价格的目标。

（1）以获取投资收益为定价目标。企业之所以投资于某项经营活动，是期望在一定时期内收回投资并获得一定数量的利润。所谓投资收益定价目标，是指企业以获取投资收益为定价基点，加上总成本和合理的利润作为产品销售价格的一种定价目标。

（2）以获取最大利润为定价目标。获取最大利润是市场经济中企业从事经营活动的最高展望。但获取最大利润不一定就是给单位产品制定最高的价格，有时单位产品的低价，也可通过扩大市场占有率、争取规模经济效益使企业在一定时期内获得最大的利润。企业在追求最大利润时，必须遵循边际收益等于边际成本的原则。市场营销中以获取最大利润为定价目标，是指企业综合分析市场竞争、产品专利、消费需求量、各种费用开支以后，以总收入减去总成本的差额最大化为定价基点，确定单位商品价格，争取最大利润。

（3）以获取合理利润为定价目标。它是指企业在激烈的市场竞争压力下，为了保全自己，减少风险以及限于力量不足，只能在补偿正常情况下的社会平均成本的基础上，加上适度利润作为商品价格，称为合理利润定价目标。因为这一定价目标可以稳定市场价格，避免不必要的竞争，又能获得长期利润，并且符合政府的价格指导方针，是一种兼顾企业利益和社会利益的定价目标。

2. 以销售数量为定价目标

以销售数量为定价目标，是指企业以巩固和提高市场占有率，维持或扩大市场销售量为制定商品价格的目标。提高市场占有率，维持一定的销售额，是企业得以生存的基础，以销售额为企业定价目标的主要风险是利润率具有不确定性。

3. 以对付竞争者为定价目标

大多数企业对于竞争者的价格十分敏感，在分析企业的产品竞争能力和市场竞争位置后，以对付竞争者作为企业的定价目标。当企业具有较强的实力，在该行业中居于价格领袖地位时，其定价目标主要是对付竞争者或阻止竞争对手，首先变动价格。具有一定竞争力量，居于市场竞争的挑战者位置时，定价目标是攻击竞争对手，侵蚀竞争对手的市场占有率，价格定得相对低一些。而市场竞争力较弱的中小企业，在竞争中为了防止竞争对手的报复一般不首先变动价格，在制定价格时主要跟随市场领袖价格。

9.2.2 定价方法

1. 成本导向定价法

在成本的基础上加上一定的利润和税金来制定价格的方法称为成本导向定价法。由于产品形态不同以及成本基础上核算利润的方法不同，成本导向定价法可分为以下几种形式：

（1）成本加成定价法。成本加成定价法，是在单位产品完全成本的基础上，加上一定比例的利润和税金，构成单位产品的价格。采用成本加成定价法，一般是按成本利润率来确定的。其计算公式为：

单位产品单价 =（完全成本 + 利润 + 税金）÷产品产量

产品单价 = 单位产品完全成本 ×（1 + 成本利润率）÷（1 - 税率）

其中：成本利润率 = 要求提供的利润总额 ÷产品成本总额 ×100%

知识拓展

成本导向定价法实例

某电视机厂生产2000台彩色电视机，总固定成本600万元，每台彩色电视机的变动成本为1000元，确定的目标利润率为15%，产品增值税税率为17%，按成本加成定价法计算该种产品的售价。

解：单位产品成本 =（6000000 + 2000 ×1000）÷2000 = 4000（元）

单位产品价格 = 4000 ×（1 + 15%）÷（1 - 17%）= 5542（元）

采用成本加成定价法，确定合理的成本利润率是一个至关重要的问题，而成本利润率的有效确定，必须依据市场环境、竞争程度、行业特点等多种因素。某一行业的某一种产品在特定市场以相同的价格出售时，成本低的企业能获得较高的利润率，并在激烈的市场竞争中有较大的回旋空间。

成本加成定价法的优点是：计算简便，成本资料可直接获得，便于核算；价格能保证补偿全部成本并满足利润要求。这种定价法的缺点是：定价所依据的成本是个别成本，而不是社会成本或行业成本，因此，制定的价格可能与市场价格有一定偏离，价格难以反映市场供求状况和竞争状况，定价方法也不够灵活。这种定价方法适用于经营状况和成本水平稳定的企业，适用于供求大体平衡、市场竞争比较缓和的产品，一般卖方市场条件下使用较多。

（2）目标成本加成定价法。目标成本加成定价法，是以目标成本为基础，加上预期的目标利润和应缴纳税金来制定价格的方法。上述涉及的完全成本是企业生产经营的实际成本，是在现实生产经营条件下形成的成本支出，它同将来的生产经营条件设有必然的联系。而目标成本则属于预期成本或计划成本，它同制定价格时的实际成本会有一定差别。目标成本加成法的计算公式为：

产品价格 = 目标成本 ×（1 + 目标利润率）÷（1 − 税率）

目标成本 = 价格 ×（1 − 税率）÷（1 + 目标利润率）

目标利润率 = 预期目标总利润 ÷ 目标成本 × 目标销售量 × 100%

目标成本并不是实际成本，它受预期定价、预期利润、目标利润率、目标销售量以及税率等多种因素的影响。其中税率是法定的，企业无修改的权力。所以，在确定目标成本时，必须建立在对价格、成本、销售量和利润进行科学预测的基础上，不能凭主观想象，才能使定价与实际相符合，以实现预期利润。

2. 边际贡献定价法

所谓边际贡献是指产品销售收入与产品变动成本的差额，单位产品边际贡献指产品单价与单位产品与单位产品变动成本的差额。边际贡献弥补固定成本后如有剩余，就形成企业的纯收入；如果边际贡献不足以弥补固定成本，那么企业将发生亏损。在企业经营不景气，销售困难，生存比取得利润更重要时，或企业生产能力过剩，只有降低售价才能扩大销售时，可以采用边际贡献定价法。

边际贡献定价法的原则是，产品单价高于单位变动成本时，就可以考虑接受。因为不管企业是否生产、生产多少，在一定时期内固定成本都是要发生的，而产品单价高于单位变动成本，这时产品销售收入弥补变动成本后的剩余可以弥补固定成本，以减少企业的亏损（在企业维持生存时）或增加企业的盈利（在企业扩大销售时）。这种方法的基本计算公式如下：

单位商品销售价格 =（总的变动成本 + 边际贡献）÷ 总销量

知识拓展

边际贡献定价法实例

某企业的年固定成本为 10 万元，每件商品的单位变动成本为 40 元，如果计划的边际贡献为 10 万元，当订货量分别为 5000 件、8000 件、10000 件时，其价格应分别定为多少元？

解：价格 1 = （40 × 5000 + 100000） ÷ 5000 = 60（元）

价格 2 = （40 × 8000 + 100000） ÷ 8000 = 52.5（元）

价格 3 = （40 × 10000 + 100000） ÷ 10000 = 50（元）

3. 盈亏平衡定价法

盈亏平衡定价法又称收支平衡定价法，是适用损益平衡原理的一种保本定价方法。首先计算损益平衡点，其公式如下：

损益平衡点产量 = 固定成本 ÷（单位产品价格 − 单位可变成本）

当企业的产量达到损益平衡点产量时，企业不盈不亏，收支平衡，保本经营。保本定价的计算公式如下：

保本定价 = 固定成本 ÷ 损益平衡销售量 + 单位产品变动成本

如果企业把价格定在保本点价格上，则只能收回成本，不能盈利；若高于保本点定价便可获利，获利水平取决于高于保本点的距离；如低于保本定价点，企业无疑是亏损的。因此，也可以将盈亏平衡定价法理解为，它规定了在产量一定的情况下，什么价格是保证企业不亏本的最下限价格。

4. 竞争导向定价法

竞争导向定价法是根据竞争者产品的价格来制定企业产品价格的一种方法。常用的有以下三种方法：

（1）随行就市定价法。随行就市定价法即企业根据同行业企业的平均价格水平定价。在竞争激烈的情况下，这是一种与同行和平共处、比较稳妥的定价方法，可避免风险。

（2）追随定价法。追随定价法即企业以同行为主导企业的价格为标准制定本企业的产品价格，如同行业中实力最强、影响最大的企业的单位产品定价为 15 元，本企业可根据产品、需求的具体情况将本产品的单位定价定在 14—14.9 元。此方法可避免企业之间的正面价格竞争。

（3）密封投标定价法。密封投标定价法是一种竞争性很强的定价方法。一般在购买大宗物资、承包基建工程时，发表招标公告，由多家卖主或承包者在同意招标人所提出的条件的前提下，对招标项目提出报价，招标者从中择优选定。一般来说，征求承包人的一方（买方）称为“招标人”，应征前来参加竞争的应聘者称为“投标人”（卖方），经过竞争以后的优胜者称为“中标人”。投标人为了在竞争中获胜，往往会千方百计地探听标底内容，因此，招标人在正式开标之前一定要保守秘密，不许泄露标底。

密封投标定价法的定价程序是：①招标。由买方发布招标公告，提出征求产品或劳务的具体条件，引导卖方参与竞争。②投标。卖方或承包者根据招标公告的内容和具体要求，结合自己的条件，考虑成本、利润和竞争者可能提出的报价，在买方规定的截止日期内，将自己愿意承担的价格密封提出。③开标。买方在规定期限内，积极认真地选标，全面认真地审查卖方提出的投标报价、技术力量、工作质量、生产经验、资本金情况、信誉高低等，以此为基础选择承包商，并到期开标。

5. 需求导向定价法

需求导向定价法是以消费者对产品价值的理解程度和需求强度为依据的定价方法。主要方法有以下几种：

（1）理解价值定价法。所谓理解价值，也叫感受价值、认知价值，就是指消费者对某种商品的主观评判。理解价值定价法是指企业不以成本为依据，而以消费者对商品价值的理解度为定价的依据。使用这种方法定价，企业首先应以各种营销策略和手段影响消费者对产品的认知，形成对企业有利的价值观念，然后再根据产品在消费者心目中的价值来制定价格。理解价值定价法的关键在于获得消费者对有关商品价值理解的准确资料。企业如果过高估计消费者的理解价值，价格就可能过高，影响商品的销量；反之，如果企业低估了消费者的理解价值，其定价就可能低于应有的水平，企业可能会因此减少收入。所以，企业必须搞好市场调查，了解消费者的消费偏好，准确地估计消费者的理解价值。

（2）区分需求定价法。区分需求定价法，是根据需求的差异，对同种产品或劳务制定不同价格的方法，也叫“价格歧视”。主要定价方式如下：

①因顾客而异。同种产品或劳务，对不同职业、收入、阶层或年龄的消费者群制定不同的价格，企业可根据上述差异在定价时给予相应的优惠或提高价格。如航空公司票价对国内、国外乘客分别定价，对教师、学生优惠销售；“六一”儿童节期间，各商场以优惠的儿童商品价格吸引顾客光顾。

②因式样而异。对式样不同的同种商品制定不同的价格，价格差异比例往往大于成本差异的比例。如相同质量、规格而花色不同的产品，对花色陈旧的价格要定得低一些；而对花色艳丽、款式新颖的价格要定得高一些。还有对于标有某些纪念意义的商品，价格也可相应定得高一些。

③因时间而异。根据产品季节、日期及钟点上的需求差异制定价格。如防寒服在夏天的价格可定得低一些，而冬天正是销售旺季，价格可定得高一些；电视广告在黄金时段和非黄金时段的价格就有很大的区别；旅游淡旺季的旅馆住宿价格和旅游景点的价格也有一定的差别。

④因空间而异。企业根据自己产品销售区域的空间位置来确定商品的价格。如同一地区的用户所付运价相同，较远地区的运价则较高；还比如同样的饮料在高档饭店的价格要高于街边餐饮店的价格；电影院、体育馆不同档次的座位价格也有一定的差别。

⑤因用途而异。同一种商品有时会有不同的用途和使用量，因而价格也应有所区别。如电力可用于工业、农业和家庭等，这时电费应根据不同的用途而有所区别。

实行区分需求定价法要具备一定的前提条件：一是市场能够根据消费者的需求强度不同进行细分；二是细分后的市场在一定时期内相对独立，互不干扰；三是竞争者没有可能在企业以高价销售产品的市场上以低价销售；四是价格差异程度不会引导消费者的不满或反感。

9.3 定价策略

定价策略是企业为了实现预期的经营目标，根据企业的内部条件和外部环境，对某种商品或劳务，选择最优定价目标所采取的应变谋略和措施。定价策略的抉择是较高层次的决策。由于企业所处的市场环境不同、定价对象不同以及实施方法上的差异，企业定价策略也多种多样，归纳起来主要有以下几种策略。

9.3.1 新产品定价策略

新产品定价是企业价格策略的一个关键环节。因为新产品的成本高、顾客对它不了解，竞争对手也可能还没有出现，所以新产品价格确定的合适与否，关系到新产品能否顺利进入市场，并为以后占领市场打下基础。常见的新产品定价策略有三种。

1. 撇脂定价策略

撇脂定价策略，是指如同把烧热的牛奶表面一层油脂精华取走一样，企业在新产品刚投放市场时把价格定得很高，以求在尽可能短的期限内迅速获取高额利润，随着商品进一步成长再逐步降低价格。采用此策略的企业商品一上市便高价厚利，是因为新产品对消费者产生新的吸引力。

实行撇脂定价策略必须有一定的条件。首先，新产品比市场上现有产品有显著的优点，能使消费者“一见倾心”；其次，在产品新上市场阶段，商品的需求价格弹性较小或者早期购买者对价格反应不敏感；另外，短时期内由于仿制等方面的困难，类似仿制产品出现的可能性小，竞争对手少。此策略的优点是尽早争取主动，达到短期最大利润目标，有利于企业的竞争地位的确定。但缺点也明显，即由于定价过高，有时渠道成员不支持或得不到消费者认可；同时，高价厚利会吸引众多的生产者和经营者转向此产品的生产和经营，加速市场竞争的白热化。

知识拓展

iPhone 的撇脂定价

2018 年苹果公司发布的 iPhone XS 售价 1 万多元，比市面上很多手机贵了两三倍。明知道按苹果公司的老套路，手机到后面肯定会降价，但愿意排队抢购的还是大有人在。苹果公司的撇脂定价法可谓屡试不爽，用高价格哄抬产品的身价，引起有钱任性的土豪们争相购买，先收割一波挥金如土的用户，短期之内实现最大利润。而且，高定价也为产品后续的价格下调留出了空间，到时再收割一波相对来说对价钱比较敏感的用户，简直一箭双雕。2019 年元旦过后一些电商已经将 iPhone XR 的价格降到 5500 元左右、iPhone XS 的价格为 7000 元左右、iPhone XS Max 的价格为 8000 元左右。虽然还是贵，但已经比官方定价低了不少。这就是苹果公司对 iPhone 的撇脂定价。

（资料来源：百度文库。）

2. 渗透定价策略

渗透定价策略也称渐取定价策略，是指企业在新产品投放市场的初期，将产品价格定得相对较低，以吸引大量购买者，获得较高的销售量和市场占有率。这种策略同撇脂定价策略相反，是以较低的价格进入市场，具有鲜明的渗透性和排他性。

采用渗透策略的条件是：商品的市场规模较大，存在强大的竞争潜力；商品的需求价格弹性较大，若稍微降低价格，需求量就会大大增加，通过大批量生产能降低生产成本。

渗透定价策略的优点是可以占有比较大的市场份额，通过提高销售量来获得企业利润，也较容易得到销售渠道成员的支持，同时，低价低利对阻止竞争对手的介入有很大的屏障作用。其不利之处在于定价过低，一旦市场占有率扩展缓慢，收回成本速度也慢。有时低价还容易使消费者怀疑商品的质量。

3. 满意定价策略

满意定价策略是一种介于撇脂定价和渗透定价之间的折中定价策略，其新产品的价格水平适中，同时兼顾生产企业、购买者和中间商的利益，能较好地得到各方面的接受。正是由于这种定价策略既能保证企业获得合理的利润，又能兼顾中间商的利益，还能为消费者所接受，所以称为满意定价策略。

这种价格策略的优点在于：满意价格对企业和顾客都是较为合理公平的，由于价格比较稳定，在正常情况下盈利目标可按期实现。其缺点是：价格比较保守，不适于竞争激烈或复杂多变的市场环境。这一策略适用于需求价格弹性较小的商品，包括重要的生产资料和生活必需品。

以上三种新产品定价策略的利弊均有，并有其相应的适用环境。企业在具体运用时，应从企业的实际情况、生产能力、市场需求特征、产品差异性、预期收益、消费者的购买能力和对价格的敏感程度等因素出发，综合分析，灵活运用。

9.3.2 产品阶段定价策略

产品阶段定价策略指在分析产品经济生命周期的基础上，依据产品生命周期不同阶段的特点制定和调整价格。

1. 介绍期定价策略

一般可参考新产品的定价策略，对上市的新产品（或者是经过改造的老产品）采取较高或较低的定价。

2. 成长期定价策略

这一阶段，消费者接受产品，销售量增加，一般不贸然降价。但如果产品进入市场时价格较高，市场上又出现了强有力的竞争对手，企业为较快地争取市场占有率的提高，也可以适当降价。

3. 成熟期定价策略

这一阶段，消费者人数、销售量都达到最高水平并开始出现回落趋势，市场竞争比较激烈，一般宜采取降价销售策略。但如果竞争者少，也可维持原价。

4. 衰退期定价策略

这一阶段，消费者兴趣转移，销售量激烈下降，一般宜采取果断的降价销售策略，甚至销售价格可低于成本。但如果同行业的竞争者都已退出市场，或者经营的商品有保存价值，也可以维持原价，甚至提高价格。

各类产品在其产品生命周期的某个阶段一般具有共同的特征，但由于不同种类产品的性质、特点及其在国计民生中的重要程度、市场供求状况的不同，可对不同的产品采取实事求是、机动灵活的定价策略。

9.3.3 折扣定价策略

折扣定价策略是利用各种折扣和让价吸引经销商和消费者，促使他们积极推销或购买本企业产品，从而达到扩大销售、提高市场占有率的目的。这一策略经常被企业所采用。常见的价格折扣主要有以下几种形式：

1. 数量折扣

数量折扣，是指按顾客购买数量的多少给予不同的价格折扣，也是企业运用最多的一种价格折扣策略。一般来说，顾客购买的数量越多或数额越大，折扣率越高，以鼓励顾客大量购买或一次性购买多种商品，并吸引顾客长期购买本企业的商品。数量折扣分为累计数量折扣和非累计数量折扣。累积数量折扣是指在一定时期内累计购买超过规定数量或金额给予的价格折扣，易腐蚀性商品或耐用消费品常采用这种策略，其优点在于鼓励消费者成为企业的长期顾客。非累计数量折扣是指按照每次购买产品的数量或金额确定折扣率，其目的在于吸引买主大量购买，利于企业组织大批量销售，以节约流通费用。企业采用数量折扣有助于降低生产、销售、储运和记账等各环节的成本费用。

2. 现金折扣

现金折扣，是指企业为了鼓励购买者尽早付清货款，加速资金周转，规定凡提前付款或在约定时间付款的买主可享受一定的价格折扣。运用现金折扣策略，可以有效地促使顾客提前付款，从而有助于盘活资金，减少企业的利率和风险。折扣大小一般根据付款期间的利率和风险成本等因素确定。

3. 季节折扣

季节折扣，是指企业对生产经营的季节性产品，为鼓励买主提早采购，或在淡季采购而给予的一种价格折让。在季节性商品销售淡季，资金占用时间长，这时如果能扩大产品销售量，便可加快资金周转，节约流通费用。在这种情况下，卖方以价格折扣来鼓励买方在淡季购买商品，并向其转让一部分因节约流通费用带来的利润，这对买卖双方都具有积极意义。厂家和中间商之间采用季节性折扣，可以促使中间商提早进货，保证企业生产能够正常进行。而零售企业在销售活动中实行季节折扣，能促进消费者在淡季提前购买商品，减少过季商品库存，加速资金周转，如冬天买空调、夏天买羽绒服等。商品销售的季节性折扣率，应高于银行存款利率。

4. 业务折扣

业务折扣也称同业折扣或功能折扣，是生产厂家给予批发企业和零售企业的折扣，折扣的大小因商业企业在商品流通中的不同功用而各异。对批发商来厂进货给予的折扣一般要大一些，零售商从厂方进货的折扣低于批发企业。

9.3.4 心理定价策略

心理定价策略指企业针对消费者心理活动而变化定价的方法与技巧，一般在零售企业中对最终消费者应用得比较多，主要有以下常用的六种定价策略：

1. 组合定价策略

组合定位策略即企业迎合消费者求全的心理，将两种或两种以上有关联的商品合并制定一个价格。具体做法是将这些商品捆绑在一起或装入一个包装物中，如“六一”儿童节销售的礼品袋等。此策略易激发消费者的购买欲望，有促进多种商品销售的作用。

2. 尾数定价策略

尾数定价策略，是指企业在制定产品价格时以零头数结尾。据心理学家分析，消费者通常认为整数价格如 10 元、20 元、200 元等是概略价格，定价不准确，而认为非整数价格如 9. 96 元、19. 95 元、198 元等，是经过精确核算的价格，容易产生安全和信任的感觉，满足了消费者求廉的心理。有关市场营销专家曾作过调查，发现价格尾数的微小差异对产品的销路有较大的影响：一般情况下，价格在 5 元以下，尾数为 8 或 9 最受欢迎；价格在 5 元以上、100 元以内，尾数是 95 最受欢迎；价格在 100 元以上，尾数为 98 或 99 最受欢迎。例如，花 4. 98 元买一件商品，在购买者看来，只花了 4 元多，而花 5 元买一件商品，尽管只多了两分钱，但买者认为 4 元多和 5 元相差不少。对于价格较低的商品，特别是日用消费品采用尾数定价策略，能让消费者感觉便宜，从而迅速做出购买决策。

3. 整数定价策略

整数定价策略也叫声望定价或整数原则，即在消费购买注重心理需要的满足的商品时，企业把商品的价格定为整数。如一件皮毛大衣的定价应为 10000 元而不是 9950 元，其原因是有这种消费能力的消费者不在意多花了 50 元钱，而提高这 50 元钱不仅使企业增加收入还能使这件大衣的声望价值由 4 位数升为 5 位数，带给高消费购买者心理上的满足。另外，一些名店、名牌商品或选择品采用整数定价策略以提高商品的身份，进而起到提高消费者身份的作用。对于一些需求价格弹性不高的商品，如中、小学生的课本，采用整数定价可以方便结算和提高工作效率。

4. 期望与习惯定价策略

根据消费者的愿望与购买习惯、接受水平制定价格。日用消费品的价格通常容易在消费者心目中形成一定的习惯性标准。如用作馈赠的礼品，消费者一般要求体面一些，同时价格与自己的预算一致。如某地祝寿时送礼的水平分别为 200 元、300 元、500 元三个档次，企业便可将祝寿礼品如生日蛋糕和经常用作寿礼的商品的价格尽可能向这三档靠近。对于有些商品，如果消费者长期习惯于某种价格，则一般应考虑这种习惯，不宜轻易变动，以免给消费者造成全面涨价的恐惧心理。

5. 安全定价策略

安全定价策略也叫“一揽子定价”策略。它针对消费者在购买大件耐用消费品时担心维修不便等心理，把商品本身的价格与确保消费者安全使用的费用加总计算，并将送货上门、代修代装、免费换易损件等售中、售后服务的措施广泛宣传，消除购买者的心理障碍，降低消费者的消费风险。

6. 特价品定价策略

企业将商品的价格定得低于市价，并广泛宣传，引起消费者的兴趣，此策略常在经营多品类的超级市场、百货商店使用。许多超级市场常年有特价产品销售，并配有醒目的黄色标签。企业有意将店中几种商品的价格标低，有时甚至低于成本以吸引顾客来店，目的在于召唤顾客，引发连带购买行为。

9.3.5 相关产品价格策略

相关产品，是指在最终用途和消费购买行为等方面具有某种相互关联性的产品。制造或经营两种以上产品的企业可以利用此特点综合考虑企业产品的定价。

1. 互补产品价格策略

互补产品指两种或以上功能互相依赖、需要配套使用的商品。互补产品价格策略是企业利用价格对消费互补品需求的调节，全面扩展销售量所采取的定价方式和技巧。具体做法是把价值高、购买频率低的主件价格定得低一些。例如：将剃须刀架定低一些，而将刀片的价格提高一些；将小轿车的价格定得低一些，而将零配件的价格定得高一些。

2. 替代产品价格策略

替代产品是指功能和用途基本相同，消费过程中可以互相替代的产品。替代产品价格策略是企业为达到既定的营销目标，有意识地安排企业替代产品之间的关系而采取的定价措施。

企业若生产或经营着两种以上有替代关系的产品，这两种产品的市场销量常常表现为此消彼长，而这种增加或减少与商品价格的高低有着十分密切的关系。企业主动地运用这一规律来实行组合价格策略。如把市场“热销”产品的价格有意提高，将趋冷的替代品的价格适当降低，从总体上把握企业的盈利水平。

9.3.6 地理定价策略

地理定价策略，是指企业根据产销地的远近、交货时间的长短和运杂费用的分担所制定的不同的价格策略。这一定价策略主要有以下几种形式：

1. 产地交货价格

产地交货价格，是指卖方按照厂价交货或按产地某种运输工具交货的价格。这是说买方按照出厂价购买某种产品，生产企业只负责将这种产品运到产地某种工具（如火车、船舶、飞机、货车等）上交货，并承担这期间的一切风险和费用；交货后，从产地到目的地的一切风险和费用都由买方承担。这一定价方法具有通用性，在国际贸易中通常称为“离岸价格”或“船上交货价格”（“FOB”）。采用这种价格，对卖方来说比较简单，对购买者来说既要承担运输费用和一定的风险，又要办理货物托运等杂务，会影响其购买的积极性，特别是对远途顾客，这一问题更为突出。

2. 买主所在地价格

买主所在地价格则指企业负责将产品运到买主所在地，并承担运输费和保险费等费用。企业采用这种价格，由于承担的风险较大，因而价格和利润往往制定得比较高。这种价格在国际贸易中称为“到岸价格”（“CIF”）。

3. 统一交货价格

统一交货价格，是指企业对于不同地区的顾客都按照相同出厂价（产地价格）加相同的运费（按平均运费）定价。实行这一定价策略，有利于鼓励远距离顾客购买该企业产品，扩大销售区域。一般运费低廉或运费占成本比例很小以及商品重量轻、体积小的情况下，适宜使用这种定价策略。

4. 区域定价

区域定价，是指把产品的销售市场分成几个价格区域，对于不同价格区域的顾客制定不同的价格，实行地区价格。一般来说，距离企业较远的地区，价格定得高一些；距离企业较近的地区，价格定得低一些。这种策略多适用于体积大、交货费用在价格中占用比例大，不可能对所有顾客都使用统一交货价格的产品。该策略的优点是：计算方式简单，便于扩大销售区域，提高市场占有率。但是，企业采用区域定价也会遇到一些问题，如有同一价格区域内，有的顾客离企业距离较近，有的顾客离企业距离较远，则前者就不划算。

5. 基点定价

基点定价，是指企业选定某些城市作为基点，然后按一定的厂价加基点（最靠近顾客所在地的基点）至顾客所在地的运费来定价，而不管货物是从哪个城市起运的。采用这一策略可以使企业产品在各地的交货价格基本相同，有利于开拓远距离市场，扩大产品销售。它适用于产品体积较大，运费占成本比重较大的商品。

6. 运费免收定价

运费免收定价，是指企业替买主负责全部或部分运费。企业免收运费，一般是为了与购买者加强联系或开拓市场，通过扩大销量来抵补运费开支。

9.3.7　价格变动策略

营销者在定价之后，由于宏观环境变化和市场供求发生变化，企业必须主动地调整价格，以适应激烈的市场竞争。

1. 降价策略

当市场营销环境发生变化，如产量过多、库存积压严重、其他营销策略无效，或者在激烈的价格竞争中市场占有率下降等，企业为了扩大销售或稳住市场占有率，只有降低销售价格。在降价之前，卖方应向自己的代理商、经销商保证，降价后对他们原来的进货或存货按新价退补降价损失，使长期客户以及该商品分销渠道的各个环节的利益得到保证，才能保住市场。

2. 提价策略

由于资源约束而产生严重的供不应求或发生通货膨胀时，企业不得不采用提高价格的办法来弥补成本的上升带来的利润损失。提价必然会引起顾客和中间商的不满，因此应采用不同的提价策略来平抑提价引起的不满。主要策略有：

（1）限时提价。

（2）在供货合同中载明随时调价的条款。

（3）对商品的附加服务收费或取消附加服务。

（4）减少或取消折扣和津贴。

（5）改动产品的型号或增加某种功能等，并配合其他营销手段，消除提价的负面影响。

同步案例

惠普打印机渗透定价抢占先机

背景资料：

惠普公司获得了一项打印机新技术的研发成功，此技术使新型的打印机能够获得更佳的打印质量，大大提高了打印机的性能。这时，惠普公司面临定价的选择：究竟是凭借新技术优势制定高价格入市，还是保持原价不变，抑或是适当提价，又提价多少呢？当时，惠普公司高层这样分析，目前市场上竞争对手的同类型打印机的售价在150美元，如果惠普新型打印机倚仗新技术而制定高价格，例如定价到250美元，惠普公司可以赚到100美元，产品的毛利率就形成了翻番的暴利局面。虽然这样做惠普公司会获得短期的暴利，但是这样的价格体系必然会吸引大批的追随者加入。因为巨大的利润空间必然使得这些企业敢于花费研发成本而后入市，并以略低于惠普打印机的价格销售，以获得利润。而其后进入的厂家又会以低于上一家的价格销售，最后的结局可能就是一窝蜂地上来打，相互杀价，最后打垮惠普自己。

那么惠普是怎样定价的呢？惠普决定将价位定在185美元，摊上研发成本后惠普公司虽然只能赚到25美元/台，但是可以有效地阻止追随者的进入。当意欲追随者花费研发成本和时间成本加入竞争时，惠普的新产品已经收回了成本或已经开始盈利了。一旦新对手加入竞争，惠普立即可以将价格调到160美元至175美元之间，新对手将无法以如此低的价格分摊成本，盈利也就微乎其微了。

由于在这项技术上惠普公司是市场领先者，它的价位就代表了本项技术革新的标准价位，消费者是绝对不会再接受更高的价位的，除非新加入对手又有了技术创新，那就另当别论了。这就是市场渗透定价的魔力。

问题：

惠普低价策略有何特别呢？

分析提示：

惠普用渗透定价阻止追随者的进入，迅速占领了市场，有时渗透定价能很好地抵御竞争对手的进入。

本章小结

价格是商品价值的货币表现，所有企业都面临着价格决策问题。价格的制定和变化不仅直接影响消费者的购买行为，也直接影响企业产品的销售和利用。因此，尽管在现代市场营销过程中，非价格因素的作用在增长，但价格策略仍是市场营销组合中重要的基本因素。

影响价格的因素是多方面的，包括定价目标、成本、需求、竞争者及其他市场组合因素等。

企业首先要给产品确定一个基本价格，定价方法主要有成本导向定价、需求导向定价和竞争导向定价三种。

在市场营销实践中，企业还需根据竞争的需要，采取灵活的定价策略，对基本价格予以调整，可采取的策略包括新产品定价策略、产品阶段定价策略、折扣定价策略、心理定价策略、相关产品价格策略、地理定价策略、价格变动策略等。

思考与练习

1. 理论题

（1）单选题

①依据需求价格弹性理论，可通过降低产品价格提高其销售量。一般情况下，这种策略对（　　）类产品效果明显。

A. 特效药　　B. 原材料　　C. 生活必需品　　D. 高级化妆品

②超市经常会推出一些低于成本价格的商品出售，以带动其他产品的销售，这种定价方法属于（　　）。

A. 分档定价法　　B. 整数定价法　　C. 声望定价法　　D. 尾数定价法

E. 招徕定价法　　F. 习惯定价法

③为鼓励顾客购买更多产品，企业给那些大量购买产品的顾客的一种折扣，称为（　　）。

A. 功能折扣　　B. 数量折扣　　C. 季节折扣　　D. 现金折扣

④某企业经营某种产品，其需求弹性系数为 2.5，为进一步扩大销量，价格决策上应（　　）。

A. 适当降价　　B. 保持不动　　C. 大幅度降价　　D. 适当上调

⑤企业产品定价的基本目的是（　　）。

A. 获得最大利润　　B. 使顾客满意

C. 价格具有竞争力　　D. 符合政策要求

（2）多选题

①企业的定价导向主要有（　　）。

A. 成本导向　　B. 需求导向　　C. 竞争导向　　D. 利润导向

②一般来说，（　　）是高价格，（　　）是低价格。

A. 新产品撇脂定价策略

B. 新产品渗透定价策略

C. 心理声望定价策略

D. 以争取达到一定投资收益率作为定价目标

E. 以维持营业作为定价目标

F. 以获得较高市场占有率作为定价目标

③影响价格的因素有（　　）等。

A. 商品成本　　B. 价格弹性

C. 市场供求状况　　D. 国家方针政策

E. 消费者心理　　F. 市场竞争的特点

④声望定价策略的条件有（　　）。

A. 产品本身价值较高　　B. 竞争者多

C. 消费者存在成名心理　　D. 企业和商品声誉较高

E. 消费者对产品的内在质量易辨认

⑤企业的促销策略主要包括（　　）等。

A. 折扣定价　　B. 招徕定价

C. 零数定价　　D. 附属产品定价

E. 特殊事件定价

（3）判断题

①单位产品价格越高，越能实现企业的利润最大化。（　　）

②尾数定价法通常适用于高级的奢侈商品。（　　）

③若某商品的需求富有弹性，此时适当地降低价格能够增加销售量，同时也可能使利润增加。（　　）

④在一定情况下，通过价格与供求的相互作用，能够达到供求平衡和均衡价格。（　　）

⑤商品价格与其需求量成反比，与其供应量成正比。（　　）

（4）简答题

①企业定价的依据是什么？

②简述影响企业定价的因素。

③定价策略如何与其他营销组合策略相配合？

④如何看待我国手机产品市场目前的价格战？

2. 实务训练题

【案例分析1】

醉翁之意

珠海九洲城里有一个售价为3000元港币的打火机。许多游客听到这个消息，无不为之咋舌。如此昂贵的打火机，该是什么样子呢？于是，九洲城又多了许多慕名前来一睹打火机“风采”的顾客。这个名曰“星球大战”的打火机看上去极为普通，它真值这个价钱吗？站在柜台前的顾客个个都表示怀疑，就连售货员对此亦不知可否地一笑了之。它被搁置在柜台里很长时间无人问津，但它旁边3元港币一个的打火机销售火爆。许多走出九洲城的游客坦诚相告：我原是来看那个“星球大战”的，不想却买了这么多东西。无独有偶，位于日本东京都滨松町的一家咖啡屋，竟然推出了5000日元一杯的咖啡，就连一掷千金的豪客也大惊失色。然而随着消息传开，抱着好奇心理的顾客蜂拥而至，使往常冷冷清清的店堂一下子热闹了，果汁、汽水、大众咖啡等饮料格外畅销。

（资料来源：https：//www. 51xuexiaoyi. com/timu/b972476fd55e4460. html。）

思考题：

珠海九洲城和日本东京都滨松町咖啡屋运用的是一种什么定价方法？它的适用条件是

什么？

【案例分析 2】

“一元水果”顾客爱买

近两年来，郑州的冷饮摊上增加了一类“一元货”，即切削后分块零卖的水果。商人们把哈密瓜、菠萝、西瓜等削好，切成一块一块的，每块水果上插上一根木条，每块卖一元。“一元水果”的生意非常红火。虽然“一元水果”相比整卖的水果要贵一些，但顾客还很喜欢买。

思考题：

“一元水果”比整卖的水果要贵一些，为什么顾客还很爱买呢？

第 10 章
分销渠道策略与营销价值传递

中间商不属于制造商所铸成的锁链中被雇用的一个环节，而是一个独立的市场，并成为一大群客户购买的焦点。

——菲利普·麦克威

【知识要点】

（1）分销渠道的定义；（2）分销渠道的功能；（3）中间商及类型；（4）分销渠道的选择；（5）分销渠道设计及管理。

【能力目标】

（1）掌握分销渠道的功能及不同类型渠道的特点；
（2）了解各种类型中间商的类型及特征；
（3）掌握影响分销渠道设计和选择中间商的主要因素；
（4）掌握管理中间商的方法及管理渠道网络的方法。

导入案例

如何从终端为王到流量为王的华丽转身

从“青啤快购”App 客户端到茅台云商城、云分销，可以看出终端店面已逐渐式微，终端已难为王，反而是以网上浏览、点击、交易等为标志的流量营销乘势而起，成为一个强力的新渠道，展露王者之范，受到越来越多的传统酒企青睐。迈入互联网时代，“流量为王”法则尽人皆知，其大致的意思是，流量是一切的基础。流量指的是什么？流量是注意力，还是一系列的行为，比如打开网页、浏览网站、点击商品、点击购物车、进行网上交易等？而从另一角度而言，流量就是用户，当我们说 pv 的时候，是说用户浏览的次数；当我们说安装数的时候，是说用户在安装；当我们说销量的时候，是说用户在购买。

做流量，就是搞定用户，流量就是用户，而这恰被许多传统酒企所忽略。

可是互联网从业者许多年前就不会掩盖自己对流量的疯狂追求。很多大的玩家都是先靠免费做流量，然后再寻找变现的方法最后做大的，腾讯、淘宝、京东、360、百度都是如此。而今无论是淘品牌还是传统品牌都加入了网络流量大战，似乎唯有川流才能不息，也宣示流量为王时代的全面到来。流量是电子商务成交的前提，就像传统通路，终端（店面）若没有来客就谈不上生意一样。于是，各大厂商为了抢流量各显神通，有的花大笔资金购买，有的利用传统媒体导流，有的巧用公关引流，更有甚者动用网络水军刷流量。

流量为王如今已深入每个互联网、传统企业从业者的心中。如今许多酒企也在努力学习互联网企业，千方百计地引流扩流，寻找各种网络入口，以创建产品展示与买卖的各种新渠道。流量不是万能的，但没有流量万万不行的。一个成功的电商网站或 App，要形成有别于传统渠道的电商品牌，必须从开始花费引流到知名度、美誉度逐渐扩增，最后能自己自动产生流量，这是成功的要点。

（资料来源：http://www.bjdcfy.com/qita/qdwwal/2017－2/816247.html。）

启示：建立一个有效的分销渠道网络，是企业在激烈的市场竞争中脱颖而出，并持续、稳定发展的关键因素之一。

10.1　分销渠道概述

分销渠道是指某种货物和劳务从生产者向消费者转移时取得这种货物和劳务的所有权或帮助转移其所有权的所有企业和个人。生产企业和消费者分别处于分销渠道的两个端点，作为商品的提供者和接收者。虽然生产者和消费者之间也可以直接形成一种分销渠道，但是在现实经济中，绝大多数商品的分销渠道中存在第三者。一般来说，商品从生产厂家到消费者大多需要经过批发、零售等环节，投入其中的中间力量是批发商、零售商、代理商以及储运商等。这些机构处于流通领域，履行商品从生产厂家到消费者之间的信息沟通、所有权转移和实物转移等各种职能，因此被称为中间商。

分销渠道是市场营销组合策略中的四个基本要素之一，如果产品是企业的立身之基，分销渠道网络则是企业的生存之本。建立一个有效的分销渠道网络，是企业在激烈的市场竞争中脱颖而出，并持续、稳定发展的关键因素之一。研究分销渠道策略的目的在于，企业如何通过销售网络建设与管理，采取有效的渠道竞争策略，把商品适时、适地、方便、经济地提供给消费者，实现企业的经营目标。

10.1.1　分销渠道的功能与分销流程

1. 分销渠道的功能

从经济系统的观点来看，分销渠道的基本功能在于把自然界提供的不同原料根据人类的需要转换为有意义的货物搭配。分销渠道对产品从生产者转移到消费者所必须完成的工作加以组织，其目的在于消除产品（或服务）与使用者之间的差距。市场营销渠道的主要职能有如下几种：

（1）研究，即收集制定计划和进行交换时所必需的信息。

（2）促销，即进行关于所供应的货物的说服性沟通。

（3）接洽，即寻找可能的购买者并与其进行沟通。

（4）配合，即使所供应的货物符合购买者需要，包括制造、评分、装配、包装等活动。

（5）谈判，即为了转移所供货物的所有权，而就其价格及有关条件达成最后协议。

（6）实体分销，即从事商品的运输、储存。

（7）融资，即为补偿渠道工作的成本费用而对资金的取得与支用。

（8）风险承担，即承担与从事渠道工作有关的全部风险。

知识拓展

尼尔森预测2019年分销渠道新趋势

回顾2018年市场消费模式的变化，便可知晓分销渠道有了哪些新的发展趋势。无论是“双11”电商促销创新高，还是新零售从线上线下之争变成牵手融合，盘点每一个消费热点都可以看出分销渠道模式的缓慢变迁，进而预见2019年分销渠道新趋势。

尼尔森研究发现，2018年快消品市场仍然保持强劲活力，整体增速达14%。产品创新、消费升级、实体店增长以及电商发展仍然是促进快消品保持活力增长的主要驱动力。虽然新品仍是主要增长动力，但50%的品类新品的单品销售额下降；70%的快消品品类消费升级拉动力减弱；实体门店保持快速增长的同时有43%的门店发生了替换和迭代；电商快速的发展吸引了更多类型的电商竞争者，非综合电商月活用户数呈现爆发性增长，增速达194%。在更复杂多样的消费环境下，需要更好地通过数据分析了解人、货、场的趋势。

尼尔森研究还发现，分销渠道升级变化剧烈，店铺更迭速度加快，线下实体门店仍然为零售的主要渠道。各省市现代实体门店数普遍持续增长，以江西、广东、湖南、四川、贵州省为首的5个省份贡献了46%的店铺增长，且主要来源于小型业态。全国零售销售总额自2018年开始恢复近双位数增长，其中小型渠道贡献近六成。

（资料来源：唐福勇．从2018年中国消费市场特点看2019年趋势．中国经济时报，2018－12－26.）

2. 分销流程

分销流程是把商品从生产厂家转移到消费者手上，能够同时满足生产厂家、消费者以及中间商的需要的过程。为了使这一转移过程有效完成，在销售渠道中通常有五大流程发生，即实体流程、所有权流程、付款流程、信息流程及促销流程。

（1）实体流程（如图10－1所示）。

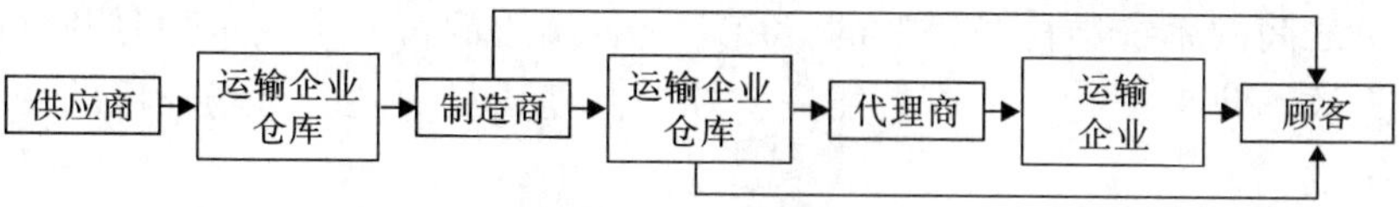

图 10－1　实体流程图

（2）所有权流程（如图 10－2 所示）。

图 10－2　所有权流程图

（3）付款流程（如图 10－3 所示）。

图 10－3　付款流程图

（4）信息流程（如图 10－4 所示）。

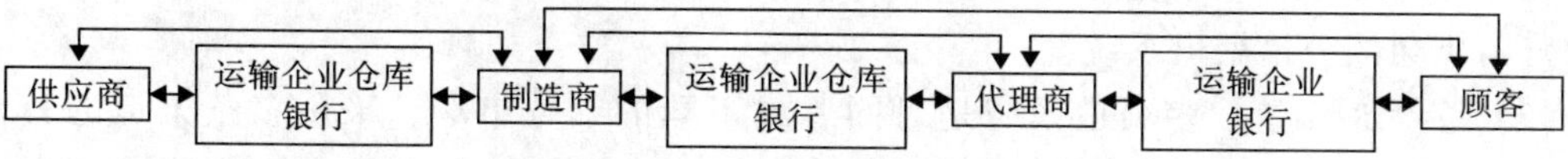

图 10－4　信息流程图

（5）促销流程（如图 10－5 所示）。

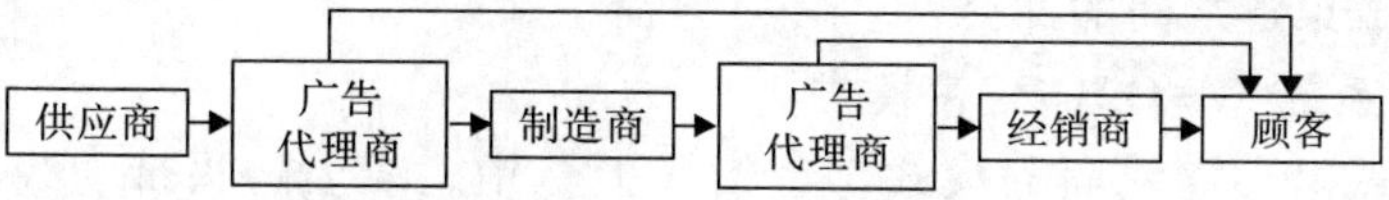

图 10－5　促销流程图

实体流程是指实体产品从制造商转移到最终顾客的过程。所有权流程是指货物所有权从一个市场营销机构到另一个市场营销机构的转移过程。付款流程是指货款在各市场营销中间机构之间的流动过程。信息流程是指在市场营销渠道中，各市场营销中间机构相互传递信息的过程。促销流程是指由一单位运用广告、人员推销、公共关系、促销等活动对另一单位施加影响的过程。五大流程构成商品销售渠道的所有成员共同执行和完成的职能。虽然各个成员发挥的作用不尽相同，通过合理的组织、执行完成上述流程，客观上就形成了销售渠道的整体功能。销售渠道的主要职能是使生产厂家的商品快速、准时、安全地到达目标市场和消费者手中，同时有效地完成货款回收和信息沟通。

10.1.2　分销渠道类型

分销渠道类型按流通环节的多少，可以将分销渠道划分为传统渠道系统、整合渠道系统、电商渠道系统和全渠道营销系统。

1. 传统渠道系统

传统渠道系统是指由各自独立的生产商、批发商、零售商和消费者组成的分销渠道。

传统渠道成员之间的系统结构是松散的。由于这种渠道的每一个成员均是独立的，因此它们往往各自为政，几乎没有一个成员能完全控制其他成员。随着市场环境的变迁，传统渠道面临严峻挑战。

2. 整合渠道系统

整合渠道系统包括三种形式：垂直渠道系统、水平渠道系统、多渠道系统。

（1）垂直渠道系统。垂直渠道系统由生产商、批发商和零售商纵向整合组成，其成员或属于同一家公司，或为专卖特许权授予成员，或为有足够控制能力的企业左右。该系统有以下三种主要形式：①公司式垂直渠道系统，即由一家公司拥有和管理若干工厂、批发机构和零售机构，控制渠道的若干层次，甚至整个分销渠道，综合经营生产、批发和零售业务。公司式垂直渠道系统又分为两类：一类是由大工业公司拥有和管理的，采取一体化经营方式；另一类是由大型零售公司拥有和管理的，采取商工一体化方式。②管理式垂直渠道系统，即通过渠道中某个有实力的成员来协调整个产销通路的渠道系统。③合同式垂直渠道系统，即由不同层次的独立的制造商和中间商，以合同为基础建立的联合渠道系统。

（2）水平渠道系统。水平渠道系统是由两家或两家以上的公司横向联合，共同开拓新的营销机会的分销渠道系统。

（3）多渠道系统。多渠道系统是对同一或不同的细分市场，采用多条渠道的分销体系，大致有两种形式：一种是制造商通过两条以上的竞争性分销渠道销售同一商标的产品；另一种是制造商通过多条分销渠道销售不同商标的差异性产品。多渠道系统为制造商提供了三方面利益，即扩大产品的市场覆盖面、降低渠道成本和更好地适应顾客要求。但该系统也容易造成渠道之间的冲突。

3. 电商渠道系统——O2O 营销模式

O2O 营销模式又称离线商务模式，是指线上营销、线上购买带动线下经营和线下消费。O2O 通过打折、提供信息、服务预订等方式，把线下商店的消息推送给互联网用户，从而将他们转换为自己的线下客户，这就特别适合必须到店消费的商品和服务，比如餐饮、健身、看电影和演出、美容美发、摄影等。

（1）O2O 营销模式特点。O2O 营销模式具有以下特点：①交易是在线上进行的；②消费服务是在线下进行；③营销效果是可监测的。该模式对用户而言：①可以获取更丰富、全面的商家及其服务的内容信息；②更加便捷地向商家在线咨询并进行预售；③获得相比线下直接消费较为便宜的价格。该模式对商家而言：①能够获得更多的宣传、展示机会，吸引更多新客户到店消费；②推广效果可查，每笔交易可跟踪；③掌握用户数据，大大提升对老客户的维护与营销效果；④通过与用户的沟通、释疑，更好了解用户心理；⑤通过在线有效预订等方式，合理安排经营，节约成本；⑥对拉动新品、新店的消费更加快捷；⑦降低线下实体对黄金地段旺铺的依赖，大大减少租金支出。该模式对平台而言：①与用户日常生活息息相关，并能给用户带来便捷、优惠、消费保障等作用，能吸引大量高黏性用户；②对商家有强大的推广作用，其可衡量的推广效果可吸引大量线下生活服务商家加入；③数倍于 C2C、B2C 的现金流；④巨大的广告收入空间及形成规模后更多的盈利模式。

（2）O2O 营销模式原则。O2O 营销模式具有以下原则：①营销必须靠自己；②和用户使用同样的在线工具；③内容营销强于广告；④服务也是营销环节；⑤服务的结束并非营销终点；⑥客户讲故事更有说服力；⑦激发客户分享；⑧在线营销就是互动；⑨信任比价格重要；⑩拉到线下是关键环节。

（3）O2O 业务模式。O2O 业务模式主要有以下四种：①Online to Offline 模式（线上交易到线下消费体验产品或服务）。例如，小米手机上市初期仅在网上销售，在线下无处购买，利用网络将小米的“饥饿营销”模式打造到了极致。②Offline to Online 模式（线下营销到线上完成商品交易）。随着智能手机的日渐普及以及二维码的兴起，很多企业通过在线下做促销，在线上实现交易。③Offline to Online to Offline 模式（线下促销到线上商品交易，再到线下消费体验产品或服务）。运营商在任何时间段都可能针对手机客户开展促销，而且很多营销活动在线下触发，在线上完成交易，然后客户在线下消费体验。例如，“预存话费 100 元送价值 60 元的金龙鱼油”，在校园开学季“校园新生开卡送自行车”等。这种业务模式是在线下触发，然后在线上完成交易，运营商把营销的产品或服务通过线上发给手机客户，手机客户再到线下完成消费体验。④Online to Offline to Online 模式（线上交易或促销到线下消费体验产品或服务再到线上交易或促销）。例如，当消费者在美团 App 里的“美团优选”下单购买水果和蔬菜，收到订单码后，消费者第二天即可拿到订单码到线下团长那里领取下单的水果、蔬菜，同时平台会送你优惠券，消费者下次购买时可以继续使用其线上优惠券下单。

4. 全渠道营销系统

全渠道营销系统就是企业为了满足消费者任何时候、任何地点、任何方式购买的需求，采取实体渠道、电子商务渠道和移动电子商务渠道整合的方式销售商品或服务，为顾客提供无差别的购买体验。

（1）实体渠道的类型包括实体自营店、实体加盟店、电子货架、异业联盟等；

（2）电子商务渠道的类型包括自建官方 B2C 商城，进驻电子商务平台如淘宝店、天猫店、拍拍店、QQ 商城店、京东店、苏宁店、亚马逊店等；

（3）移动电子商务渠道的类型包括自建官方手机商城、自建 App 商城、微商城、进驻移动商务平台如微淘店等。

10.2　中间商

中间商是指处于生产者和消费者之间，参与产品交易活动，促进买卖行为发生和实现的具有法人资格的经济组织或个人。中间商按其在流通过程中所起的不同作用可以分为批发商和零售商，按其是否拥有商品所有权可以分为经销商和代理商。在商品流通过程中，中间商所起的作用非常重要，他们是生产者和消费者之间的纽带与桥梁。实际上，分销渠道策略的中心问题就是中间商的选择以及生产者与中间商、最终消费者或用户之间关系的协调问题。

10.2.1　批发分销渠道

1. 批发商的性质和作用

如果购买的目的是为了向其他商品经营单位转售，或向生产企业提供设备和生产资料，而不是为了销售给最终消费者或用户，这样的经营单位就是批发商。批发商处于商品流通起点和中间阶段，交易对象是生产企业和零售商，一方面它向生产企业购进商品，另一方面它又向零售商按批发价格经营大宗商品。其业务活动结束后，产品仍处于流通领域中，并不直接服务于最终消费者。批发商是产品流通的大动脉，是关键性的环节，是连接生产企业和商业零售企业的枢纽，是调节商品供求的蓄水池，是沟通产需的重要桥梁，对企业改善经营管理及提高经济效益、满足市场需求、稳定市场具有重要作用。

（1）批发商是专门从事市场产品流通业务，把生产商的供给与零售商的需求结合在一起。这里，它就充当了生产商推销中心和零售商采购中心的角色，减少了众多的买主与卖主各自频繁交易的次数，节省了流通费用，提高了产品的成交率。

（2）独立批发商采购产品后，通过分类、分等、分割，使各个生产商生产的各类商品分配成零售商所需要的货色并供应给零售商，以满足消费者的多样化需求。这一职能对于中小零售商来讲尤为重要，可满足他们勤进快销、品种杂、数量少、加快资金周转的需要。

（3）批发商把来自生产商和零售商（代表消费者）的购销信息汇集在一起，成为沟通信息的中枢，扩大了产品质量、价格等方面的可比性，提高了市场的透明度，从而减少了生产商、零售商因盲目推销、采购所造成的巨大损失。

（4）独立批发商还通过仓储、运输等业务，调节不同时间、不同地区的供求。这种调节生产与消费之间客观上存在的时间和空间矛盾的作用，被称为地点效用和时间效用。

（5）批发商还具有多种服务功能，包括帮助厂家扩大宣传、提高产品声誉、诱导消费需求；协助零售商，为其提供支援和服务（商业信用等资金融通的服务）；为生产厂家提供产品开发、竞争趋势等信息。

当前，随着科学技术的迅猛发展，尤其是以计算机为基础的信息技术的广泛应用，给传统的流通结构、流通方式带来了巨大的冲击，对传统的批发业提出了严重挑战。尽管如此，由于批发业享有专业化和规模经济优势以及在产品流通过程和社会经济运行中发挥着特殊的职能作用，因而仍有其存在的必要性。

2. 批发商的主要类型

批发商主要有三种类型，即商人批发商、经纪人和代理商、制造商的分销机构以及零售商的采购办事处。

（1）商人批发商（也称为独立批发商）。商人批发商，是指自己进货，取得商品所有权后再批发出售的商业企业。商人批发商是批发商最主要的类型。商人批发商按职能和提供的服务是否完全可以分为两种类型：①完全服务批发商。完全服务批发商执行批发商的全部职能，他们提供的服务主要有保持存货、提供信贷、运送货物以及协助管理等。完全服务批发商又分为批发商人和工业分销商，批发商人主要是向零售商销售商品，工业分销商主要是向制造商销售商品。②有限服务批发商。有限服务批发商为了减少成本费用、降低批发价格，只执行批发商的部分职能。有限服务批发商主要有以下五种类型：一是现购自运批发商。现购自运批发商不赊销不送货，客户要自备货车去批发商的仓库选购货物并即时付清货款，自己把货物运回来。现购自运批发商主要经营食品杂货，客户主要是小食品杂货商、饭馆等。二是承销批发商。承销批发商拿到客户（包括其他批发商、零售商、用户等）订货单后，就向生产者求购，并通知生产者将货物直接运送给客户。承销批发商不需要有仓库和产品库存，只需要一间办公室或营业所办公，因而也被称为“写字台批发商”。三是卡车批发商。卡车批发商从生产者处把货物装车后立即运送给各零售商店、饭馆等客户。由于卡车批发商经营的产品多是易腐或半易腐产品，所以一接到客户的要货通知就立即送上门。实际上卡车批发商主要执行推销员和送货员的职能。四是托售批发商。托售批发商在超级市场和其他食品杂货店设置货架，展销其经营的产品，产品卖出后零售商才付给其货款。这种批发商的经营费用较高，主要经营家用器皿、化妆品、玩具等产品。五是邮购批发商。邮购批发商指那些全部批发业务均采取邮购方式的批发商，主要经营食品杂货、小五金等商品，其客户主要是边远地区的小零售商等。

（2）经纪人和代理商。经纪人和代理商是从事购买、销售或二者兼有的洽商工作，但不取得商品所有权的商业单位。与商人批发商不同的是，他们对其经营的产品没有所有权，所提供的服务比有限服务商人批发商还少，其主要职能在于促成产品的交易，借此赚取佣金作为报酬。与商人批发商相似的是，他们通常专注于某些产品种类或某些顾客群。

经纪人和代理商主要有以下几种：①产品经纪人。产品经纪人的主要作用是为买卖双方牵线搭桥，协助双方进行谈判，成交后向雇佣方收取一定的费用。产品经纪人不备有存货，不参与融资，也不承担买卖风险。②制造商代理（也称为制造商代表）。制造商代理代表两个或若干个产品线种类互补的制造商，分别和每个制造商签订有关定价政策、销售区域、订单处理程序、送货服务、各种保证以及佣金比例等方面的正式书面合同。制造商代理商了解每个制造商的产品情况，利用其广泛关系为代表的制造商销售产品。制造商代理商多为小型企业，雇用的销售人员虽少但都极为干练。服饰、家具、电器等产品生产企业以及无力为自己雇用外勤销售人员的小公司往往雇用制造商代理商，某些大公司也会利用制造商代理商开拓新市场。③销售代理商。销售代理商是在签订合同的基础上，为委托人销售某些特定产品或全部产品，对价格条款及其他交易条件可全权处理的代理商。尽管销售代理商与制造商代表一样，同许多制造商签订长期代理合同，替这些制造商代销产品，但两者也有显著不同。两者的不同表现为：一是每一个制造商只能使用一个销售代表商，而且将其全部销售工作委托给某一个销售代表商，以后不得再委托其他代理商代销产品，也不得再雇用推销员去推销产品；而每一个制造商可以同时使用几个制造商代理商，制造商还可以设置自己的推销机构。二是销售代理商通常替委托人代销全部产品，没有销售地区限定，在规定销售价格和其他销售条件方面有较大的权力；制造商代理商则要按照委托人规定的销售价格或价格幅度及其他销售条件，在一定地区内替委托人代销一部分或全部产品。所以，销售代理商实际上就是委托人的独家全权销售代理人。④采购代理商。采购代理商一般与委托人有长期关系，代委托人采购、收货、验货、储运。由于采购代理商消息灵通，因而可以向委托人提供有价值的市场信息，而且能以最低价格买到最好的货物。⑤佣金商（也称为佣金行）。佣金商是指对委托销售的商品实体具有控制力并参与商品销售谈判的代理商。大多数佣金商从事农产品的委托代销业务。佣金商和委托人的业务一般包括一个收获季节或一个销售季节。佣金商通常备有仓库，可以替委托人储存、保管货物；佣金商还执行替委托人发现潜在买主、获得最好价格、分等、打包、送货、给委托人和购买者以商业信用（即预付货款和赊销）、提供市场信息等职能。佣金商对委托代销的货物通常有较大的经营权力。佣金商收到农场主运来的货物以后，有权不经过委托人同意而以自己的名义按照当时可能获得的最好价格出售货物，以免经营的易腐品变质造成损失。佣金商卖出货物后扣除佣金和其他费用即将余款汇给委托人。

（3）制造商的分销机构以及零售商的采购办事处。制造商的分销机构以及零售商的采购办事处，属于卖方或买方自营批发业务的内部组织。①制造商的分销机构和销售办事处。制造商的分销机构执行产品储存、销售、送货以及销售服务等职能。制造商的销售办事处主要从事产品销售业务，没有仓储设施和产品库存。制造商设置分销机构和销售办事处，目的在于改进存货控制、销售和促销业务。②零售商的采购办事处。许多零售商在大城市设立采购办事处，这些办事处的作用与经纪人或代理商相似。

10.2.2 零售分销渠道

1. 零售商的作用

如果购买目的是为了向最终消费者出售，而不是向其他产品经营单位转售，这样的产品经营单位就是零售商。从它在营销渠道中所处的地位来看，它一头连着生产企业或批发企业，另一头连着消费者。零售商是推销系统中数量最多的组织，又是产品流通过程中的最后一个中间商业环节，因此，它在整个营销渠道中有着举足轻重的作用。对于制造商和批发商来说，他们既是营销者又是顾客，要从事众多的营销活动，收集有关顾客需求的信息，为制造商和批发商服务。对于消费者而言，通过提供使消费者满意的各种产品，零售商能创造时间、空间和所有权效用。他们把产品从制造商或批发商那里转移到需求地点，创造出空间效用；通过库存，在消费者需要时可以随时供给，创造出时间效用；通过所有权承担风险和库存占用的资金，创造出所有权效用。

2. 零售商的种类

零售机构多种多样、五花八门，新形式不断涌现。在此，我们仅对主要的零售商的形式作一个简单的介绍。零售商可以分为三种基本类型，即商店零售商、非商店零售商、零售组织。

（1）商店零售商。商店零售商主要有以下几种形式：

①百货商店。百货商店的经营特色是经营的产品组合广而深，对每一条产品线都作为一个独立部门实施专业管理，规模一般较大。百货商店大多设在城市繁华区和郊区购物中心，店内装饰富丽堂皇，橱窗陈列琳琅满目。经营的商品主要是优质、时髦、高档商品，其价格也高于一般的超级市场（约高10%—20%），经营的目标顾客是中产及中产以上阶层。百货商店通常采用传统的售货方式，每个柜台前都有若干服饰整洁、彬彬有礼、主动热情的营业员为顾客介绍商品、解答问题、取拿包装商品。百货商店为顾客提供一系列服务，包括记账赊物、分期付款、送货到家，有的还设餐厅、茶室、儿童游乐场所、休息室等。

②专业商店。专业商店是专门经营某一类或几类专业性商品的商店。其产品线比较窄，但规格、式样、品种齐全，一般以经营的主要商品类别为店名招牌，如服装商店、五金商店、饮食商店等。这种商店的专业化程度可以非常高，如专营纽扣的商店、专营婚纱的商店。这种超级专用品商店将会随着细分市场的再细分和目标市场的再发展而更加完善和成熟。

③超级市场。超级市场的特点是规模庞大、薄利多销、一次结算，消费者购物量多而且自我服务，对购买量大的顾客实行折扣优惠，并开辟大型停车场和提供购物小推车，便于购买者把货物运至自己的车上。有的还出售本商场的定牌商品，以扩大声誉，加强竞争力。为了满足消费者需要和低成本竞争的要求，超级市场越来越向多品种发展，一般拥有商品 2 万种以上，多选供中低档商品，但包装精美、说明详细，以吸引顾客和代替售货员讲解。

④便利店。便利店是一种以经营最基本的日常消费用品为主的综合商店。便利店营业时间较长，不少是 24 小时营业，如"7－11"商店就是早晨 7 点开门，晚上 11 点关门，并且每周 7 天营业的商店。便利店一般经营周转较快的方便产品，如日用百货、药品、应急商品、即食食品等。由于便利店能随时满足消费者的即时需要，所以商品的价格相对较高。

⑤仓储商店。仓储商店的特点是店堂装饰简单、产品价格低廉、服务有限，商品既有家具等体积较大、比较笨重的用品，也有各种日常生活用品等。商店往往设在房租低廉的郊区，消费者从货架上选中商品，付清货款，就可取走货物。商品价格比一般商店便宜 10%—20%。

⑥折扣商店。折扣商店也是一种百货公司，因其价格具有吸引力，深受消费者喜爱。商品以日常用品为主，同一产品有两种价格，一是牌价，二是折扣价，消费者按折扣价购买。这种商店经营全国性品牌的产品，质量可靠，同时折扣形式也经常改变。

⑦样本目录陈列商店。这种形式的商店是将商品样本陈列在店堂内，大部分是价值大、毛利高、周转快的商品，如珠宝、首饰、摄影器材等，同时印制精美逼真的商品目录供消费者选购。目录中附有每种商品的价格、货号、折扣，顾客可打电话订货，商店送货上门，也可亲自去商店看样选购。

⑧超级商店、联合商店、特级商场。超级商店是以满足消费者的全部生活需求为目标而建立的，规模比超级市场更大，同时提供洗衣、支票兑现、餐饮、休息等服务项目。联合商店则比超级商店更大，呈现出经营多元化的趋势。特级商场比前面两者规模都大，综合了超级市场、折扣商店和仓储商店的特点，规模品种超出人们的日常所需，产品原装陈列，以减少搬运成本，并给愿意自行提货的消费者以价格优惠。

（2）非商店零售商。非商店零售商主要有以下三种形式：

①直复市场营销。直复市场营销，是使用一种或多种广告媒体传商品信息，以使广告信息所到之处迅速产生需求反应并最终达成交易的销售系统。直复市场营销者利用广告介绍产品，顾客可通过写信、打电话等形式订货，订购的货物一般通过邮寄交货，顾客用信用卡付款。直复市场营销者可在广告费用开支的一定范围内，选择可获得最大订货量的传播媒体，目的是迅速实现潜在交换，而不是为了刺激顾客的偏好和树立品牌形象。

②直接销售。直接销售主要有挨门挨户推销、逐个办公室推销和举办家庭销售会推销等形式。由于需要支付雇用、训练、管理和激励销售人员的费用，因而直接销售的成本费用很高。目前，直接销售所存在的问题已经引起很多人对这种销售方式的反感。从发展来看，除某些特定种类商品及以某些特定顾客为对象的直接销售外，一般的直接销售很可能被电子销售所代替。

③自动售货。自动售货就是利用自动售货机进行商品销售。由于自动售货机向顾客提

供全天候售货服务，要经常给相当分散的售货机补充存货，机器常遭破坏，失窃率高等原因，自动售货的成本很高，因此商品的销售价格比一般物价水平要高15%—20%。但是，售货机被广泛安置在工厂、办公室、大型零售商店、加油站、街道等地方，便于人们购买。自动售货始于第二次世界大战后，现已被用在相当多产品的销售上，包括经常购买的产品（如饮料、糖果、香烟、报纸等）和其他产品（如食品、化妆品、书刊、唱片、胶卷、T恤、袜子、鞋油、保险等）。目前，自动销售的领域还在进一步扩展，自动售货的硬件也在不断得到完善。

知识拓展

可口可乐和平售货机

可口可乐希望通过放置在两个国家拥有3D触摸屏技术的主动售货机这种方式，减轻印度和巴基斯坦之间的紧张关系。在活动现场，两个国家的人民通过内置在售卖机中的摄像头与Skype技术，可以互相看见对方，只要双方齐心协力地完成触摸屏上的图案，比如笑脸、心形甚至一段舞蹈，双方就会各自获得一听可口可乐。此时，两个国家的人民放下仇恨，很开心地享受“握手言和”的欢乐。

（资料来源：http：//socialbeta. com/t/case - study - vending - machine - markteting - 2013. html.）

（3）零售组织。零售组织主要有连锁商店、自愿连锁商店、零售店合作社、消费者合作社、特许专营机构和销售联合大企业六种类型，下面着重介绍其中的三种：

①连锁店。连锁经营主要有三种形式：正规连锁，即总店对分店拥有资产所有权，对人、财、物实行统一管理，各分店不是独立的法人；自由连锁，即总店和分店都是独立的法人，两者依靠契约关系进行连锁；特许连锁（也称为特许经营），这种形式介于正规连锁和自由连锁之间，以总店向分店提供的特定商品和服务规范为基础进行连锁。连锁店能够在市场竞争中取得成功的根本原因，就在于连锁经营形式能够促使其实现成本优势、价格优势、品牌效应、大销售量的良性循环。

②消费者合作社。消费者合作社是一种消费者自发组织、自己出资、自己拥有的零售单位。某一社区的消费者出资自发组织消费者合作社的原因很多，如社区没有零售商店，居民购物很不方便；当地的零售商店服务欠佳，或者售价太高，或者提供的产品质量低劣。消费者合作社采用出资人投票方式进行决策，并推选出一些人对合作社进行管理。消费者合作社可以定价较低，也可以按正常价格销售，年终根据每个人的购货数量给予惠顾红利。

③销售联合大企业。销售联合大企业是一种组合形式的公司，它以多种所有制的形式将不同类型、不同形式的零售商组合在一起从事多样化零售，并通过综合性、整体性的管理运作为所属零售商创造良好的经营环境与条件。

3. 新零售及发展趋势

新零售（New Retailing），是企业以互联网为依托，通过运用大数据、人工智能等先进技术手段，对商品的生产、流通与销售过程进行升级改造，进而重塑业态结构与生态圈，并对线上服务、线下体验以及现代物流进行深度融合的零售新模式。

（1）新零售的特征。新零售具有以下特征：①生态性；②智慧型；③体验式。

（2）新零售的现状。新零售的概念被提出以来，已有包括阿里巴巴、腾讯、百度、京东、小米、网易、前海云集品等企业开始了新零售的探索之路。其中比较出名并且从一开始就完全按照新零售模式操作的，有阿里巴巴的“盒马鲜生”、腾讯京东系的“超级物种”、小米公司的“小米之家”、网易公司的“网易严选”等。这些新零售终端有一些共通的特性：以大数据、人工智能等核心技术为基础；营造场景，迎合新一代消费群体的消费升级需求；布局线上线下，打通二者之间的数据连接；自建物流或者合作物流，追求极高的物流效率，使消费者体验达到极致。

（3）新零售的发展趋势。①规模化。新零售具有规模运营的特征，主要反映在两个方面：其一，数据技术驱动是新零售的核心，线上线下海量资源的整合是确保零售效率和服务水平的关键；其二，电子商务具有典型的规模经济性特征，物流具有典型的网络经济性特征，两者具有规模运营的天然属性，线上线下与物流协同的体系构建必须依托规模化的运营组织。同时，平台建设串联实体零售企业更需要规模化的运营，如阿里巴巴“零售通”和京东“新通路”赋能升级小终端。②无界化。无界化是新零售的基本趋势。京东集团倡导无界零售，刘强东认为无界零售包括场景无限、货物无边、人企无间。场景无限意味着零售场景将消除时间和空间的边界，代表了去中心化趋势；货物无边意味着“商品＋服务＋数据＋内容”的组合，在其中产业边界将逐渐模糊；人企无间意味着供需合一、人企互动、协同共创。③智慧化。新零售具有天然的智零售属性，苏宁集团和腾讯集团都倡导发展智慧零售。突飞猛进的大数据、云计算等新一代技术是新零售发展的重要依托，主导企业对线上线下资源的整合是发展的保障，未来基于位置的服务（LBS）、消费者对企业（C2B）、供应链平台对小商户（S2B）等主流模式均离不开智慧化发展趋势。

10.3　分销渠道的选择与管理

生产者在设计分销渠道时，必须在理想的渠道和可能得到的渠道之间做出抉择，最后确定达到目标市场的最佳渠道。最佳渠道是对目标市场的覆盖能力最强，使目标市场的顾客满意程度最高，对生产者能提供较多利润的渠道。生产者对渠道的设计过程，由确定渠道目标与制约因素、确定主要渠道选择方案和评估渠道方案几个重要步骤构成。

10.3.1　影响分销渠道选择的因素

1. 产品因素

不同产品适合采用不同的分销渠道，这是企业选择分销渠道时必须首先考虑的。产品因素通常包括以下几个方面：

（1）产品价格。一般说来，单位产品价格高的产品，宜采用短渠道，尽量减少流通环节，降低流通费用；而单位产品价格低的产品，则宜采用较长和较宽的分销渠道，以方便消费者购买。例如，日用百货品的生产企业经常把自己的产品卖给批发商，由批发商转卖给零售商，再经零售商交给最终顾客；而高级服装的生产企业，则愿意把自己的产品直接交给大的百货公司或高级时装商店去出售给顾客。

（2）产品的重量和体积。重量和体积直接影响运输费用和储存费用。一般来说，较轻、较小的产品运输和储存比较便利，费用也比较少，选择较长、较宽的销售渠道。笨重和大件的产品，比如重型机器、水泥及其他建筑材料，由于运输和储存困难，费用又比较高，则应选择较短的销售渠道。

(3) 产品的时尚性。对于时尚性强、款式花色变化快的产品，应选用短渠道，以免产品过时；而款式花色变化较小的产品，渠道则可长一些。如各种新式玩具和妇女时装，应选择较短的销售渠道，以减少中间层次；款式不易变化的产品，则可选择较长的销售渠道。

(4) 产品本身的物理化学性质。凡是易腐、易毁产品，如鲜活产品、陶瓷制品、玻璃制品及有效期短的产品，如食品、药品等，应尽可能选择短而宽的渠道，以保持产品新鲜，减少腐坏损失。

(5) 产品的技术服务要求。技术复杂、售后服务要求高的产品，宜采用短渠道，由企业自销或由专业代理商销售，以便提供周到的服务。相反，技术服务要求低的产品，则可选择长渠道。如各种机械设备、电子计算机等技术复杂的产品，最好由生产企业直接销售给最终顾客，以免中转过多而影响顾客对产品的了解，或对服务不周产生不满。

(6) 产品的通用性。通用产品由于产量大、使用面广，分销渠道一般较长、较宽；定制产品由于具有特殊要求，最好由企业直接销售。产品的标准化程度高、通用性强，可选择较长、较宽的销售渠道；而非标准化的专用性产品，则应选择较短的销售渠道。

(7) 产品所处的生命周期阶段。产品处于生命周期的不同阶段对分销渠道的要求也不同。处于投入期的产品，其分销渠道是短而窄的。因为新产品初入市场，许多中间商往往不愿经销，生产企业不得不直接销售；处于成长期和成熟期的产品，消费需求迅速扩大，生产者要提高市场占有率，就要选择长而宽的渠道，扩大产品覆盖面。

2. 市场因素

市场状况直接影响产品销售，因此，它是影响分销渠道策略选择的又一个重要因素。市场因素主要包括：

(1) 目标市场范围。市场范围大的产品，消费者地区分布较广泛，企业不可能直接销售，因而渠道较长较宽；若目标市场范围较小，则可采用短渠道。例如，产品若在全国范围内销售或要出口到几个国家去，则要通过批发商、代理商乃至许多的零售商进行销售；若产品销售的市场范围很小，只在当地销售，则生产企业通过自销即可。

(2) 市场的集中程度。市场比较集中的产品，可采用短渠道；若顾客比较分散，则需要更多地发挥中间商的分销功能，采用较宽、较长的渠道。

(3) 每次的销售批量。每次销售批量大的产品，可采用短渠道；批量小及零星购买的产品，交易次数频繁，则需要采用较长、较宽的渠道。

(4) 消费者购买习惯。消费者的购买习惯直接影响着企业分销渠道的选择。如对于消费品中的便利品，消费者要求购买方便，随时随地都能买到，因此需要通过众多中间商销售产品，渠道长而宽；对于消费品中的特殊品，消费者习惯上愿意花较多时间和精力去挑选，生产者一般只通过少数几个精心选择的中间商销售其产品，因此渠道窄而短。

(5) 需求的季节性。季节性商品由于时间性强，要求供货快、销售也快，因此要充分利用中间商进行销售，渠道相应就宽些。

（6）市场竞争状况。企业出于市场竞争的需要，有时应选择与竞争对手相同的分销渠道。因为消费者购买某些产品，往往要在不同品牌、不同价格的产品之间进行比较、挑选，这些商品的生产者就不得不采用竞争者所使用的分销渠道；有时则应避免“正面交锋”，选择与竞争对手不同的分销渠道。

知识拓展

小米手机触底反弹

小米手机自2011年上市以来，短短的几年时间便开创了一个销售神话。可以说，小米手机是国产手机不畏险阻、敢于创新、勇于探索的代表。但近年来，小米的出货量明显降速低于预期，更是在2016年遭遇了“断崖式”下跌。然而，更让人惊讶的是，在2017年第二季度，小米手机出货2316万台，环比增长70%，创下小米创办7年以来的单季出货量历史，引起了强烈的反响。小米科技创始人雷军称，除小米之外世界上没有任何一家手机公司在下滑之后能够成功逆转，譬如诺基亚、摩托罗拉等。小米为什么能够逆转？雷军说的始终坚持技术创新、新零售模式升级和国际业务爆发增长当然是逆转的原因，但对供应链管理的优化、线下实体店的布局也是重要原因。

小米上市初期，渠道只做线上的模式，通过小米官网等线上渠道销售手机，认为由此可以省去渠道差价和零售店成本，消费者能够以最实惠的价格买到手机。但自2015年以来，手机线上渠道的出货量增速开始放缓。数据表明，超过70%的手机用户仍然通过线下渠道进行购买，小米公司不得不对此做出调整，从2016年年初开始在全国范围内开设“小米之家”线下实体店。截至2017年端午节，小米之家已在中国内地开设100家门店。

（资料来源：摘自《小米手机触底反弹，雷军到底做对了什么?》，腾讯网，2017年7月7日。）

（7）市场形势的变化。当市场繁荣、需求上升时．生产商应考虑扩大其分销渠道；而在经济萧条、需求下降时，则需减少流通环节。

3. 企业因素

影响渠道策略选择的企业因素主要有：

（1）企业的规模和声誉。企业规模大、声誉高、资金雄厚、销售力量强，具备管理销售业务的经验和能力，在渠道选择上主动权就大，甚至可以建立自己的销售机构，渠道就短一些；反之，就要更多地依靠中间商进行销售。

（2）企业的营销经验及能力。一般而言，企业市场营销经验丰富，则可考虑较短的分销渠道；反之，缺乏营销管理能力及经验的企业，就只能依靠中间商来销售。

（3）企业的服务能力。如果生产企业有能力为最终消费者提供各项服务，如安装、调试、维修及操作服务等，则可取消一些中间环节，采用短渠道。如果服务能力有限，则应充分发挥中间商的作用。

（4）企业控制渠道的愿望。企业控制分销渠道的愿望各不相同。有的企业希望控制分销渠道，以便有效控制产品价格和进行宣传促销，因而倾向于选择短渠道；而有些企业则无意控制分销渠道，因此采用宽而长的渠道。

10.3.2 确定渠道选择方案

1. 确定渠道目标

渠道目标也就是在企业营销目标的总体要求下，选择营销渠道应达成的服务产出目标。这种目标一般要求建立的分销渠道达到总体营销规定的服务产出水平，同时使全部渠道费用减少到最低程度。企业在认真分析影响销售渠道选择决策的主客观因素的基础上，划分出若干分市场，然后决定服务于哪些分市场，并为之选择和使用最佳渠道。

2. 确定营销渠道模式

确定渠道模式，即决策渠道的长度，首先要根据影响渠道的主要因素，决定采取什么类型的营销渠道，是派销售人员上门推销或自设销售商店的短渠道，还是选择通过中间商的长渠道以及选择什么规模和类型的中间商。渠道选择模式首先要确定渠道的长度。一般认为，生产者—批发商—零售商—消费者（包含两个中间层次）的模式是比较典型的市场营销渠道类型。当然，营销渠道的长与短只是相对而言，因为随着营销渠道长短的变化，其产品既定的营销职能不会增加或减少，而只能在参与流通过程的机构之间转移或替代。例如，某制鞋公司决定改由自己的推销机构直接向顾客出售商品。由此，公司必须把原来批发商、零售商承担的储存、运输、资金融通等职能全部承担统管起来。因此，渠道长度决策的关键点是选择适合企业自身特点的渠道类型，权衡利弊得失，使营销渠道产生最理想的销售效益。

3. 确定中间商的数目

确定中间商的数目，即决策渠道的宽度。每个渠道层次使用多少个中间商，这一决策在很大程度上取决于产品本身的特点、市场容量的大小及市场需求面的宽窄，通常有三种可以选择的形式。

（1）密集分销策略。实施这一策略的企业尽可能多地通过批发商、零售商销售其产品，使渠道尽可能加宽。密集分销策略的主要目标是扩大市场覆盖面，使消费者和用户可以随时随地买到商品。消费品中的便利品（香烟、火柴、洗衣粉等）及工业品中的小型通用机具，适合采用密集分销策略。

（2）独家分销策略。实施此策略的企业在一定区域仅通过一家中间商经销或代销，通常双方协商签订独家经销合同，独家经销公司在享有该产品经销的特权下，其经营具有排他性，制造商规定经销商不得经营竞争产品。独家经销是一种最极端的形式，是最窄的分销渠道，通常对某些技术性强的耐用消费品、名牌商品及专利产品适用。独家经销对生产者的好处是有利于控制中间商，提高中间商的经营水平，加强产品形象，并可获得较高的利润率。但这种形式具有一定的风险，如果独家经销商因经营管理不善或其他原因造成销售业绩不佳，生产者将蒙受损失。

（3）选择性经销策略。这是介于密集分销和独家分销之间的销售形式，即生产厂家在某一销售区域精选几家最合适的中间商销售公司的产品。这种策略的特点是：比独家经销面宽，有利于开拓市场，展开竞争；比密集分销面窄，有助于厂商对中间商进行控制和管理，同时还可以有效地节省营销费用。这一策略的重点在于着眼稳固企业的市场竞争地位，维护产品在该地区的良好声誉。同时，促使中间商之间彼此了解，相互竞争，能够使被选中的中间商努力提高销售水平。选择性经销适用于消费品中的选购品（如时装、鞋帽、家用电器等），从某种意义上说，也适合于各类产品，特别是新产品开发与试销阶段。

4. 确定渠道成员的条件和义务

制造商在确定了渠道的长度和宽度之后，需要进一步规定渠道成员彼此的条件和应尽的义务，即制定“贸易关系组合”协议，协议主要涉及价格政策、销售条件、地区权利以及每一方为对方提供的服务及应尽的责任义务。

价格政策要求制造商制订价目表，对不同地区、不同类型的中间商和不同的购买数量给予不同的价格折扣比率，价格政策的原则及主要内容应得到中间商的理解和认可。

销售条件是中间商的付款条件及生产者的担保。对及时全部付清货款的中间商应给予现金折扣，生产者还应向中间商提供有关产品质量保证和跌价保证，生产者的跌价保证能够吸引并激励中间商大量购货。

除上述条件外，生产者还应明确中间商应具有的特许权力，规定交货的时间、结算条件以及彼此为对方提供哪些服务。例如，制造商提供维修、配件、培训、促销等义务和责任，经销商提供市场信息和各种业务统计资料等。对于双方的义务和权力，必须十分谨慎地确定，尤其是采用特许代营或独家代理等渠道形式时，更应当明确双方的义务和责任。在确定了制造商与经销商之间的贸易组合协议之后，营销渠道的设计还应认真地研究渠道的经济成本，即比较不同渠道方案的销量及成本。例如，认真地衡量公司使用自身的销售力量能获得的销量及成本以及使用经销商或代理商的销量与成本。这个问题在产品销售的不同阶段会得出不同的结论。一般而言，在产品销售前期，利用代理商的成本较生产者自销成本低，但到销售的中、后期阶段，即当销售增长超过一定水平时，利用代理商的成本则愈来愈高。这是因为代理商的佣金比公司推销员的佣金高得多。

5. 选择渠道成员

中间商选择合理与否，对企业产品进入市场、占领市场、巩固市场和发展市场有着关键性的影响。选择中间商时，应主要考虑以下因素：

(1) 服务对象。不同制造商有不同的目标市场，不同中间商有不同的服务对象。生产企业选择分销渠道，应首先考虑中间商的服务对象是否与企业要求达到的目标市场相一致，只有一致的中间商才能选择。

(2) 地理位置。中间商的地理位置直接影响到产品能否顺利到达目标顾客手中。因此，选择中间商必须考虑其地理分布情况，既要接近消费者，又要便于运输、储存及调度。

(3) 经营范围。在选择中间商时，如果其经营主要竞争对手的产品，就需格外谨慎，不宜轻易选取。当然，若本企业产品在品质、价格、服务等方面优于同类产品，也可以选择。

(4) 销售能力。即考察中间商是否有稳定的、高水平的销售队伍，健全的销售机构，完善的营销网络和丰富的营销经验。

(5) 物质设施与服务条件。一些特殊商品要求一定的物质设施和贮运条件，这就要求中间商具备这种物质贮运条件。此外，有些商品属高档耐用消费品，需要提供一系列的售中和售后服务，这也同样对中间商提出了要求。

(6) 财务状况。中间商财务状况的好坏，直接关系到其是否可以按期付款，甚至预付货款等问题。企业在选择中间商时，必须对此严加考察。

(7) 合作诚意。若没有良好的合作诚意，再有实力的中间商也不能选择。

（8）营销经验。生产者要尽可能选择营销经验丰富的中间商，以便产品顺利地通过中间商推销出去。如果中间商不具备较好的经营知识和能力，则不宜选用。

6. 对分销渠道方案进行评估

分销渠道方案确定后，生产厂家就要根据各种备选方案进行评价，找出最优的渠道路线。通常渠道评估的标准有三个，即经济性、可控性和适应性，其中最重要的是经济性标准。

（1）经济性标准评估。经济性标准评估主要是比较每个方案可能达到的销售额及费用水平。①比较由本企业推销人员直接推销与使用销售代理商哪种方式销售额水平更高；②比较由本企业设立销售网点直接销售所花费用与使用销售代理商所花费用，看哪种方式支出的费用大。企业对上述情况进行权衡，从中选择最佳分销方式。

（2）可控性标准评估。企业对分销渠道的选择不应仅考虑短期经济效益，还应考虑分销渠道的可控性。因为分销渠道稳定与否对企业能否维持并扩大其市场份额、实现长远目标关系重大。企业自销对渠道的控制能力最强，但由于人员推销费用较高，市场覆盖面较窄，因此不可能完全自销。利用中间商分销就应充分考虑渠道的可控性，一般来说，建立特约经销或特约代理关系的中间商较容易控制，但这种情况下中间商的销售能力对企业的影响又很大，因此应慎重决策。对分销渠道的控制应讲究合理适度，以求在合理的控制程度下，较好地实现企业的销售目标。

（3）适应性标准评估。每一个分销渠道的建立都意味着渠道成员之间的关系将持续一定时间，不能随意更改和调整，而市场却是不断发展变化的，因此企业在选择分销渠道时就必须充分考虑其对市场的适应性。首先，是地区的适应性。在某一特定的地区建立商品的分销渠道，应与该地区的市场环境、消费水平、生活习惯等相适应。其次，是时间的适应性。根据不同时间商品的销售状况，应能采取不同的分销渠道与之相适应。总之，适应性要求企业在分销渠道决策时保留适度弹性，能根据市场形势的变化，对其分销渠道进行适当调整，以更好地实现企业营销目标。

10.3.3 客户关系管理

在企业的诸多资源中，客户资源（包括个人客户和团体客户）将是21世纪市场竞争中至关重要的资源。客户要求企业更多地尊重他们，并对服务的质量和及时性等方面提出了更高要求。企业在处理与客户的关系时，越来越感觉到没有信息技术支持的客户关系管理系统（Customer Relationship Management，CRM）力不从心，于是CRM系统便应运而生，并成为21世纪企业竞争获利的“通行证”。

1. 客户关系管理的含义和内容

客户关系管理是企业为赢得顾客的高度满意，建立起与客户的长期良好关系所开展的工作，主要包括以下几个方面的内容：

（1）顾客分析。顾客分析主要分析谁是企业的顾客，顾客的基本类型，个人购买者、中间商、制造商客户的不同需求特征和购买行为，并在此基础上分析顾客差异对企业利润的影响等问题。

（2）企业对顾客的承诺。承诺的目的在于明确企业为客户提供什么样的产品和服务。承诺的宗旨是使顾客满意。

（3）客户信息交流。这是一种双向的信息系统，其主要功能是实现双方的互相联系、互相影响。

（4）以良好的关系留住客户。首先需要良好的基础，即取得顾客的信任；同时要区别不同类型的客户关系及其特征，并经常进行客户关系情况分析，评价关系的质量，采取有效措施；还可以通过建立顾客组织等途径，保持企业与客户的长期稳定关系。

（5）客户反馈管理。反馈管理的目的在于衡量企业承诺目标实现的程度，及时发现在为顾客服务过程中的问题。

以上客户关系管理的思想可以通过客户关系管理软件 CRM 来实现。CRM 的理念要求企业完整地认识整个客户生命周期，提供与客户沟通的统一平台，提高员工与客户接触的效率和客户反馈率。CRM 系统是一种解决方案，同时也是一套人机交互系统。一个企业的 CRM 系统通常包括市场管理、销售管理、客户服务和技术支持四个部分。

2. 客户关系管理功能

（1）企业的客户可通过电话、传真、网络等访问企业，进行业务往来。

（2）任何与客户打交道的员工都能全面了解客户关系，根据客户需求进行交易，了解如何对客户进行纵向和横向销售，记录自己获得的客户信息。

（3）能对市场活动进行规划、评估，对整个活动进行全方位的透视。

（4）能够对各种销售活动进行追踪。

（5）系统用户可不受地域限制，随时访问企业的业务处理系统，获得客户所需信息。

（6）拥有对市场活动、销售活动的分析能力。

（7）能够从不同角度提供成本、利润、生产率、风险率等信息，并对客户、产品、职能部门、地理区域等进行多维分析。

CRM 通过管理与客户的互动，努力减少销售环节，降低销售成本，发现新市场和渠道，提高客户价值、客户满意度、客户利润贡献度、客户忠诚度，实现最终效益的提高。

3. 客户关系管理的实施

（1）要做好客户信息的收集。为了控制资金回收，必须考核客户的信誉，对每个客户建立信用记录，规定销售限额。对新老客户、长期或临时客户的优惠条件应有所不同，因此要建立客户主文件。客户主文件一般应包括客户原始记录、统计分析资料、企业投入记录等内容。

（2）企业必须了解客户的需求。通过建立一种以实时的客户信息进行商业活动的方式，将客户信息和服务融入企业的运行中去，从而有效地在企业内部传递客户信息，尤其是在销售部门和生产部门之间。

（3）获知客户的喜好和需要并采取适当行动，建立并保持顾客的忠诚度。如果企业与顾客保持广泛、密切的联系，价格将不再是最主要的竞争手段，竞争者也很难破坏企业与客户间的关系。通过提供超过客户期望值的服务，可将企业极力争取的客户发展为忠实客户，因为大家都知道争取新客户的成本要远远超过保留老客户。

总之，客户关系管理这样一个跨知识管理、业务运作和电子商务等系统的融合概念，正在改变广大企业的营销观念，正在改善企业与客户之间的关系，提高企业的竞争力。

本章小结

分销渠道是产品由生产者向最终消费者或用户流动所经过的途径或环节。分销渠道由众多承担营销功能的中间商以及实体分配机构所组成，有实体流程、所有权流程、付款流程、信息流程和促销流程五大流程。由于这些营销中介机构的存在，缓和了产需之间在时间、地点、商品数量和种类方面的矛盾，也使市场上总体交易的次数减少。

营销中介机构按照在流通领域中承担的不同角色可以分为批发商和零售商。批发商是从事为转卖或生产加工而进行批购批销的中间商。一般按商品所有权转移的特点，批发商分为商人批发商、经纪人和代理商、制造商的分销机构以及零售商的采购办事处。零售商是专门向消费者开展零售活动的商业机构。零售商分为商店零售商、非商店零售商及零售组织。

企业在构建分销渠道时，应当根据商品特点、市场和顾客特点以及企业自身的条件合理选择。生产者对渠道的设计和渠道选择，主要由确定渠道目标、确定营销渠道模式、确定中间商的数目、确定渠道成员的条件和义务、选择渠道成员、对分销渠道方案进行评估。

有了一个适用于企业的分销策略和分销渠道体系之后，企业还必须注意对渠道成员的管理、控制、评估和激励。通过给予中间商一定的财力、物力、人力的支持，激励其发挥积极的作用。企业还必须根据市场的新动态，及时改变渠道结构和分销方式。只有这样，企业才能有效地管理、控制好渠道。

思考与练习

1. **理论题**

（1）单选题

①制造商在某一地区通过最合适的几家中间商分销其产品。这种分销策略是（　　）。

A. 密集分销　　B. 选择分销　　C. 独家分销　　D. 区域分销

②下面（　　）不是新零售的发展趋势。

A. 规模化　　B. 无界化　　C. 智慧化　　D. 多渠道

③对保存期短，易于腐烂变质和易碎商品，应尽可能采用（　　）。

A. 长渠道　　B. 短渠道　　C. 宽渠道　　D. 窄渠道

④如果顾客经常小批量购买，则须采用（　　）渠道为其供货。

A. 长　　B. 短　　C. 宽　　D. 窄

⑤某企业生产的工业原料要经过中间商销售。某市的一个中间商包揽了该企业在该市的全部产品销售业务，条件是从销售额中提取千分之五的佣金。那么，这家中间商是生产企业的（　　）。

A. 零售商　　B. 批发商

C. 批发兼零售商　　D. 以上三种都有可能

(2) 多选题

①通常企业对人们的日常生活必需品采用（　　）更为合适。

A. 独家分销策略　　B. 广泛性分销策略

C. 选择性分销策略　　D. 直接销售渠道策略

E. 间接销售渠道策略

②选择分销渠道应考虑的因素有（　　）。

A. 产品因素　　B. 市场因素　　C. 企业因素　　D. 文化因素

E. 外部因素

③零售业一般分为有门市的销售形式和无门市的销售形式，属于有门市的销售形式有（　　）。

A. 百货商店　　B. 邮寄　　C. 连锁店　　D. 访问销售

E. 超级市场

④直接分销渠道的销售形式有（　　）。

A. 前店后厂　　B. 邮购　　C. 电话营销　　D. 展销会

E. 零售商

⑤请指出下列哪些销售方式属于直复式营销的范畴（　　）。

A. 邮购　　B. 电话订购　　C. 代购　　D. 上门销售

E. 店铺销售

(3) 判断题

①批发商倡办的自愿连锁和一般连锁店相同。（　　）

②经纪人对经营的商品有一部分所有权，但代理商则没有。（　　）

③相对而言，消费者中的选购品和特殊品最宜于采取密集分销。（　　）

④通常企业对人们的日常生活必需品采用广泛性分销策略更为合适。（　　）

⑤最理想的渠道是“生产者—消费者”，但是这种渠道是不存在的。（　　）

(4) 简答题

①什么是新零售？请谈谈新零售的发展趋势并举例说明。

②为什么说分销渠道能够为消费者创造价值？试举例说明。

③如何设计一套渠道系统来组织复印机或矿泉水产品的分销？

④你认为分销渠道的五大流程彼此之间存在什么关系？是否有必要增加或减少什么流程？

2. 实务训练题

三只松鼠的互联网坚果大战

当大家忙着往线上跑的时候，三只松鼠股份有限公司（以下简称“三只松鼠”）却开始蚕食起了线下市场。三只松鼠的公关经理表示，其线下投食店目前已经开业 3 家，2017 年春节前第 4 家店会在南通开业，当年的目标是要开 100 家。从 2012 年 6 月三只松鼠正式上线，定位于纯互联网食品品牌，到 2014 年 7 月的两年时间，其年销售额突破了 10 亿元。在三只松鼠之前，中国快消品行业没有一个企业能两年收入10亿元。如果说那时候的三只松鼠拥有光鲜的表面，那今天来看，这层表面已经是镀金的了。2017年1月11日，三只松鼠宣布其2016年年销售额突破55亿元，净利润达2.63亿元，拥有3100名员工、4000万用户以及超过35万平方米的仓储设施。毫无疑问，三只松鼠已经成为中国最大的零食电商品牌。

与此同时，三只松鼠开始了线下的布局。2016年9月30日，三只松鼠第一家线下店“三只松鼠投食店”在芜湖开业，开业一个月销售额达240万元。有人针对三只松鼠首家投食店专门做过调查，调查结果显示其年营业额能达到1200万元，一年可收回成本并实现盈利。这有点像2016年手机行业里热议的关于“线下渠道”的话题。不过不一样的地方在于，那是一场线下逆袭线上的爆发，以小米为首的线上手机品牌往线下发展是被逼无奈。而从纯互联网品牌到宣布入局线下市场，三只松鼠是在以领导者的身份主动进击。

三只松鼠入局线下的时机与阿里新零售战略提出的时间几乎不约而同。其创始人章燎原表示，三只松鼠进军线下主要有三个原因：(1) 线上增长变缓，而线下消费者的购买力还没有被开发出来。如果只做纯线上的话，未来两到三年内三只松鼠线上会遇到一些增长瓶颈。而从坚果业务来看，三、四线城市的巨大市场潜力并没有完全迸发出来。(2) 线上品牌转线下比线下品牌转线上更有优势。这些优势体现在产品架构、成本和价格上。章燎原认为，线上转线下要比线下转线上更容易平衡成本，而且其线下门店的产品、价格与线上整体商品管理中心是统一的，习惯线下消费的用户对于商品也都触手可及。(3) 线上线下全渠道模式能大大提高用户体验。通过一城一店社区推广、送货到家等模式，线上线下的服务和体验比纯线上会更好。而线下渠道本质上就是满足这些需求的体验点，核心目的是服务升级。

（资料来源：摘自《三只松鼠：这场互联网坚果大战打了5年，终于打到线下了》，品途商业评论，2017年1月25日。）

思考题：

(1) 三只松鼠进军线下的主要原因是什么？

(2) 三只松鼠成立之初定位于纯互联网食品品牌，为何当时不考虑线下渠道？

第 11 章
促销策略与营销价值体验

产品是有形的，服务是无形的，而所创造出的充满感情的体验是令人难忘的。

以服务为舞台，以商品为道具，以沟通为核心，导演令顾客难以忘怀的情景大剧。

——本书编者

【知识要点】

（1）促销的定义；（2）沟通原理；（3）促销组合；（4）促销方法。

【能力目标】

（1）掌握促销的本质和沟通的模式；
（2）了解促销组合的类型及特征；
（3）掌握各种促销方法的特征及选择促销方法的影响因素；
（4）学会应用促销组合方法。

导入案例

B 站跨年晚会：情怀营销

2019 年的最后一夜，B 站成立十年首次举办了跨年晚会，并且一战成名，被网友评为“这么多年来最值得一看的时代盛宴”。

这场晚会到底有多火，我们先来看一些数据：当晚晚会直播的在线观看人数达 8000 万；截至 2020 年 1 月 7 日，全程回顾视频已拿下 6950.1 万次播放，弹幕 238.6 万。无怪乎有不少粉丝评论道，B 站的跨年晚会，真是吊打各大卫视。

为什么 B 站的晚会会得到力捧，并且成功做到出圈？

这场盛宴，以 ACG 文化为基底，带着情怀、带着回忆、带着二次元与现实的碰撞，直击网友的心。据统计，B 站《2019 最后的夜》总共有35 个节目，而近 3 成的节目都与 IP 作品相关，其中不仅包含了游戏《魔兽世界》《英雄联盟》、动漫《名侦探柯南》《数码宝贝》、经典影视《哈利波特》《教父》，更有时下热门的《流浪地球》《权力的游戏》等作品。

只要你细细品味，就不难发现这些作品的背后，都凝聚着 80、90 后们关于青春的共同记忆。每一个节目，至少都有一面是你熟悉的，而综合整场晚会的效果来看，这绝对不是简单的融合。

众多元素能在同一舞台上得到最大限度地无缝衔接，震撼之余不禁发问：这份向当下主流文化交出的近乎满分的答卷，除了 B 站还有谁？

（资料来源：https：//www. sohu. com/a/367693260_ 309161。）

启示：信息传播的准确与受众参与的热情，决定了体验的效果。

11.1 促销与促销组合

促销是企业与市场联系的重要手段，企业将自己的产品和服务向消费者宣传，引起消费者的购买欲望，从而扩大产品和服务的销售。为了充分发挥促销在市场营销中的作用，企业要对促销组合进行正确的选择。

11.1.1 促销与促销的目的

1. 促销的概念

促销是指企业以各种有效的方式向目标市场传递有关信息，以启发、推动或创造对企业产品和劳务的需求，并引起购买欲望和购买行为的一系列综合性活动。促销的本质是企业同目标市场之间的信息沟通。促销是企业市场营销活动的基本策略之一，它一般包括广告、人员推销、营业推广和公共关系等促销形式。

2. 促销的目的

（1）提供商业信息。通过促销宣传，可以使顾客了解企业生产经营什么产品，有哪些特点，到什么地方购买，购买的条件是什么，从而引起顾客注意，激发其购买欲望，为实现和扩大销售做好舆论准备。

（2）突出产品特点，提高竞争能力。在激烈的市场竞争中，企业通过促销活动，宣传本企业产品的特点，努力提高产品和企业的知名度，促使顾客加深对本企业产品的了解和喜爱，增强信任感，从而也就提高了企业和产品的竞争力。

（3）强化企业形象，巩固市场地位。通过促销活动，可以树立良好的企业形象和商品形象，尤其是通过对名、优、特产品的宣传，更能促使顾客对企业产品及企业本身产生好感，从而培养和提高品牌忠诚度，巩固和扩大市场占有率。

（4）影响消费，刺激需求，开拓市场。新产品上市之初，顾客对它的性能、用途、作用、特点并不了解，通过促销沟通，引起顾客兴趣，诱导需求，并创造新的需求，从而为新产品打开市场，建立声誉。

11.1.2　促销信息的有效沟通

1. 促销的实质是信息沟通

促销的实质是一种沟通活动，是企业作为行为主体发出作为刺激物的信息，以刺激影响信息受众的有效过程。换言之，就是企业发出信息，提出意图，传递到目标对象——消费者或顾客，以影响其态度和行为，使其贯彻企业意图，并产生企业所期待的行动。因此，对企业来说，促销不仅仅是企业自身的事情，而应该是一个与消费者合作来共同完成沟通的过程。

企业与顾客进行有沟通，应能准确回答六个方面的问题：谁？说什么？通过什么途径？对谁说？效果如何？收集什么样的反馈？

2. 促销信息的沟通过程

促销信息的沟通过程基本上有九个要素：信源、编码、信息、沟通渠道、解码、受众、反应、反馈、噪音。这个过程可用图 11－1 来概括。

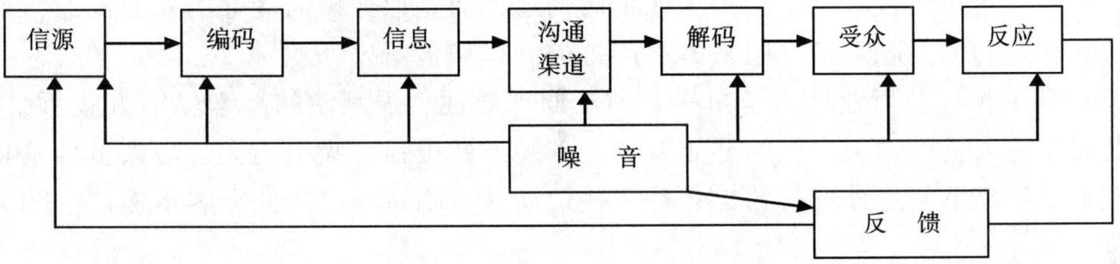

图 11－1　促销信息的沟通过程

（1）信源。信源也叫信息发送者、沟通者或编码者。在促销信息的沟通过程中，信源就是企业。

（2）编码。编码也叫译出，是把需要传递的信息转换成信息符号的过程。这些符号可以是文字、语言、声音、图像、动作，因不同的沟通途径而异。

（3）信息。促销沟通的核心是信息。信息是信源对某一观念或思想编码的具体结果，即企业向消费者所要传达的内容。

（4）沟通渠道。信息的沟通需要一定的渠道，把编码的信息传达给受众的渠道，可以是电视、广播、报纸、杂志等媒介，也可以是销售人员的解说、邮寄信件等媒介。

（5）解码。解码也叫译入，是受众将信息译成对他们有意义的形式，这种转换过程称为解码过程。

（6）受众。受众也称接收者，包括目标市场上的潜在购买者和现实购买者。

（7）反应。受众收到信息后的反应，如顾客见到广告后，决定购买这种商品。

（8）反馈。反馈就是将沟通过程反转过来，使受众变成编码者，信源变成解码者。基于受众在沟通过程中的主动地位和解码过程的复杂化，反馈便成为沟通过程中十分重要的因素。

（9）噪音。沟通过程中出现的意外称为噪音。噪音在沟通过程中的每一阶段都会出现。企业在沟通过程中，必须防范可能发生的干扰。

需要注意的是，促销信息的沟通过程中的任何一个环节、任何一个因素都会影响促销活动的成功。一般认为，有效的信息沟通应对消费者产生四个方面的影响，即引起注意、诱导兴趣、激发欲望、促成行动。

11.1.3　促销组合

促销组合是指企业根据促销的需要，对各种促销方式进行的适当选择和综合编配。促销方式分为人员推销、广告、营业推广、公共关系等，企业对四种促销方式进行适当选择、综合使用，以求达成最好的促销效果。

1. 促销的基本方式

（1）人员推销。人员推销又称人员销售，是企业通过派出推销人员或委托推销人员亲自向顾客介绍、推广、宣传，以促进产品的销售。人员推销可以是面对面地交谈，也可以通过电话、信函交流。推销人员的任务是除了完成一定的销售量以外，还必须及时发现顾客的需求，并开拓新的市场，创造新需求。

（2）广告。广告是企业以付费的形式，通过一定的媒介，向广大目标顾客传递信息的有效方法。现代广告不应只是一味地单向沟通，而是形如单向沟通的双向沟通，即应把企业与顾客共同的关心点结合起来考虑广告的制作和传播。

（3）营业推广。营业推广是由一系列短期诱导性、强刺激的战术促销方式所组成的。它一般只作为人员推销和广告的补充方式，其刺激性很强、吸引力大。与人员推销和广告相比，营业推广不是连续进行的，只是一些短期性、临时性的能使顾客迅速产生购买行为的措施。

（4）公共关系。公共关系是企业通过有计划的长期努力，影响团体与公众对企业及产品的态度，从而使企业与其他团体及公众取得良好的协调，使企业适应它的环境。良好的公共关系可以达到维护和提高企业的声望，获得社会信任的目的，从而间接促进产品的销售。

2. 促销信息流向策略

从促销信息流向的角度看，促销可以分为“推”和“拉”两种策略。

（1）推式策略。推式策略就是企业把产品推销给批发商，批发商再把产品推销给零售商，最后零售商把产品推销给消费者。在这种方式中，促销信息流向和产品流向是同方向的。因此，人员推销和营业推广可以认为是“推”的方式。采用“推”的方式的企业，要针对不同的产品、不同的对象，采用不同的方法，花费在现有产品和新产品、现有顾客和潜在顾客上的精力是有区别的。

（2）拉式策略。拉式策略就是企业不直接向批发商和零售商做广告，而是直接向广大顾客做广告。把顾客的消费欲望刺激到足够的强度，顾客就会主动找零售商购买这些产品。购买这些产品的顾客多了，零售商就会去找批发商。批发商觉得有利可图，就会去找生产企业订货。采用“拉”的方式，促销信息流向和产品流向是反向的。其优点就是能够直接得到顾客的支持，不需要去讨好中间商，在与中间商的关系中占有主动。但采用“拉”的方式需要注意，中间商（主要是零售商）是否有足够的库存能力和良好的信誉及经营能力。

推式策略和拉式策略都包含了企业与消费者双方的能动作用。但前者的重心在推动，着重强调了企业的能动性，表明消费需求是可以通过企业的积极促销而被激发和创造的；而后者的重心在拉引，着重强调了消费者的能动性，表明消费需求是决定生产的基本原因。企业的促销活动，必须顺乎消费需求、符合购买指向，才能取得事半功倍的效果。许多企业在促销实践中，都结合具体情况采取“推”“拉”组合的方式，既各有侧重，又相互配合。

11.1.4　影响促销组合的因素

企业的促销组合，实际上就是对促销方式的综合运用。在选择采取哪一种或几种促销方式时，有一些因素是企业必须考虑的。这些因素包括：

1. 产品类型

不同类型产品的消费者在信息的需求、购买方式等方面是不相同的，需要采用不同的促销方式。一般地说，工业品购买者希望在掌握大量信息的基础上进行选择，人员推销可以更好地满足这方面的要求；消费品购买者则更多地注重产品的形象，高知名度的产品容易受欢迎，广告的促销效果就比较明显。通常，不同的促销方式在工业品和消费品市场上的作用如图 11－2 所示。

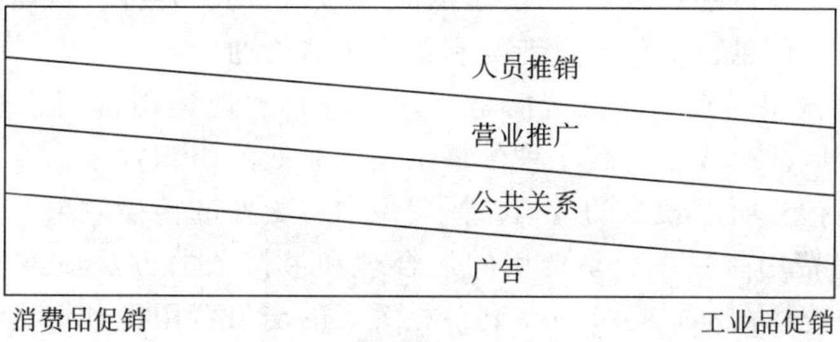

图 11－2　不同促销方式在工业品和消费品市场上的作用

2. 市场特点

企业目标市场的不同特征也影响着不同促销方式的效果。在地域广阔、分散的市场，广告有着重要的作用。如果目标市场窄而集中，则可使用更有效的人员推销方式。此外，目标市场的其他特性，如消费者收入水平、风俗习惯、受教育程度等也都会对各种促销方式产生不同的影响。

3. 促销预算

促销预算的多少直接影响促销手段的选择。若预算少，就不能使用费用高的促销手段。预算开支的多少要视企业的实际资金能力和市场营销目标而定。不同的行业和企业，其促销费用的支出也不相同。

4. 产品生命周期

在不同的生命周期阶段，企业的营销目标及重点都不一样，因此，促销方式也不尽相同。在投入期，要让消费者认识了解新产品，可利用广告与公共关系广为宣传，同时配合使用营业推广和人员推销，鼓励消费者试用新产品；在成长期，要继续利用广告和公共关系来扩大产品的知名度，同时用人员推销来降低促销成本；在成熟期，竞争激烈，要用广告及时介绍产品的改进，同时使用营业推广来增加产品的销量；在衰退期，营业推广的作用更为重要，同时配合少量的广告来保持顾客的记忆。

11.1.5 促销策略的新趋势：整合营销传播

1. 整合营销传播的内涵

整合营销传播（Integrated Marketing Communication），是将与企业进行市场营销有关的一切传播活动一元化的过程。整合营销传播一方面把广告、促销、公关、直销、CI、包装、新闻媒体等一切传播活动都涵盖于营销活动的范围之内，另一方面则使企业能够将统一的传播资讯传达给顾客。其核心思想是以通过企业与顾客的沟通满足顾客需要的价值为取向，确定企业统一的促销策略，协调使用各种不同的传播手段，发挥不同传播工具的优势，从而使企业实现促销宣传的低成本化，以高强冲击力形成促销高潮。

2. 企业实施整合营销传播的效果

国内外企业的营销实践证明，实施整合营销传播可收到如下效果：

（1）整合传播工具。整合营销传播可以使企业的广告、促销、人员推销、公关等所有的营销活动及其传播程序都具有整合感。这种独特的价值体现，可以使包括消费者、企业雇员、投资者、竞争对手、社区、大众媒体、政府机构、各种社会团体等在内的利益相关者更容易理解企业信息，更便于企业与利益相关者沟通。

（2）优化传播效果。整合营销传播是一种经济合理地运用营销手段或营销传播费用的有效方法。适当地减少或整合若干种传播工具，企业的组织效率、业务能力和竞争实力都会得到明显改善，从而以较少的营销传播费用取得更好的传播效果。

（3）减少交易费用。减少交易费用的最合理和最持久的方法应该是过程的整合。借助完善的整合营销传播活动，可使所有利益相关者的交易费用得到切实有效的降低。

（4）聚焦目标受众。整合营销传播就是通过营销活动，使企业与利益相关者的沟通更有效率，这也就意味着，把包括广告、人员推销、宣传、公关等在内的所有营销活动和传播活动的焦点尽可能定位于目标受众，即企业的利益相关者。当营销者和消费者能够互相理解、密切合作时，就可以说营销和营销传播完全整合了。

3. 网络整合营销4I原则

在传统媒体时代，信息传播往往是自上而下、单向线性流动，消费者只能被动接收；而在网络媒体时代，信息传播呈现多向、互动式流动，消费者具有很强的主动性。奥美公司提出了网络整合营销时代的4I原则，即趣味（Interesting）原则、利益（Interests）原则、互动（Interaction）原则以及个性（Individuality）原则。

（1）趣味原则。互联网里的很多内容带有娱乐属性，在互联网这个“娱乐圈”中，广告、营销也必须是娱乐化、趣味性的，这样有利于吸引消费者关注。

（2）利益原则。在互联网营销活动中，给用户提供的利益主要包括经济上的利益和心理上的利益。经济上的利益是指通过返现、抵现、打折等方式减少用户在交易过程中的花费；心理上的利益是用勋章、等级、称号等方式满足消费者“炫耀”、特殊对待的心理需求。

（3）互动原则。在互联网时代，消费者可以更为便利地参与到企业营销互动与新产品创造环节。消费者亲自参与互动与创造的营销过程，会在大脑皮层沟回中刻下更深的品牌印记。将消费者视为一个主体，发起其与品牌之间的平等互动交流，可以为营销带来独特的竞争优势。

（4）个性原则。个性化营销能够投消费者所好，更容易引发互动与购买行动。但是在传统营销环境中，个性化营销成本非常高，因此很难推而广之，但在网络媒体中，数字流的特征让个性化变得简单、便利，细分出一小类人，甚至一个人，做到一对一营销都成为可能。

11.2　人员推销

人员推销是现代市场营销活动中促销组合的重要手段之一，在现代促销活动中起着重要作用。就如无论现代化程度多高的战争，打阵地战仍需步兵一样，无论现代市场营销活动的促销手段怎样创新，仍需要人员推销实际占领市场与巩固市场。

11.2.1　人员推销的特点与任务

1. 人员推销的特点

（1）人员推销具有很大的灵活性。在推销过程中，买卖双方当面洽谈，易于形成一种直接而友好的相互关系。通过交谈和观察，推销员可以掌握顾客的购买动机，有针对性地从某个侧面介绍商品特点和功能，抓住有利时机促成交易；可以根据顾客的态度和特点，有针对性地采取必要的协调行动，满足顾客需要；还可以及时发现问题，进行解释，解除顾客疑虑，使之产生信任感。

（2）人员推销具有选择性和针对性。在每次推销之前，可以选择具有较大购买可能的顾客进行推销，并有针对性地对未来顾客做一番研究，拟定具体的推销方案、策略、技巧等，以提高推销成功率。这是广告所不及的，广告促销往往包括许多非可能顾客在内。

（3）人员推销具有完整性。推销人员的工作从寻找顾客开始，到接触、洽谈，最后达成交易，除此以外，推销员还可以担负其他营销任务，如安装、维修、了解顾客使用后的反应等，而广告则不具有这种完整性。

（4）人员推销具有公共关系的作用。一个有经验的推销员为了达到促进销售的目的，可以使买卖双方从单纯的买卖关系发展到建立深厚的友谊，彼此信任，彼此谅解，这种感情增进有助于推销工作的开展，实际上起到了公共关系的作用。

2. 人员推销的任务

（1）沟通。与现实的和潜在的顾客保持联系，及时把企业的产品及其他相关信息介绍给顾客，同时了解他们的需求，沟通产销信息，成为企业与消费者联系的桥梁。

（2）开拓。不仅要了解和熟悉现有顾客的需求动向，而且要尽力寻找新的目标市场，发现潜在顾客，开展新市场开拓工作。

（3）销售。通过与消费者的直接接触，运用推销的艺术，分析解答顾客的疑虑，达成交易。

（4）服务。除了直接的销售服务外，尚需代表公司提供其他服务，如业务咨询、技术性协助、融资安排等。

(5) 调研。利用直接接触市场和消费者的便利，进行市场调研和情报搜集工作，并且将访问情况做出报告，为企业开拓市场和制定营销决策提供依据。

11.2.2 人员推销的步骤

不同的推销方式可能会有不同的推销工作步骤。通常情况下，人员推销一般包括以下七个相互关联、又有一定独立性的工作步骤。

1. 寻找顾客

这是推销工作的第一步。寻找潜在顾客有很多途径，可以通过现有顾客的介绍以及其他销售人员介绍，查找工商企业名录、电话号码簿等寻找潜在顾客。

2. 事前准备

在走出去推销之前，推销人员必须知己知彼，掌握三个方面的知识：

(1) 产品知识，即关于本企业、本企业产品的特点、用途、功能等各方面的情况。

(2) 顾客知识，包括潜在顾客的个人情况，所在企业的情况，具体用户的生产、技术、资金情况，用户的需要，购买决策者的性格特点等。

(3) 竞争者知识，包括竞争者的能力、地位和他们的产品特点。同时，还要准备好样品、说明材料，选定接近顾客的方式、访问时间、应变语言等。

3. 接近

接近即开始登门访问，与潜在客户开始面对面地交谈。这一阶段推销员要注意：

(1) 给顾客一个好印象，并引起顾客的注意，因而，穿着、举止、言谈、自信而友好的态度都是必不可少的。

(2) 验证在准备阶段所准备的全部情况。

(3) 为后面的谈话做好准备。在接近时，注意使自己有一个正确的心态：友好，自信。

4. 介绍

这是推销过程中的重要一步。任何产品都可以也必须用某种方法进行介绍。即使那些无形产品（如保险，金融、投资业务），也可以采用图形、坐标图、小册子等形式加以说明。介绍时要注意通过视、听、触摸等感官向顾客传递信息，其中视觉是最重要的。在介绍产品时，要特别注意说明该产品可能给顾客带来的利益，要注意倾听对方的发言，以判断顾客的真实意图。

5. 处理异议

处理异议即克服障碍，推销人员应随时准备处理不同意见。顾客在听取介绍的过程中，总会提出一些异议，如怀疑产品的价值，不喜欢交易的条件。这就需要推销员应当具有与持不同意见的买方洽谈的语言能力和技巧，能解释、协商，随时有应对否定意见的措施和论据，但不要争辩。

6. 达成交易

有经验的推销人员认为，接近和成交是推销过程中两个最困难的步骤。在洽谈、协商过程中，推销人员要随时给予对方能够成交的机会。有些买主不需要全面的介绍，介绍过程中如发现顾客表现出愿意购买的意图，应立即抓住时机成交。在这个阶段，推销人员还可以提供一些优惠条件，以尽快促成交易。

7. 售后追踪

达成交易不是推销的结束，而是下一轮推销的起点。如果推销人员希望顾客满意并重复购买，希望他们传播企业的好名声，则必须坚持售后追踪。在这一阶段，推销人员应认真执行订单中所保证的条件，如交货期、售后服务、安装服务等。售后追踪的直接目的是了解顾客是否满意已购买的产品，发现可能产生的各种问题，表示推销人员的诚意和关心。另外一个重要的目的，是促使顾客传播企业及产品的好名声，听取顾客的改进建议。

11.2.3　人员推销的管理

1. 人员推销的规模和结构

（1）推销人员的规模。合理确定推销人员的规模，是人员推销管理的首要问题。确定推销人员规模的方法有两种：一是销售能力分析法。通过测量每个推销人员在不同范围、不同市场潜力区域内的推销能力，计算在各种可能的推销人员规模下，企业的总销售额及投资收益率，以确定推销人员的规模。二是推销人员工作负荷量分析法。即根据每个推销人员的平均工作量及企业所需拜访的客户数目来确定推销人员的规模。假设某企业在国内有 1000 个甲级客户和 2000 个乙级客户，甲级客户每年需要 36 次登门推销，乙级客户每年需要 12 次，这样每年共需 6 万次登门推销。假如每个推销员每年平均能进行 1500 次登门推销，那么该企业将需要 40 名专职推销员。

（2）人员推销的组织结构。①产品型结构。即将企业的产品分成若干类，每一个推销员（或推销组）负责推销其中的一类或几类产品。这种结构适用于产品结构类型较多并且技术性较强、产品间缺少关联的情况。②区域型结构。将企业的目标市场分成若干区域，让每个推销人员负责一定区域内的全部推销业务，并制定销售指标。采用这种结构有利于推销人员与顾客建立良好的人际关系，并且有利于节约交通费用。③顾客型结构。按照目标客户的不同类型（如所属行业、规模大小、新老客户等）组织推销人员，即每个推销员（或组）负责向同一类顾客进行推销活动。采用这种结构有利于推销人员了解同类顾客的需求特点。④综合型结构。即综合考虑产品、区域和顾客等因素，来组成推销人员队伍。采用这种结构时，每个推销员的任务都比较复杂。

2. 推销人员的选择、评价和报酬

（1）推销人员的基本条件。①推销人员应熟悉企业产品情况，了解市场上同类产品的基本情况并能正确地进行比较和鉴别。②推销人员应熟悉了解企业情况，以便随时回答顾客的咨询。③推销人员应掌握市场营销的基本理论和技能，在市场上灵活地开展推销活动。④推销人员应认真学习并努力掌握各种政策法规，以便使自己的推销行为符合政策法规的要求，避免违法违纪的现象。⑤推销人员应具有胜任推销工作的个人素质。推销员在推销商品的同时也在推销自己。所以，推销员必须有良好的气质和职业素养，仪表端庄，热情大方，谦虚有礼；必须具有一定的沟通和社交能力，能够与各种各样的人打交道，善于倾听和说服；必须具有自我控制能力，无论遇到什么情况，都能沉着冷静，应付自如。

（2）推销人员的评价和报酬。对推销人员进行评价的主要指标是：销售量增长情况；毛利；每天平均访问次数及每次访问的平均时间，每次访问的平均费用，每百次访问收到订单的百分比；一定时期内新顾客的增加数及失去的顾客数目；销售费用占总成本的百分比。

推销人员的报酬主要有两种形式：一是销售定额制，即规定销售人员在一年中应销售多少数额并按产品加以确定，然后把报酬与定额完成情况挂钩。二是佣金制，即企业按销售额或利润额的大小给予销售人员固定的或根据情况可调整比率的报酬。佣金制度能鼓励销售人员尽最大努力工作，并使销售费用与现期收益紧密相连，同时，企业还可根据不同产品、工作性质给予销售人员不同的佣金。但是佣金制度也有不少缺点，如管理费用过高、导致销售人员短期行为等。所以，它常常与薪金制度结合起来运用。

同步案例

史密斯先生的成功推销

背景资料：

史密斯先生在美国亚特兰大经营一家汽车修理厂，同时还是一位十分有名的二手车推销员。在亚特兰大奥运会期间，他总是亲自驾车去拜访想临时买部廉价二手车开一开的顾客。他总是这样说："这部车我已经全面维修好了，您试试性能如何，如果还有不满意的地方，我会为您修好。"然后请顾客开几公里，再问道："怎么样，有什么地方不对劲吗?""我想方向盘可能有些松动。""您真高明，我也注意到这个问题，还有没有其他意见?""引擎很不错，离合器没有问题。""真了不起，看来您的确是行家。"这时，顾客便会问他："史密斯先生，这部车子要卖多少钱?"他总是微笑着回答："您已经试过了，一定清楚它值多少钱。"若这时生意还没有谈妥，他会怂恿顾客继续一边开车一边商量。通过这种做法，他的每笔生意几乎都能顺利成交。

问题：

史密斯先生成功推销的秘密在哪里?

分析提示：

案例中提高成功率的经营术并不仅限于推销汽车，其他方面也同样适用：假如你是经营美容产品，你可以提供一部分试用品请顾客免费试用；推销食品则可以先让顾客品尝；经营药品不妨把试验统计结果对顾客公开。这种经营术最有力之处就是把顾客变成主人，使顾客产生一种参与感，引起他购买的欲望。

11.3 广告

广告的基本功能是传递信息，它既可以树立企业和产品形象，又可以刺激销售，是一种被广泛运用的促销方式。企业应根据其特点，扬长避短，灵活运用。

11.3.1 广告的特点

1. 广告传播效果的特点

(1) 传播面广。广告是借助大众媒体传播信息的，它的公众性和普及性赋予广告突出的“广而告之”的优点。广告主可以通过电视、报纸、广播、杂志等大众传媒在短期内迅速地将其信息告之众多的目标消费者和社会公众，这是人员推销等其他促销方式无法与之比拟的。

(2) 传递速度快。广告是利用大众传媒传递信息的。大众传媒是一种迅捷的信息传播途径，它能使广告主发布的信息在很短的时间内传达给目标消费者。因此，在现代信息化社会，广告是一种富有效率的促销方式。

(3) 表现力强。广告是一种富有表现力的信息传递方式。它可以借助各种艺术形式、手段与技巧，提供将一个企业及其产品感情化、性格化、戏剧化的表现机会，增大其说服力与吸引力。

2. 广告费用支出具有投资的特点

广告费用作为一种投入，产出的是增加了的销售利润。广告产出的效益虽不是直接的，但广告促进了销售，在销售扩大带来利润扩大的过程中广告虽没直接带来利润，但起了重要的作用。广告效果有时虽不会产生即时效应，却能产生一种积累效应。这是广告主们的共同认识。因此，一位广告主虽然喊出一句“名言”——“明知花在广告上的钱有一半是浪费了，但我从来无法知道浪费的是哪一半”，但至少这位广告主已经认识到广告费用是一种投资。

11.3.2 企业广告目标决策

企业的广告目标，取决于企业市场营销组合的整体战略要求以及企业营销管理的不同阶段。要给广告确定具体的目标，归纳起来有以下几种：

1. 以告知为目标

以此为目标的广告主要向市场介绍一种新产品，目的在于使潜在顾客了解新产品，提高认知率，在市场上唤起初步的需求。

2. 以说服为目标

这一广告目标是使消费者和用户不仅知道企业产品的名称，还要使他们了解、记忆企业及产品的特点。这种广告在产品成长期配合差异性市场策略特别有效。

3. 以增加销售量为目标

以此为目标的广告除了对商品进行详细的介绍外，一般还附有图示、说明价格、信贷条件、购买地点，有时还有广告附表。顾客通过阅读这样的广告，即可以决定是否购买。

4. 以提醒为目标

当产品进入成熟期之后，配合营业推广采取以提醒为主的广告目标。因为这时市场对此产品已经相当熟悉，没有必要再像投入期那样详细地介绍产品，只需要向人们提醒它的销售地点和新的附加利益等就可以了。

11.3.3 广告信息决策

确定了广告目标之后，企业就要设计广告内容，即做出广告信息决策。

1. 广告信息创作

广告信息创作内容直接依据广告主所追求的目标市场及其产品竞争定位策略的选择，同时，还要具体研究目标市场不同年龄、不同收入、不同购买动机对不同广告信息的理解程度，设计几种不同的信息内容，评估、预测潜在市场对不同信息内容的销售反映函数。在此基础上评估、选择最佳的信息表达方式。

2. 广告主题选择

广告主题应根据所推销的商品和不同的广告对象来确定。如果广告对象是最终消费者，宣传的重点应着重强调追求感情动机；如果是工业用户，就把重点放在追求理性购买动机上。但无论是追求感情还是理性购买动机，广告主题最重要的是强调产品在使用中给买主带来的收益。企业在确定广告主题时，应注意以下原则：一是目标市场买主的社会经济条件所决定的买方利益的综合情况；二是从买主所期望的利益中选择较为重要的因素；三是选择较为重要的买主利益，检查竞争对手是否也在用其广告主题，避免使用竞争者已采用过的广告主题；四是一则广告强调突出一个主题，可以有效地吸引买主的注意力。

3. 广告信息表达

一则广告信息的效果不仅取决于“说什么”，而且有赖于“怎样说”，即信息的表达方式。广告信息的表达方式，一般有以下几种：

（1）生活片断，表现人们在日常生活中正在使用广告中的产品。

（2）生活方式，强调本产品如何适应人们的生活方式。

（3）音乐化，把企业或产品形象用广告歌曲表达，歌词反复强调产品名称。

（4）想象与情趣，为产品制造一个能够唤起人们美好联想的气氛与形象。

（5）拟人化，使产品人格化，让其能说话。一些日用品和儿童用品经常采用此方法表达。

（6）科学证明、显示调查证明或科学实验，表明产品符合科学标准，一些家庭用保健品常用此方法。

11.3.4 广告媒体的选择

为了正确地选择各种广告媒体，实现广告目标，企业在选择媒体之前，必须对媒体的接触度、频率和效果做出决策。接触度是指企业必须在一定的时期内使多少人接触广告。频率决策是指企业决定在一定时间内，平均使每人接触多少次广告。若接触过多费用则太高，过少又难以加深记忆。效果决策是指企业决定广告显露的效果。

1. 广告媒体的种类

广告媒体的种类很多，主要包括报纸、电视、直接邮寄、广播、杂志、户外广告等。各种媒体接触的听（观）众不同，影响力不同，广告效果也不同。为了实现广告的接触度、频率和效果等目标，应了解各类媒体的主要优缺点，以选择适当的广告媒体。

（1）报纸灵活性高，迅速及时，成本低，地理选择性好、可信度高。主要局限是保存性较差，内容庞杂，易分散注意力，清晰度也较差。

（2）电视能够把形象、声音与动作结合起来，较好地吸引观众的注意力，在短时间内给人留下深刻的印象。主要局限是成本高，时间短，对象缺乏可选性。

（3）广播传播迅速及时，不受场所限制，成本较低。主要局限是速度快不易记忆，无处查阅，没有视觉上的刺激，不易加深印象。

（4）期刊针对对象明确，收效好，保存率高，阅读率也较好，可采用套色印刷有利于吸引读者注意。局限性是传递信息的延迟性较大，读者也有一定局限。

（5）户外媒体的地理位置选择好，利用各种美术、造型等艺术手段，使广告鲜明、醒目、美观、简明，容易记忆。局限是受空间限制，复杂的内容无法表达。

（6）邮寄媒体针对对象明确，选择性好，迅速及时，但不易生动化、形象化，广告比较呆板，所涉及的范围也有限。

2. 选择媒体时应考虑的因素

（1）目标市场接触媒体的习惯。例如，对青少年顾客来说，电视广告的效果最好。

（2）产品种类。例如，为女士服装做广告，选择彩色印刷杂志广告很有吸引力。

（3）广告信息。选择何种媒介还取决于广告信息本身。例如，复杂的技术信息在广播和电视中都难以说清，而选择专业杂志和邮寄广告较为理想。

（4）成本费用。电视广告成本很高，而广播、报纸广告成本相对较低。

3. 网络广告

网络广告就是在网络上做的广告。网络广告是利用网站上的广告横幅、文本链接、多媒体的方法，在互联网刊登或发布广告，通过网络传递到互联网用户的一种高科技广告运作方式。与传统的四大传播媒体（报纸、杂志、电视、广播）广告及近来备受垂青的户外广告相比，网络广告具有得天独厚的优势，是实施现代营销媒体战略的重要部分。事实上，多种网络营销方法都可以理解为网络广告的具体表现形式，并不仅仅限于放置在网页上的各种规格的 BANNER 广告，如电子邮件广告、搜索引擎关键词广告、搜索固定排名等都可以理解为网络广告的表现形式。

（1）网络广告的优越性：①覆盖面广，观众基数大，传播范围广阔；②不受时间限制，广告效果持续；③方式灵活，互动性强；④可以分类检索，广告针对性强；⑤制作简捷，广告费用低；⑥可以准确地统计受众数量。

（2）网络广告的缺点：①广告对象范围不广；②公信力弱；③体系不健全。

4. 植入式广告

植入式广告（Product Placement），是指把产品及其服务具有代表性的视听品牌符号融入影视或舞台作品中的一种广告方式，给观众留下相当的印象，以达到营销目的。植入式广告是随着电影、电视、游戏等的发展而兴起的一种广告形式，它是指在影视剧情、游戏中刻意插入商家的产品或服务，以达到潜移默化的宣传效果。由于受众对广告有天生的抵触心理，把商品融入这些娱乐方式的做法往往比硬性推销的效果好得多。

（1）植入式广告的优缺点。

①优点。首先，植入式广告的受众数量庞大。其次，除了接触数量之外，植入式广告更大的优势在于其“接触质量”，也就是说品牌可以争取到现有媒介状况下的稀缺资源——高度专注状况下的受众注意。隐性的广告由于其出现的不规律性以及与情节的高度相关性，很少会遭到受众的抵触与拒绝。最后，从消费行为的角度考察，植入式广告对受众消费行为产生一种光晕式影响，特别是在电视电影这种声像俱全的媒介中，强烈的现场

感对消费者形成一种行为示范。

②缺点。当然，植入式广告也存在着不容忽视的缺点。首先，品牌的适用性范围较小，多数情况下只适用于知名品牌，这是因为受众需要在相当短暂的时间内准确识别出商品包装、品牌或产品外形。因此，品牌有较高的知名度和认知度是投入植入式广告的第一道门槛。其次，植入式广告不适于深度说服，特别不适合做直接的理性诉求或功能诉求。最后，一些前卫产品的功能性诉求甚至可能被受众当作影片的虚构。因此，品牌诉求一般停留在简单告知与提高特性认知度方面。基于上述原因，广告主可以考虑在同一档期发布硬性广告配合植入式广告，及时将潜在消费者的“兴趣”转化为“欲望”。

植入式广告容易对作品造成的最大伤害是使作品本身主题涣散，又因为这些品牌多与人们的日常生活息息相关，很容易唤醒观众的感官刺激而带来兴奋点，但作品中过多互不相关兴奋点的突兀存在，必然对作品主线原本思路造成影响，降低作品的艺术价值，甚至会喧宾夺主使主题不再明显。正因如此，植入式广告有时会引起观众的反感和抱怨。

（2）植入式广告运用要点。运用植入式广告进行品牌传播应重点考查以下一些环节：

①考虑目标人群。广告主的目标消费者与影视剧或节目的目标受众分析有没有交集，这一点是采用植入式广告时优先考虑的问题。在一部以家庭妇女为目标受众的电视剧中植入 IT 类产品显然是不合适的，目标受众群的分离将造成广告的无效或低效投放。

②考虑品牌特点。虽然植入式广告是一种有效的信息传递方式，但并不是任何一种产品使用此种方式都会取得良好的信息传播效果。因此，要先从产品自身的特点出发，来判断其是否适用于植入式广告。植入式广告是一种较隐蔽的信息传播方式，因此这种方式比较适合处在企业产品生命周期中后期的老品牌，不太适合那些处在品牌导入期的新品牌。当品牌处在导入期的时候，消费者对该品牌比较陌生，可能根本不会注意到被植入的该种品牌产品；而当品牌处在品牌生命周期的中后期时，品牌已经深入消费者内心，通过植入式广告可以巩固消费者对该品牌产品的记忆和认识。

③考虑广告难点。植入式广告需要同时满足剧情和营销传播的要求。过分迁就剧情传播，可能会影响广告的传播质量，导致信息偏离营销传播的协调性，与整合营销传播的要求相悖；反之，强调营销信息又可能影响剧情。植入式广告就是在“被情节干扰”与“干扰情节”的夹缝中诞生。在这种情况下信息整合是成功的关键所在，赞助商应与编剧、导演充分沟通，广告植入的痕迹越少，与剧情结合得越自然，传播的效果也就越好。

由于植入式广告效果的不可预见性，难以测算和评估广告收益。广告议价只能凭经验进行，如对导演、演员阵容、剧本以及制片方推广能力的考察。将来可以用动态方式计价，在确定一个基价的基础上，广告价格应与实际的收视率、上座率、拷贝发行量等数据挂钩，进行更为科学的测算和核算。

同步案例

前程无忧（GIF 动画抓准目标受众心理）

背景资料：

广告主	前程无忧
投放形式	GIF 动画
广告语	周六不息、年假不批、3 年不加薪、迟到扣 500 块…别逼我上 51job
推广位置、尺寸	凤凰网、335×280px
动画时长	10 秒
内容描述	将上班族压抑在心里的一些消极情绪通过漫画的方式表现出来，愤怒情绪的递增最终激发其重新找工作的欲望，最后给出解决的方法是上前程无忧。

（资料来源：https：//wenku. baidu. com/view/a740d621c950ad02de80d4d8d15abe23492f031c. html? fr = search - 1 - income5 - score_ 2。）

问题：

前程无忧为什么能抓住用户的心理？

分析提示：

前程无忧的动画广告就是利用大部分求职者的心理共性，让他们在广告中找到“共鸣”，并自然带出前程无忧这个网络招聘的广告信息。广告中利用了“情绪叠加”的效果，通过 5 个情绪状态逐步吸引受众的关注。动画形象生动，其夸张的表现手法吸引了受众的眼球。

11.4 公共关系

公共关系是促销组合中的一个重要组成部分，企业公共关系的好坏直接影响着企业在公众心目中的形象，影响着企业营销目标的实现。如何利用公共关系促进产品的销售，是现代企业必须重视的问题。

11.4.1 公共关系的本质特征

1. 企业的公共关系是指企业与其相关的社会公众的相互关系

这些社会公众主要包括供应商、中间商、消费者、竞争者、金融保险机构、政府部门、科技界、新闻界等。可见，企业营销活动中存在着广泛的社会关系，不仅限于与顾客的关系，更不能局限于只有买卖关系。企业作为一个社会成员与社会其他个人、群体和组织必然会发生广泛的、频繁的、各式各样的社会联系。良好的社会关系是企业成功的保证之一，因此建立和保持企业与社会公众的关系在企业营销活动中具有重要的作用。

2. 企业形象是公共关系的核心

公共关系首要的任务是树立和保持企业的良好形象，争取广大消费者和社会公众的信任和支持。一个企业除了生产优质产品和搞好经营管理之外，还必须重视创建良好的形象和声誉。在现代社会经济生活中，一旦企业拥有良好的形象和声誉，就等于拥有了可贵的资源，就能获得社会广泛的支持和合作。如供应商愿意提供货源，中间商愿意经销产品，消费者愿意购买产品，银行愿意提供贷款，新闻界乐于宣传介绍等。良好的公共关系可以使企业在市场竞争中占据有利地位，否则就会产生相反的不良后果，使企业面临困境。可见，以创建良好企业形象为核心的公共关系这项管理职能，它涉及企业活动的各个方面，而且是长期不断积累、不断努力的结果。

3. 企业公共关系的最终目的是促进产品销售

公共关系与人员推销、广告等其他促销活动关系密切但又不尽相同，各有特色。广告等其他活动的目的在于直接促进产品销售，而公共关系的目的在于互相沟通、互相理解，在企业行为与公众利益一致的基础上争取消费者对企业的信任和好感，使广告等促销活动产生更大的效果最终扩大产品的销路。正因为如此，公共关系也属于一种促销方式。不过，它是通过推销企业本身促进产品销售。

4. 公共关系属于一种长效促销方式

公共关系比广告等活动的成本少得多，有时甚至不需支付费用，而其效果却大得多，尤其是对于需要使消费者建立信任感的商品。因为有些时候消费者对广告存有戒心，使广告的宣传作用大打折扣，而通过公共关系的活动却能消除疑虑，获取他们的信任。

总之，公共关系着眼于企业长期效益，而广告则倾向于产品销售。例如，企业对产品存在的质量问题主动报道，短期内无疑会影响其销售量，但从长期考虑，却使消费者增强了对企业的信任程度。另外，公共关系与广告等促销手段的区别还表现在：作为一项管理职能，企业对广告等促销手段是可以进行控制的，而公共关系工作在很大程度上是难以控制的。

11.4.2 公共关系的主要方法

公共关系的主要任务是致力于提高企业和产品的知名度，创建良好的企业形象和产品形象。鉴于此，公共关系活动的开展有如下几种方法：

1. 利用新闻媒介

由新闻媒介提供的宣传报道对企业来说是一种免费广告，它能给企业带来许多好处。首先，它比广告创造更大的新闻价值，有时甚至是一种轰动效应，而且能鼓舞企业内部的士气和信心，一个企业或者产品能通过新闻报道而受到赞扬，无疑是一种有力的激励。其次，宣传报道比广告更具有可信性，使消费者在心理上感到客观和真实。宣传报道的内容十分广泛，它可介绍企业的各种产品、商标、组织、活动、人物等。在公共关系活动中，企业应善于将其活动和成果转变成新闻报道，争取“上报”“上电视”“上广播”，从而扩大影响，提高知名度。

2. 参与社会活动

企业在从事生产经营活动的同时，还应积极参与社会活动，在社会活动中体现自己的社会责任，赢得社会公众的理解和信任。例如，参与社会组织的各种文化、娱乐、体育活动，参与赞助办学、扶贫、救灾等社会公益活动，参与有关团体、行业协会组织的各种社交活动等。

3. 组织宣传展览

在公共关系活动中，企业可以印发各种宣传材料，如介绍企业的小册子、业务通讯、图片画册、音像资料等，还可以举办形式多样的展览会、报告会、纪念会及有奖竞赛等，通过这些活动使社会公众了解企业的历史、业绩、名优产品、优秀人物、发展的前景等，从而达到树立企业形象的目的。

4. 进行咨询和游说

咨询主要是向管理人员提供有关公众意见，主要是企业定位与形象等方面的劝告和建议，也可包括回答和处理顾客的问题、抱怨和投诉。游说的对象主要是立法机构和政府官员。与他们打交道的目的是为了在一定范围内防止不利于本企业的法令、规定的颁布实施，或为了促使有利于本企业的法令、规定的颁布实施。

5. 导入 CIS 战略

所谓 CIS 即企业形象识别，是指通过改变企业形象，吸引外界的注意，从而改进业绩，达到预期目标的一种经营战略。其内容具有一定的广度和深度，任务也较艰巨。过去我国的企业促销主要是靠广告来实现的，CIS 引入我国后，人们才越来越清楚地认识到提升企业整体形象的重要意义。良好的企业形象既是产品销售的基础，也是市场竞争的有力武器。

11.4.3 公共关系的实施步骤

公共关系在实施中必须遵循一定的程序，主要是确定目标、选择方法、实施计划和评价效果四个相互衔接的步骤。

1. 确定目标

在调查研究的基础上，根据社会公众对企业的了解和意见来具体确定公共关系目标。公共关系主要是利用信息沟通的原理和方法来进行活动的，因此，不同时期公共关系的具体目标是不相同的。例如，当企业推出某一重大举措或新的产品，当社会公众想了解企业有关情况时，这时公共关系的主要目标就应是传播信息；当社会公众对企业产生了某些误解时，公共关系的主要目标就应是促进理解，改变公众的态度和行为；当企业的产品销售萎缩时，公共关系就应配合其他营销手段以刺激需求、引起购买行为作为主要目标。

2. 选择方法

正确的方法是实现目标的保证，上面所介绍的各种方法都具有一定的针对性，有不同的适用范围，有的是增进企业目标公众的支持与理解，有的是提高企业知名度，有的是促进产品销售。企业应根据总目标的要求和具体情况选择公共关系的方法。例如，为了配合新产品的推出，在宣传报道中引用成功的实例写成文章，作为广告推销的参考资料；可以组织专家和权威机构对产品进行鉴定或推荐；可以举办各种活动，如报告会、发布会、义卖等扩大影响。

3. 实施计划

对企业来说开展公共关系活动存在着许多不确定因素，较难控制，困难也较大。为了保证公共关系计划的实现，首光，要有组织的保证，明确公共关系部门职责；其次，要提高公共关系人员的素质；再次，要坚持以诚取信的原则；最后，要善于抓住机遇。例如，要将企业某一成果争取新闻媒介进行宣传报道，必须要有专人联系，提供真实资料，及时地满足新闻媒介的需要，这样成功的把握就较大。

4. 评价效果

对公共关系活动效果的评价往往是比较困难的。因为：其一，传播信息的成效是一个潜移默化的过程，很难以具体的数据反映出来；其二，公共关系往往是配合着其他营销活动一道进行的，其收效也难单独列出。但人们观念和态度上的转变总会在行为中体现出来，因此可以从传播媒介宣传次数、视听人数、参加活动人数、反应理解程度等方面来评价其效果。

同步案例

习酒牵手华致酒行，“我是品酒师”首次举办特色场

背景资料：

2018 年 3 月 8 日，“我是品酒师 · 醉爱酱香酒”华致酒行特色专场在湖南醴陵举行，这是“我是品酒师 · 醉爱酱香酒”自 2015 年举办以来，第一次举办特色场次。

华致酒行常务副总杨强表示，“我是品酒师 · 醉爱酱香酒”在华致酒行特色场的举办将提高包含习酒在内的酱香型白酒在华致体系内的销售占比及消费拥趸数量。

本次“我是品酒师”活动主要从酒度区分、年份酒鉴赏、名优酱香酒品评三个方面进行了三轮评比，每轮品酒时均做了专业性的品评要点和区分要诀传授。参与活动的嘉宾对此表示，这种体验对今后工作中的酱酒鉴赏、酱酒宣传及酱酒销售都极具指导意义。

通过激烈角逐，活动现场最终共评出了 20 位“民间品酒师”，其中 16 位获得了满分。这是自“我是品酒师·醉爱酱香酒”活动开展以来，此次特色专场为同规格、相近人数的“品酒师”活动里产生满分人数最多的一次。

鉴于双方受益，“特色场”活动或可成为案例推广。华致酒行此次与习酒联合举办“我是品酒师”活动，目的在于丰富华致员工的酱酒知识，提升华致员工的酱酒鉴赏能力，同时加深华致营销团队对习酒的了解及认识。

问题：

为什么习酒的“我是品酒师·醉爱酱香酒”能取得成功？

分析提示：

公共关系首要的任务是树立和保持企业的良好形象，争取广大消费者和社会公众的信任和支持。一个企业除了生产优质产品和搞好经营管理之外，还必须重视创建良好的形象和声誉。案例中的“我是品酒师”活动对酱酒的宣传和销售都起到了促进作用。

11.5 营业推广策略

11.5.1 营业推广的基本特征

1. 非规则性和非周期性

典型的营业推广不像广告、人员推销、公共关系那样作为一种常规性的促销活动出现，而是用于短期的和额外的促销工作，其着眼点在于解决某些更为具体的促销问题，因而是非规则性、非周期性的使用和出现的。

2. 灵活多样性

营业推广的方式繁多，这些方式各有其长处与特点，可以根据企业经营的不同商品的特点和面临的不同市场营销环境灵活地加以选择和运用。

3. 短期效益比较明显

一般来说，只要营业推广的方式选择运用得当，其效果可以很快地在经营活动中显示出来，而不像广告、公共关系那样需要一个较长的周期。因此，营业推广最适宜应用于完成短期的具体目标。

11.5.2 营业推广的作用与类型

1. 营业推广的作用

（1）营业推广可以有效地加速新产品进入市场的过程。当消费者对刚投放市场的新产品还未能有足够的了解和做出积极反应时，通过一些必要的推广措施可以在短期内迅速地为新产品开辟道路。例如，让消费者免费试用新产品样品；把新产品与其他产品以较低的价格搭配出售；利用原有的顾客网络来扩大新产品的市场；对首次购买新产品的顾客给予价格优惠等。

（2）营业推广可以有效地抵御和击败竞争对手的促销活动。当竞争者大规模地发起促销活动时，如不及时地采取针锋相对的促销措施，往往会大面积地损失已享有的市场份额。对此，可采用减价赠券或减价包装的方式来增强企业经营的同类产品对顾客的吸引力，以此来稳定和扩大自己的顾客队伍。此外，还可采用购货累计折扣和优待的方式来促使顾客增加购货数量和提高购货频率等。

（3）营业推广可以有效地刺激消费者购买和向消费者灌输对本企业有利的意见。当消费者在众多的同类商品中进行选择，尚未做出购买决策时，及时的推广手段的运用往往可以产生出人意料的效果。例如，有的企业对价值较大的家电产品实行包退、包换、包修，通过售后服务来促进销售；有的企业对体积较大的产品实行免费送货，来刺激消费者；还有的企业采取赠送印有本企业的名称、地址、电话号码、企业宗旨的日历、台历、挂历以及打火机、开瓶器、温度计、文具等精美的小物品来向消费者传递企业的有关信息，建立消费者对企业的好感，促进本企业产品的销售。

（4）营业推广可以有效地影响中间商，特别是零售商的交易行为。生产企业在销售产品中同中间商保持良好关系，取得他们的合作是至关重要的。因此，生产企业往往采用多种营业推广方式来促使中间商，特别是零售商做出有利于自身的经营决策。如通过向中间商提供购买馈赠、陈列馈赠来鼓励订货；向零售商提供交易补贴来弥补零售商制作产品广告、张贴商业海报和陈列产品时所支出的费用；通过批量折扣、经销竞赛等方式来劝诱中间商更多地购买并同厂商保持稳定的购销关系；帮助中间商培训销售人员、服务人员、改善促销工作等。

2. 营业推广的类型

（1）对消费者的营业推广。如赠送样品、提供各种价格折扣、消费信用、赠券、服务促销、演示促销、包装促销、购物抽奖等。

（2）对中间商的营业推广。如批量折扣、现金折扣、特许经销、代销、试销、联营、业务会议等。

（3）对推销人员的营业推广。如奖金、带薪休假、销售竞赛等。

11.5.3 营业推广的决策过程

1. 建立营业推广的目标

营业推广目标在总体上是受企业市场营销总目标制约的，是这一总目标在促销策略方面的具体化。在不同类型的目标市场上，营业推广的目标是各不相同的。对消费者来说，推广目标可以确定为鼓励经常和重复购买，吸引新购买者试用，改进和树立品牌形象等；对中间商来说，推广目标可以确定为促使零售商购买新的产品项目和提高购买水平，鼓励非季节性购买，建立起零售商对该品牌的忠诚度，打进新的零售行业等；对推销人员来说，推广目标可以确定为鼓励对新产品成熟型号的支持，鼓励更高的销售水平等。企业营销部门要通过多因素的分析，确定一定时期内营业推广的目标并尽可能使之数量化。

2. 选择营业推广的工具

营业推广的工具是多种多样的，各有其特点和使用范围。在选择营业推广的工具时要考虑的主要因素包括：

（1）市场类型。如当生产者市场和消费者市场的需求特点和购买行为有很大的差异时，所选择的推广工具必须适应企业所面对的市场类型的特点和相应的要求。

（2）营业推广目标。特定的营业推广目标往往对促销工具的选择有着较为明确的条件要求和制约，从而规定着这种选择的可能范围。

（3）竞争条件和环境。包括企业本身在竞争中所具有的实力、条件、优势与劣势及企业竞争者的数量、实力、竞争策略等因素的影响。

（4）促销预算分配及每种推广工具的预算。总的市场营销费用中有多少用于促销费用，其中又有多少份额用于营业推广，往往也对推广工具的选择形成一种硬约束。

此外，往往有这样的情况，即同一推广目标可以来用多种推广工具来实现。因此，就会产生推广工具的比较选择和优化组合问题，目的是为了实现最优的推广效益。

3. 制定营业推广方案

在制定营业推广方案时，要注意以下几点：

（1）比较和确定刺激程度。要使推广取得成功，一定程度的刺激是必要的。刺激程度越高，引起的销售反应也会越大，但这种效应也存在递减的规律。因此，要对以往的推广实践进行分析和总结，并结合新的环境条件，确定适当的刺激程度和相应的开支水平。

（2）选择营业推广对象。推广是面向目标市场的每一个人还是有选择的某类团体？范围控制在多大？哪些人是推广的主要目标？这种选择的正确与否都会直接影响到推广的最终效果。

（3）选择营业推广的媒介。比如选定赠券这种推广工具，那么还须进一步确定有多少用来放在包装中，多少用来邮寄，多少放在杂志、报纸等广告媒介中，而这些又涉及不同的接受率和开支水平。

（4）选择营业推广的时机。在何时开始发动推广“战役”，持续多长时间效果最好等，也是值得研究的主要问题。持续时间过短，由于在这一时间内无法实现重复购买，很多应获取的利益不能实现；持续时间过长，又会引起开支过大和损失刺激购买的力量，并容易使企业产品在顾客心目中的身价降低。按照有关研究，每个季度搞三次左右的推广活动为宜，每次的持续时间以平均购买周期的长度为宜。

（5）确定营业推广的预算。这要考虑各种推广工具的使用范围、额度、各种产品所处的生命周期的不同阶段等多种因素来加以平衡和确定。

4. 实验、实施和控制营业推广方案

虽然营业推广方案是在经验的基础上确定的，但仍然需要进行必要的实验来检验推广工具的选择是否适当，刺激程度是否理想，现有的途径是否有效。实验可采取询问消费者、填调研表、在有限的地区内试行方案等方式进行，当实验同预期相近时，便可进入实施阶段。在实施中，要密切注意和测量市场反应并及时进行必要的推广范围、强度、频度和重点的调整，保持对推广方案实施的良好控制，以顺利实现预期的目标。

5. 评估营业推广的效果

评估营业推广效果是一项重要而又困难的工作。应当明确，评估工作事实上在选择推广手段前就已经开始了。如制造商向推广对象的中间商说明将要使用的推广手段，听取他们的意见，通过获得这些人对这些手段的反应来做出某种判断。营销者也可以通过各种方法来了解消费者的意见。比如 A、B 两种奖品，在一部分零售店中使用 A 奖品，在另一部分零售店中使用 B 奖品，通过对两种零售店销售情况的比较，判断哪种推广手段更容易被消费者接受。

在营业推广方案实施后要对其有效性进行总的评估，最普通的方法是比较推广前、推广期间和推广后的市场份额变化。此外，营销人员也可以采用消费者调研的方式来了解事后有多少人能回忆起这项推广活动，他们如何看待这项推广活动，有多少人从中得益，这项活动如何影响他们后来的品牌选择行为等。营业推广效果的评估还可以通过变更刺激程度、推广时间、推广媒介、推广对象来获得必要的经验数据，供比较分析并得出结论。

同步案例

中国南方某移动运营公司一个失败的营业推广活动

背景资料：

1. 活动背景

（1）2001年7月1日，建党80周年纪念日；

（2）信息产业部取消固定电话初装费和移动电话入网费；

（3）该公司用户突破300万户。

2. 活动目的

（1）通过给老客户以优惠，增加老客户的满意度和忠诚度，留住老客户；

（2）促进新入网客户的增加。

3. 实现目的的手段

（1）借此大好时机，利用7月1—2日在本市最繁华的户外广场进行户外促销活动；

（2）进行大规模的付费宣传（2天共支出电台、电视台、报纸等宣传费用46万元）；

（3）按在网时间长短给老客户以相应的手机购买补贴，分880元、640元、400元、240元四个档次，每档次名额限制分别为100名、600名、1200名和不限；

（4）按其对外宣传，享受上述优惠补贴的方式是：老客户现场购买手机机价可分别优惠640元、400元、160元和0元，同时赠送一个全球通号码，已包含240元话费，分12个月赠送（但隐去了赠送240元全球通号码的一个前提条件：必须预付200元话费）。

4. 活动的全程简况

该活动由营销中心宣传室主任临时指定几个人，一边由小组的某个成员泛泛起草的活动申请报告层层递交到公司分管副总等待审批，一边便开始了手忙脚乱的准备，即找户外活动代理公司并就有关活动细节进行讨论、签订协议，找手机供应商提供手机、核定价格、制定流程、签订合作协议，找场地等，小组成员忙得晕头转向。

7月1日活动如期开始，不包括手机供应商的人，该公司人员竟一下子去了近50个。由于活动宣传策划上的欠妥，一方面因为第一档次数量太少而使很多顾客产生不满，另一方面又因为没有给顾客讲清楚必须预付200元话费而不断地有顾客发出这样的质问：什么叫赠送一个全球通号码？我已经是全球通顾客了，既然是赠送的号码，我不要不行吗？既然是赠送为什么还要交200元？虚假广告！骗人！太霸道！由于现场业务流程不科学和指挥不善，前台受理处一下子挤做一团；由于缺乏经验、组织能力不够，忽略了户外活动的一个关键因素——天气的预测，当天一早就阴云密布，细雨沥沥，中午正值活动高潮的时候突然台风大作，大雨倾盆，现场更是混乱不堪。不凑巧的是由于准备工作不足，现场带去的SIM卡与所放号段不对应，已经办理了的一大批顾客将无法开机，只有通过现场喇叭请求顾客再回到指定位置替换。而这时正是台风掀起户外活动帐篷、大雨灌入营业现场的时候，真是乱上加乱。指挥声、抱怨声、怒骂声、雨声风声、帐篷倒塌声、喇叭声，声声刺耳，饥饿、寒冷、疲倦、烦躁时时在袭击着每个工作人员。活动场景可想而知。

指挥人员当时决定第二天（2 日，正好周一）的活动取消。随后现场放置一块告示牌，上面胡乱地写上要顾客到指定的营业厅另外办理的通知。而第二天天气却又开始好转，前来参加活动的顾客中有很多是远道而来，看到这样的通知，再加上第一、第二档次的优惠名额已经出尽，需要顾客降低档次来享受优惠，使顾客感到承诺不能兑现，更加激起顾客的不满。事后，这个小组又按自己的思路，草草写出一个没有标准要求的活动总结便不了了之，也没有领导总结这次活动。

5. 活动结果

据统计，该活动两天支出宣传费、场地费、手机补贴总共 120 多万元，发展用户 1000 人，且平均值严重低于现有顾客的总体平均水平。

问题：

该公司这次营业推广活动失败的原因何在？

分析提示：

任何营业推广方案都需要进行必要的实验来检验推广工具的选择是否适当、刺激程度是否理想、现有的途径是否有效。在实施中，要密切注意和测量市场反应并及时进行必要的推广范围、强度、频度和重点的调整，保持对推广方案实施的良好控制，以顺利实现预期的目标。该案例中企业并没有对活动的过程进行监控，导致营业推广活动平均值严重低于现有顾客的总体平均水平。

本章小结

促销是指企业以各种有效的方式向目标市场传递有关信息，以启发、推动或创造对企业产品和劳务的需求，并引起购买欲望和购买行为的一系列综合性活动。促销是企业市场营销活动的基本策略之一，它一般包括广告、人员推销、营业推广和公共关系等促销形式。促销的本质是企业同目标市场之间的信息沟通。

人员推销是现代市场营销活动中促销组合的重要手段之一，在现代促销活动中起着重要作用。就如无论现代化程度多高的战争，打阵地战仍需步兵一样，无论现代市场营销活动的促销手段怎样创新，仍需要人员推销实际占领市场与巩固市场。

广告的基本功能是传递信息，它既可以树立企业和产品形象，又可以刺激销售，是一种被广泛运用的促销方式。企业应根据其特点，扬长避短，灵活运用。

公共关系是促销组合中的一个重要组成部分，企业公共关系的好坏直接影响着企业在公众心目中的形象，影响着企业营销目标的实现。如何利用公共关系促进产品的销售，是现代企业必须重视的问题。

营业推广是用于短期的和额外的促销工作，其着眼点在于解决某些更为具体的促销问题，因而是非规则性、非周期性的使用和出现的，具有执行的灵活性和效力的短期性的特点。

现代企业促销的手段与方式日新月异，由于各种手段和方式各具不同的特点，因此需要在实际促销活动中组合运用，各种不同的促销方式编配组合即形成了不同的促销策略。

思考与练习

1. 理论题

(1) 单选题

①1995年，宝洁公司在贵阳举办了“汰渍”洗衣粉派送活动，具体做法是，营销人员将“汰渍”试用装洗衣粉派送到每个普通家庭。这属于（　　）。

A. 广告促销　B. 人员推销　C. 公共关系　D. 营业推广

②促销的实质是（　　）。

A. 促进销售　B. 信息沟通

C. 转让商品的所有权　D. 促使消费者作出购买决策

③儿童智力玩具一般宜选择（　　）作为广告媒介。

A. 报纸　B. 广播　C. 电视　D. 杂志

④（　　）是一种影响最广泛、费用最高的促销手段。

A. 广告宣传　B. 人员推销　C. 营业推广　D. 公共关系

⑤促销的目的是引发刺激消费者产生（　　）。

A. 购买行为　B. 购买兴趣　C. 购买决定　D. 购买倾向

(2) 多选题

①促销的基本策略有（　　）。

A. 拉引策略　B. 发展策略　C. 推动策略　D. 广告策略

②促销组合就是对（　　）等促销方式的综合运用。

A. 人员推销　B. 广告

C. 企业形象识别　D. 职工教育

E. 公共关系　F. 营业推广

③推销人员的主要任务有（　　）。

A. 传递信息　B. 收集信息　C. 推销产品　D. 提供服务

E. 寻找新顾客

④影响促销组合和促销策略制定的因素较多，主要应考虑的因素有（　　）。

A. 消费者状况　B. 促销目标　C. 产品因素　D. 市场条件

E. 促销预算

⑤在人员推销活动中的三个基本要素为（　　）。

A. 需求　B. 购买力　C. 产品因素　D. 市场条件

E. 推销品

(3) 判断题

①从事销售工作的人统统被称为推销员。（　　）

②内部销售人员使外部销售人员有更多时间向主要顾客推销，并寻找主要潜在客户。（　　）

③为选择媒体，广告客户必须先确定达到广告目标所需要的范围。（　　）

④公共关系手段是不需要付费的。　　(　)

⑤赠券是最有效也是最昂贵的介绍新产品的方法。　　(　)

(4) 简答题

①促销的本质是什么？从促销的本质属性出发，谈谈怎样才能有效提高促销工作的效率？

②什么是促销策略组合？影响促销策略组合的因素有哪些？

③什么是人员推销？人员推销的主要工作流程是怎样的？如何进行人员推销管理？

④什么是广告？广告决策有哪些主要内容？

⑤什么是公共关系？公共关系与广告有何主要区别？

⑥如何进行营业推广的决策？应注意的问题有哪些？

2. 实务训练题

【案例分析 1】

欧莱雅玩转网络营销

随着中国男士使用护肤品习惯的转变，男士美容市场的需求逐渐上升，整个中国男士护肤品市场也逐渐走向成熟。近两年的发展速度更是迅速，越来越多的中国年轻男士护肤已从基本清洁开始发展为护理，美容的成熟消费意识也逐渐开始形成。2012 年欧莱雅中国市场分析显示，男性消费者初次使用护肤品和个人护理品的年龄已经降到 22 岁，男士护肤品消费群区间已经获得较大扩张。虽然消费年龄层正在扩大，即使是在经济最发达的北京、上海、杭州、深圳等一线城市，男士护理用品销售额也只占整个化妆品市场的 10% 左右，全国的平均占比则远远低于这一水平。作为中国男士护肤品牌，欧莱雅男士对该市场的上升空间充满信心，期望进一步扩大在中国年轻男士群体的市场份额，巩固在中国男妆市场的地位。其营销目标如下：一是推出新品巴黎欧莱雅男士极速激活型肤露，即欧莱雅男士 BB 霜。品牌主希望迅速占领中国男士 BB 霜市场，树立该领域的品牌地位，并希望打造成为中国年轻男性心目中的人气最高的 BB 霜产品。二是欧莱雅男士 BB 霜目标客户定位于 18—25 岁的人群，他们是一群热爱分享，热衷于社交媒体，并已有一定护肤习惯的男士群体。

执行方式：面对其他男妆品牌主要针对功能性诉求的网络传播，麦肯旗下的数字营销公司 MRM 携手欧莱雅男士将关注点放在中国年轻男性的情感需求上，了解到年轻男士的心态在于一个“先”字，他们想要领先一步，先同龄人一步。因此，设立了“我是先型者”的创意理念。为了打造该产品的网络知名度，欧莱雅男士针对目标人群，同时开设了名为@型男成长营的微博和微信账号，开展一轮单纯依靠社交网络和在线电子零售平台的网络营销活动。第一，在新浪微博上引发了针对男生使用 BB 霜的接受度的讨论，发现男生以及女生对于男生使用 BB 霜的接受度都大大高于人们的想象，为传播活动率先奠定了舆论基础。第二，有了代言人阮经天的加入，发表属于他的先型者宣言：“我负责有型俊朗，黑管 BB 负责击退油光、毛孔、痘印，我是先型者阮经天。”号召广大网民，通过微博申请试用活动，发表属于自己的先型者宣言。微博营销产生了巨大的参与效应，更将微博参与者转化为品牌的主动传播者。第三，在京东商城建立了欧莱雅男士 BB 霜首发专页，开展“占尽先机，万人先型”的首发抢购活动，设立了欧莱雅男士微博部长，为关于BB霜使用者提供的一对一的专属定制服务。另外，特别开通的微信专属平台，每天即时将从新品上市到使用教程、前后对比等信息均通过微信推送给关注巴黎欧莱雅男士公众微信的每一位用户。

营销效果：该活动通过网络营销引发了在线热潮，两个月内，在没有任何传统电视广告投放的情况下，该活动覆盖人群达到3500万用户，共307107位用户参与互动。仅来自新浪微博的统计，微博阅读量即达到560万，在整个微博试用活动中，一周内即有超过69136名男性用户申请了试用，在线的预估销售库存在一周内即被销售一空。

思考题：

（1）请结合案例，总结欧莱雅网络营销为什么取得成功？

（2）欧莱雅在这个案例中运用的网络营销创新在哪些地方？

【案例分析2】

美加净“大白兔”唇膏半秒售罄，老字号“出走”跨界如何脱颖而出？

在刚刚过去的中秋，不少品牌促销优惠一波接一波，为的是提高业绩推广产品。一些占据着我们童年回忆的老字号则选择“出走”跨界，将自家明星产品和青年人偏好的单品结合起来，大白兔奶糖味润唇膏、老干妈卫衣、AD钙奶味月饼……这些“中秋时尚单品”你get到了几样？

9月20日10点，冠生园旗下的大白兔奶糖与上海家化联合股份有限公司旗下的美加净，跨界合作推出的联名款——大白兔奶糖味润唇膏在线上首发。天猫官方数据显示，这款唇膏第一批上线了920支，每个ID限购1件，售价为78元两支，不包邮，但半秒即被抢空。

或许是太受人追捧，官方在淘宝上已经悄咪咪地涨了价，原来78元两支的购物页面已经变成80元两支。而在闲鱼上，其拍卖价格有的已经高达175元。果然情怀这个东西在营销上一次都没有输过。

据了解，这款奶糖口味的润唇膏，不仅在包装设计上延续了大白兔奶糖的经典形象，整个造型就像一颗糖一样，它的扭结就作为一个开封，可以打开，润唇膏再拿出来，尽最大可能地还原了奶糖的包装，连成分里也融入了乳木果油、橄榄油、甜杏仁油和牛奶精华，闻起来就有大白兔奶糖的经典甜香。

对此，网友们忍不住评论：“仿佛已经闻到了甜甜的奶香。买了大概不是涂完的是吃完的！”还有人“撒起了狗粮”：“接吻的话那真是甜甜的吻了……”一些网友甚至脑洞大开，希望这个联名继续“搞事情”，接着推护手霜、身体乳，“涂了就变成一只行走的甜甜大白兔啦！”

（资料来源：https：//www.sohu.com/a/256329722_674975。）

思考题：

（1）与传统的促销方式相比，跨界促销有哪些优势与劣势？

（2）对于此次美加净“大白兔”奶糖味润唇膏的跨界促销，你有何启示或建议？

第 12 章

营销组织、实施、控制与管理营销价值实现

管理是一种器官，是赋予机构以生命的、能动的、动态的器官。没有机构（如工商企业），就不会有管理。但是，如果没有管理，那也就只会是一群乌合之众，而不会是一个机构。而机构本身又是社会的一个器官，它之所以存在，只是为了给社会、经济和个人提供所需的成果。可是，器官从来都不是由它们做些什么，更不用说由它们怎么做来确定的。它们是由其贡献来确定的。

——彼得·德鲁克

【知识要点】

（1）企业组织结构营销部门地位演变；（2）营销部门组织设计；（3）市场营销的实施步骤；（4）市场营销控制的主要内容与方法。

【能力目标】

（1）掌握营销部门组织设计影响要素；

（2）掌握市场营销实施的主要工作内容；

（3）了解影响市场营销实施效果的主要因素；

（4）掌握市场营销控制的主要指标及审计方法。

导入案例

华为式创新

“铁三角”是华为探索出的创新管理模式，是由客户经理、解决方案专家和交付专家组成的面向客户的作战单元，分别负责前期与客户沟通、中期产品设计和后期交付。“铁

三角”的精髓是为了目标，打破功能壁垒，形成以项目为中心的团队运作模式，这是华为在探索管理组织创新的道路上迈出的重要一步。

华为在管理上实行高度的中央集权，组织和运作机制是总部权威的强大发动机在“推”。而现在，华为在一线团队铸造了一个个“铁三角”，并对其分配权力，逐步形成“拉”的机制，准确地说，是“推”“拉”结合、以“拉”为主的机制。当每个“铁三角”拉动的时候，看到哪一根绳子不受力，就将它剪去，连在这根绳子上的部门及人员一并剪去，组织效率就会有很大的提高。管理模式的变革、权力的重新分配促使华为组织结构、运作机制和流程发生彻底转变，每根链条都能快速灵活地运转，重点的交互节点都能够得到控制。

（资料来源：摘自中外管理传媒《华为式创新为何能成功?》）

启示：与时俱进的变革，成就了华为的成功。

12.1　市场营销组织

企业营销计划只有通过有效的营销组织才能得以实施。营销组织的目标就是要避免企业组织机构的重复设置，使企业的资源达到最佳的配置，发挥最佳的效能。

12.1.1　企业组织结构设置的两种模式

组织结构是指组织内部的结构框架，一定的组织结构和一定的组织关系相结合，就构成了一定的组织模式。组织结构的建立是实现目标的一种手段，其目的是为了使组织成员协调地开展工作，共同为组织目标的实现而奋斗。鉴于不同的企业有各自的目标、战略、目标市场、竞争环境和资源条件，为适应不同的环境，企业的组织结构也必然会有所区别，主要有两种模式。

1. 金字塔型

金字塔型是各类组织中最常采用的一种结构模式，多是按职能专业化设置的组织结构，它以企业及其产品为中心，以市场为终点，以推销产品为目的。

这种组织结构模式的特点是：在总经理的领导下设置相应的职能部门形成垂直的专业管理。其优点是：指挥权集中，决策迅速，容易贯彻到底；分工细密，职责分明；由于各职能部门仅对自己应做的工作负有责任，既可减轻管理人员的负担，又可充分发挥专家特长。不足之处在于各部门责权范围有限，往往缺乏对企业整个市场营销状况的了解，企业内部规章多，反应较慢，不利于企业适应新的变化。

2. 矩阵型

矩阵型是一种新型的企业组织结构设置模式，是为了适应在一个组织内部同时有几个项目需要完成，每个项目又需要具有不同专长的人共同工作才能完成而形成的，一般适用于创新性任务较多、生产经营复杂多变的组织。具体结构如图 12 - 1 所示。

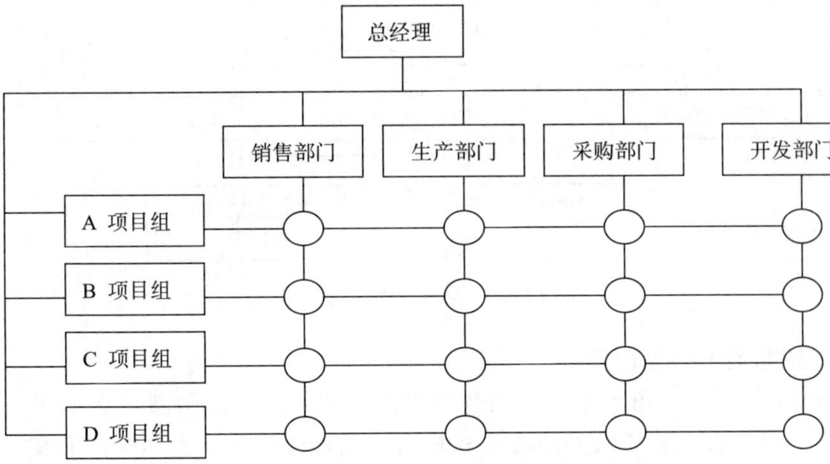

图 12－1 矩阵型组织模式

其特点是：既有按管理职能设置的纵向组织系统，又有按产品、项目、任务等划分的横向组织系统。矩阵型组织的优点在于：有利于加强各部门之间的配合和信息交流；有利于集中各种专门的技能，加速完成某一特定项目；可避免重复劳动，加强组织的机动性和灵活性。

12.1.2 市场营销部门的演变

市场营销部门是执行市场营销计划、为购买者服务的职能部门。市场营销部门的演变，受宏观市场环境、企业营销管理思想以及企业自身所处发展阶段和业务特点等因素的影响，尤其与市场营销经营管理观念的变化分不开。纵观企业经营观念发展演变的历史，大致经历了生产观念、产品观念、推销观念、市场营销观念和社会市场营销观念五个阶段，市场营销部门的发展也从简单的销售功能演变为一个复杂的功能群体。

1. 简单的销售部门

在 20 世纪初，市场的一个显著特点就是需求极大，产品供不应求。对消费者而言，就是急于购买必需物品，选择性极少，只要价格不高，他们就会购买。所以，他们的需求及欲望并不受到生产者的重视，在生产者看来，只要他们产品的价格能够被市场接受，无论多少产品都能卖出去，根本不用担心消费者会有其他额外要求，因而企业以生产观念为指导，只是力求产品标准化，提高效率，通过大规模生产来降低制造成本以获取利润。企业组织设置以生产部门为主，销售部门的职能也仅仅是在推销生产部门生产的产品，具体表现为“生产什么，就卖什么”，销售部门对产品生产没有发言权。但简单的销售部门只适合需求比较单一、选择性较小且同质性较高的产品的销售。如图 12－2 所示。

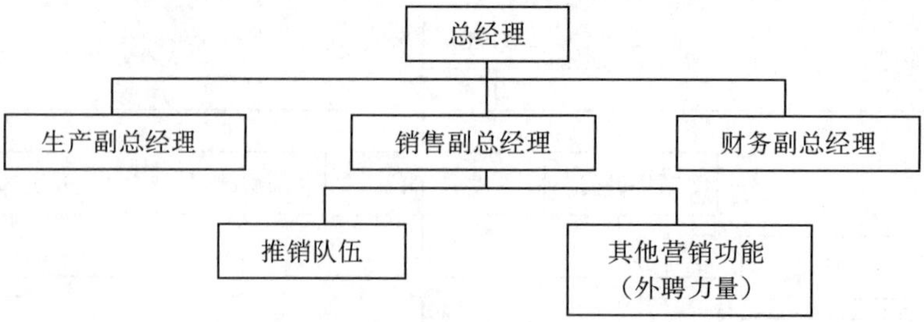

图 12－2 简单的销售部门

2. 兼具营销职能的销售部门

20 世纪 30 年代以后，市场上的产品数量得到较大的增加，消费者在购买商品时有了更多的选择机会，且由于生活水平的改善和提高，消费者开始注意同类产品在质量上的差异，并对创新的产品表现出极大的兴趣，他们宁愿花多一点的价钱去购买质量较高和比较新型的产品。这样一来买卖双方的关系发生了一些微妙的变化，生产者对消费者在产品质量和类型上的要求，再也不能熟视无睹了，否则他们的产品就会滞销，甚至将卖不出去。于是，生产者开始注重从消费者的需求来改进产品质量并大力进行产品创新。这一时期企业经营观念由生产为导向变为以产品为导向，企业内部兼具营销职能的销售部门出现了，但仍缺乏推销意识，如图 12－3 所示。

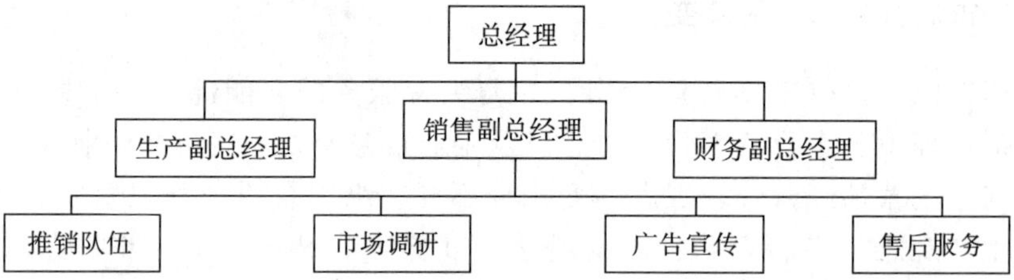

图 12－3 兼具营销职能的销售部门

3. 独立的营销部门

随着工业化和机械化的发展，大量产品充斥市场，出现了供大于求的现象。买卖双方的位置也因此发生了显著的变化，市场状态由原来的卖方市场转化成买方市场。生产者的工作重点是用尽一切手段去刺激消费者购买自己的产品，使用各种推销和促销手段，如广告、打折、赠送礼品、推销员上门游说等，来达到实现最大的销售量的目的。于是，企业经营管理观念由产品导向转变至推销导向，企业开始设立独立的营销部门，力求把产品尽快地大量推销出去。在这个阶段，企业设立一个相对独立于销售副总的营销部门，负责营销调研、新产品开发、广告等营销活动，为企业寻找新的发展机会，如图 12－4 所示。

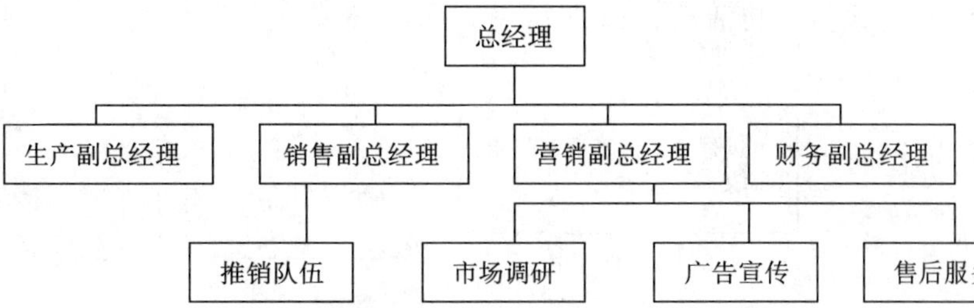

图 12－4　独立的营销部门

4. 现代营销部门

市场竞争变得日益激烈，而消费者却变得越来越挑剔。产品的卖方不仅必须使其商品具有竞争能力，而且更重要的是要真正认清消费者的需求，激起和满足顾客的欲望，把顾客作为整个市场活动的起点和中心，一切从顾客出发，经营企业的推销观念逐渐演变为市场营销观念。在企业内部，营销部门和销售部门之间的关系常常带有互不信任和相互竞争的色彩。营销经理的任务是确定机会，制定营销战略和计划。营销人员依赖营销调研，努力确定和了解细分市场，花费时间在计划上，从长计议，目标是产品利润和市场份额。销售人员则是完成营销计划，花费时间在面对面的推销上，从短期利益考虑问题，并努力完成销售定额。为了解决销售活动与营销活动之间日益扩大的冲突，现代营销部门的雏形出现了，由营销与销售执行副总全权管理两个部门，如图 12－5 所示。

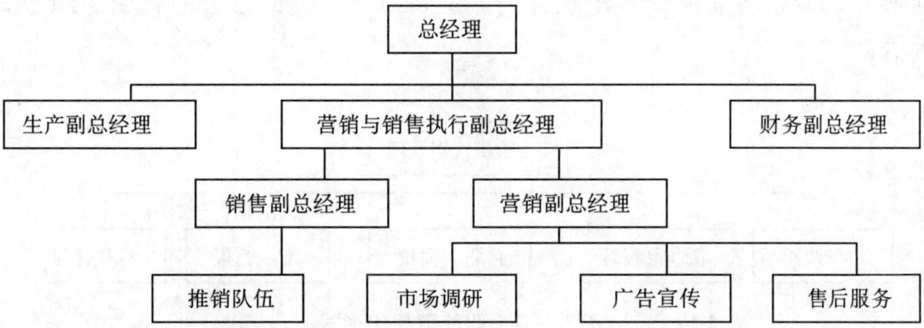

图 12－5　现代营销部门/营销公司

5. 现代市场营销公司

一个公司营销的成败除了需要出色的营销部门外，还取决于公司其他部门对顾客的态度和它们的营销责任，所以，公司所有的管理人员都要认识到企业的一切工作是“为顾客服务”的。在观念及组织权责上，市场营销部门的功能并不大于其他部门的功能。其他部门听从及支持市场营销部门，是因为市场营销部门更能较好地传达消费者的需求和更直接地面对消费者，公司上下形成一致的营销理念，企业就可称为现代市场营销公司（其结构同图 12－5）。

6. 以过程和结果为基础的公司

现在许多公司把它们的组织结构重新集中于关键过程而非部门管理。因为部门组织被看成是顺利执行功能性业务过程的障碍，例如，在新产品开发、顾客获得和订单履行上。为了获得过程和结果，公司任命过程负责人，由他管理跨职能的小组工作。营销人员和销售人员作为过程小组成员参与活动，如图 12－6 所示。

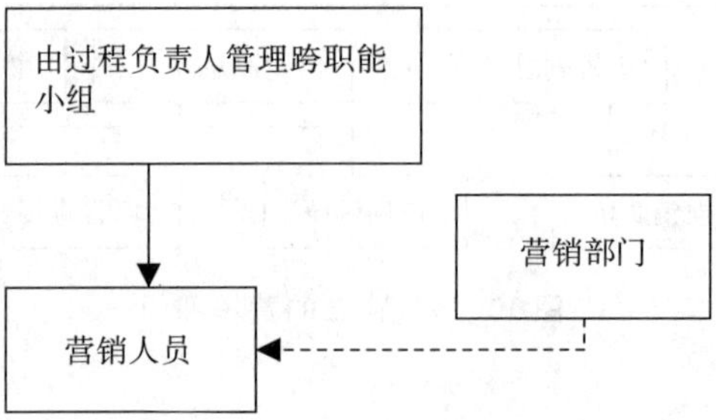

图 12－6 以过程和结果为基础的公司

12.1.3 市场营销部门的组织形式

企业的营销计划要落实到营销部门来完成。规模小的企业，一个人就可以承担所有营销任务。随着企业规模的扩大，企业开始建立营销部门，并根据具体任务分解为多个单位或部门。由于企业营销目标不同，企业会根据自身具体情况设置不同的营销组织形式。常见的有以下几种：

1. 职能型组织形式

企业按市场营销各职能设置组织部门。这是最常见、最古老的营销组织形式，如图 12－7 所示。

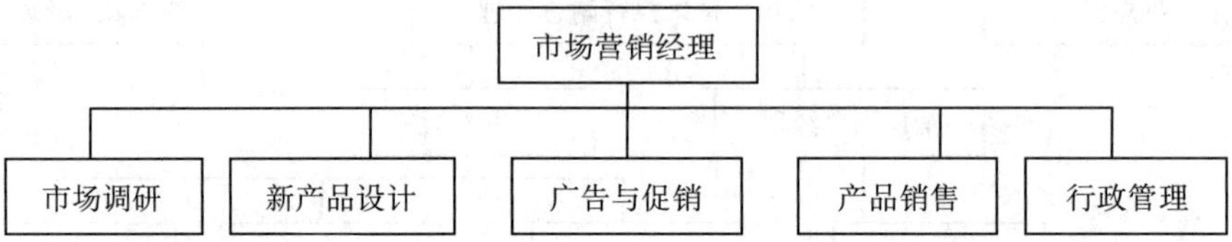

图 12－7 职能型组织形式

职能型组织的优点是结构简单，管理方便。它主要适用于产品种类不多，对相关专门知识要求不高，或经营地区情况差别不大的企业。随着公司产品品种的增多和市场的扩大，这种组织形式越来越暴露出其效益低下的弱点。一方面，由于没有人对该产品或市场负全部责任，所以没有按每种产品和每个市场制定的完整计划，使某些产品或市场容易被忽视。另一方面，各个职能部门常为获得更多预算或取得较其他部门更高的地位而竞争，使营销经理常常面临协调难题。

2. 地区型组织形式

一个从事全国范围销售的公司，通常都按地理区域安排销售队伍。这种形式适用于销售区域大而经营品种单一的企业，其结构如图 12－8 所示。

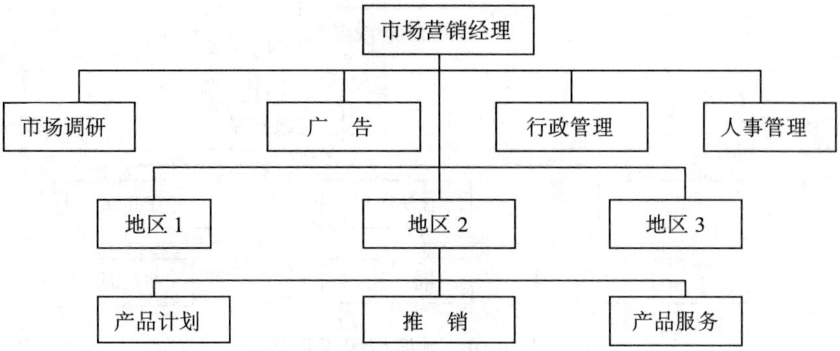

图 12－8　地区型组织形式

在这种组织内部，为避免职能部门重复，市场调研、广告、行政管理等仍归属原职能部门，且与地区部门并列。优点在于可充分发挥每一地区部门熟悉该地区情况的优势。不足之处在于，当产品种类较多时，很难按不同产品的使用对象来综合考虑，各地区的活动也难以协调。

3. 产品/品牌型的组织形式

生产多种产品和品牌的公司，往往按产品或品牌建立管理组织，这种产品管理组织并没有取代职能型组织，只不过是增加一个管理层而已，如图 12－9 所示。

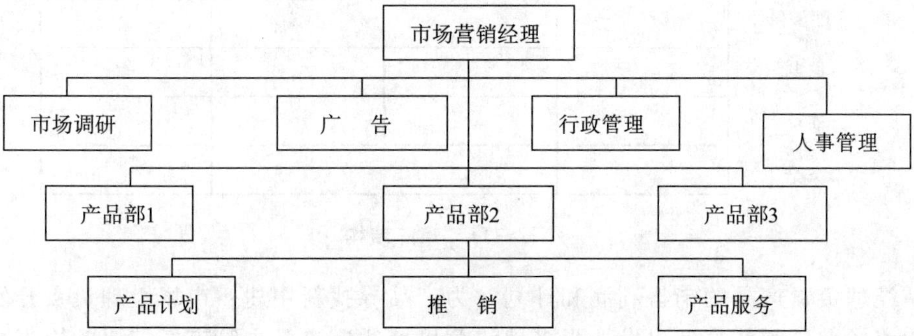

图 12－9　产品/品牌型组织形式

这种组织形式的优点是，各类产品责任明确，由于产品互不关联，彼此相互干扰不大，且组织形式灵活，增加新产品时，增加一个部即可。缺点是缺乏地区概念，各产品部不可能对每一地区都能兼顾并做出适当反映。

4. 顾客型组织形式

企业把顾客按其特有的购买习惯和产品偏好，进行细分并区别对待，就此设立顾客型的组织结构，如图 12－10 所示。

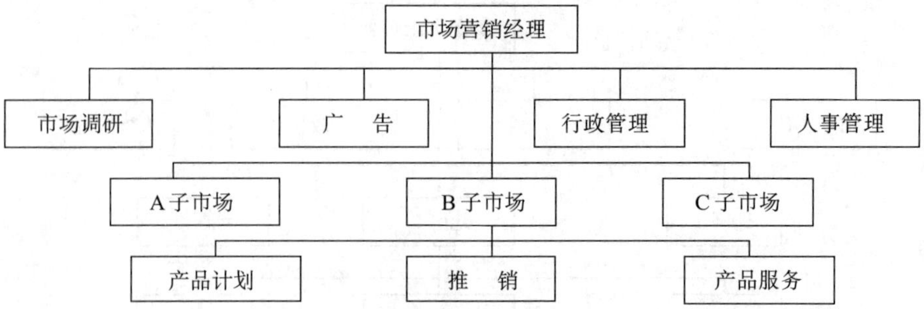

图 12－10 顾客型组织形式

5. 矩阵式组织形式

这是一种产品型和市场型相结合的矩阵式的组织形式，常见于生产多种产品并向多个市场销售的公司。因为这种公司解决机构设置的方法有三种：一是采用产品管理组织制度，这需要产品经理熟悉广为分散的不同市场；二是采用市场管理组织制度，那就需要市场管理经理熟悉销往各自市场的五花八门的产品；三是同时设置产品经理和市场经理，形成矩阵型结构。杜邦公司就是按矩阵结构设置营销机构的，如图 12－11 所示。

图 12－11 矩阵结构

产品经理负责产品的销售利润和计划，为产品寻找新用途；市场经理负责开发现有的和潜在的市场，必须从长远出发，更多地注意培植适应自己主管市场需要的恰当产品。该组织形式的不足在于费用大，容易产生矛盾与冲突，还会存在权利和责任不清的问题。

知识拓展

欧莱雅中国市场的矩阵式营销组织

欧莱雅是全球排名第一的化妆品公司，拥有500 多个不同品牌，在 100 多个国家内成立品牌分部。至 2000 年，欧莱雅在中国 50 多个大城市成立了 870 家专卖店，聘用了 2000 名专业美容顾问，并成功推广了欧莱雅、美宝莲、兰蔻、薇姿四个品牌。欧莱雅的产品，包括皮肤护理产品、美发产品、彩妆、香水等。1997 年 2 月，欧莱雅中国总部正式在上海成立。在竞争激烈的市场中，欧莱雅不但要充分利用整体竞争优势，还要兼顾不同品牌的相对独立性。为了解决这个矛盾，欧莱雅首先在中国试用矩阵式的组织结构，在新的矩阵式组织结构中，欧莱雅根据不同的产品种类规定不同的部门相应的责权。这种组织结构可以更迅速有效地迎接竞争者或潜在竞争者的挑战。

12.1.4 影响企业市场营销组织设置的因素

任何一个企业都要在不断变化着的社会经济环境中运行，它不可避免地受到许多因素的制约。为了企业的生存和发展，在设置营销组织时，企业必须考虑以下因素：

1. 市场特点

由于外部环境是企业的不可控因素，市场营销组织的设置必须首先考虑当前企业所面临的外部环境及其发展趋势。外部环境包括政治、经济、社会、文化、科技等因素，其中市场因素对企业的影响最大。当企业面临的市场不稳定时，设立反应快的柔性组织；反之，可采用较稳定的市场营销组织，如市场导向型组织；如果市场分布的地区化较明显，可按地理因素划分业务区域。

2. 企业规模

企业规模决定了营销组织设置层次的多少。小规模企业的营销组织较为简单，进行销售的人员只有几个到十几个；大企业的营销组织层次多，所管理的营销人员多，管理幅度大。

3. 产品类型

企业生产产品的类型也会影响营销组织的设置，尤其是营销工作的侧重点不同。例如，工业品和消费品生产企业的营销组织都倾向于产品型的组织结构，但工业品多采用人员推广，消费品多用广告和分销。

12.1.5　市场营销部门与其他部门的关系

企业总体目标的实现，有赖于企业内部各部门之间的密切配合。但实际上，企业内部各部门之间却存在激烈的竞争和严重的误解，表现为部门利益与公司总体利益相冲突，部门之间有偏见，相互配合差，从而削弱了公司的总体战斗力。

在典型的组织体系里，各部门都应通过自己的活动和决策来满足顾客需求。按照市场营销观念，所有部门都应以“满足顾客”为原则，开展工作。营销部门是这一工作的主要责任人。营销经理的任务是，在以满足顾客需求为导向的前提下，要协调公司的全部营销活动，同时向其他职能部门灌输“顾客至上”的观念，协调与公司财务、生产、行政等部门的活动和关系。当然，要协调这种部门之间的关系，营销经理没有特权，只能依靠说服。

1. 市场营销部门和其他部门的分歧

市场营销部门和其他部门有分歧，主要是因为营销部门的工作是以顾客为核心，强调顾客至上，其他部门则强调自己部门任务的重要性，导致各部门都从自己的角度去考虑公司的目标和各种问题，这样部门之间的分歧就无法避免了。具体分歧见表 12－1。

表 12－1　　市场营销部门与其他部门的分歧

部门	其他部门的工作重点	营销部门的工作重点
研究与开发	基础研究 内在质量 功能性特点	应用研究 认知质量 销售特点

续表

部门	其他部门的工作重点	营销部门的工作重点
工程技术	较长的设计前置时间 型号较少 标准元件	较短的设计前置时间 型号较多 定制元件
采购	产品线窄 标准部件 材料价格 采购批量的经济性 采购次数少	产品线宽 非标准部件 材料质量 大量采购以免断档 为满足顾客需求即时采购
制造	较长的生产前置时间 长期生产少数型号 型号无变化 标准订货 容易装配 一般控制质量	较短的生产前置时间 短期生产许多型号 型号常变化 定制订货 造型美观 严格控制质量
财务	按原则严格控制支出 硬性和固定的预算 定价着眼于回收成本	根据直观方法开支 弹性预算 定价着眼于开发市场
会计	标准化交易 报告极少	特殊交易条件和折扣 报告多
信贷	要求客户全面公开财务状况 信贷风险小 信贷条件好 收款程序严格	对客户作最低限度信用审查 信贷风险适中 信贷条件宽厚 收款程序简便

2. 建立全公司营销导向的战略

在激烈的竞争中，许多公司意识到市场营销不仅是市场营销部门的职能，而且是所有部门的职能。即使最好的营销部门，也无法弥补因其他部门缺乏对消费者的重视而带来的损失，因此，诸如福特、壳牌、索尼等大公司在努力重组它们自己，成为真正市场和顾客导向的企业。

（1）建立全公司营销导向的公司标准。要实现这个目标是很难的，它并不是仅仅停留在口头上，还应体现在工作中，这种变化首先从观念开始。下面以研究开发部门和制造部门为例。研究开发人员应花费时间倾听顾客意见，征求顾客反应和建议作为项目方案；积极听取营销部门和其他部门的每一项新建议；以竞争产品为基准，寻求最佳产品；在市场反馈的基础上，不断完善和改进产品。制造部门可以邀请顾客参观工厂；拜访客户，了解用户使用工厂产品的情况；为按时履行订单加班工作；努力寻找高效率和低成本的产品；不断改进产品质量，实现零缺陷；只要能提高盈利能力，满足顾客需求为其“定制”产品。

（2）建立全公司营销导向公司。公司总经理可采取如下措施：

①让所有部门经理接受以顾客为中心的理念。因为只有关注市场和以顾客为中心，企

业才能成功。公司总经理要以身作则地示范“顾客至上”的观念，并对做得好的员工给予奖励。

②建立完善的营销总部。其主要任务是制定计划，把现代营销思想和方法推广到公司内部。该总部的人员包括总经理、销售、研究开发、采购、制造、财务、人事副总经理及某些其他关键人员。

③争取各界的帮助和指导。营销总部在建立公司营销文化方面，可以请教咨询服务公司的有关专家，或向其他营销导向公司学习。

④建立合理的绩效机制。要改变各部门的工作行为，必须先改变公司的奖励机制。当生产部门因降低成本而获得奖励，他们就不会为提高产品质量而增加一分成本。

⑤聘请营销专家。考虑从外部聘请营销专家，尤其是在领先的营销公司中工作的专家。

⑥加强内部营销培训。举办营销知识培训班，把营销观念和技能灌输给高层管理人员、各部门经理以及公司员工。

⑦建立现代营销计划制度。培养部门经理们考虑营销问题的最好方法是，建立现代营销计划工作制度，计划工作的程序迫使经理们思考市场营销环境、机会、竞争趋势和营销的其他问题。要求经理们为某些产品制定营销战略，预测销售利润并对此负责。

⑧建立年度营销绩效考评制度。企业各业务单位制定的营销报告有具体的内容和结果。公司对他们提交的年度市场营销活动报告，要组建专门小组进行评审，奖励评出的最佳市场营销人员，同时把获奖人员的事迹在公司内部进行宣传。

⑨将产品导向型企业改组为市场导向型企业。有些企业由许多产品部组成，各产品部在许多市场交叉销售，例如，通用汽车公司 6 个部门各自在汽车市场上推销。要建立一个以特定行业需要为核心的组织，并协调各部门关系，将企业逐渐发展成为市场导向型的企业。

⑩从对部门管理变为对过程和结果的管理。公司应清楚了解业务完成的基本过程，指派过程负责人和交叉培训小组，重组和执行这些过程，确保营销人员在小组的工作时间多于在自己部门的时间。

知识拓展

营销导向的欧莱雅公司

为了有效地开展活动，在中国的高层管理者组成欧莱雅中国执行委员会，他们定时开会商讨决策。在每次会上，高层管理者都会强调组织结构变革的重要性，并收集对执行的建议，以使欧莱雅中国公司作为一个整体和谐地运转。

作为一个法国公司，欧莱雅注重组织的灵活性和适应性，鼓励每个员工参与决策，并向他们提供机会表达自己对职业发展的需求。相应地，公司在任命时也充分考虑员工的个人意见。此外，公司鼓励员工提出不同意见。公司认为，由分歧引起的交锋能保持创新的能力，并将激发新的创意。再者，各个层面的管理者通过多种渠道与下属频繁沟通。

过去 10 年里，欧莱雅用于研究和发展的费用高达 32 亿美元，高于它所有的竞争对手。这些研究花费使欧莱雅每三年更新近 50% 的生产线，平均每年申请 300 项专利。欧莱雅将在上海设立研发中心以加强产品的竞争力，并使之更加适合中国的顾客。

（资料来源：https：//wenku. baidu. com/view/31a5824469eae009581beca9. html。）

12.2 市场营销实施

市场营销实施是把营销策略和计划落实为具体的营销行动，实现营销计划的既定目标。营销实施包括动员公司全部的人力和资源，实施每日或每月的例行营销活动，通过这些活动来有效地实现营销计划。

12.2.1 市场营销的实施过程

市场营销的实施过程具体包括以下相互联系的五项内容：

1. 制定行动方案

制定的行动方案应该明确营销战略实施的关键性决策和任务，并将执行这些决策和任务的责任落实到个人或小组。另外，还应包括具体的时间表、行动的确切时间。

2. 调整组织结构

企业的正式组织在营销战略的实施过程中发挥决定性的作用，组织将战略实施的任务分配给具体的部门和人员，规定明确的职权界限和信息沟通渠道，协调企业内部的各项决策和行动。组织结构必须与企业战略相一致，必须同企业本身的特点和环境相适应。组织结构具有两大职能：

（1）提供明确的分工，将全部的工作分解成便于管理的几大部分，再将它们分配给各有关部门和人员；

（2）发挥协调的作用，通过正式的组织联系和信息沟通网络，协调各部门和人员的行动。

3. 健全绩效考评制度

绩效考评制度直接关系到战略实施的成败。企业对管理者的评估和薪酬制度，如果以短期经营利润为标准，则各部门管理人员和公司员工的行为必定趋于短期化，他们就不会为公司的长期目标而努力。

4. 开发人力资源

人力资源开发涉及人员的考核、选拔、培训和激励等问题。在考核、选拔管理人员时，要注意将适当的工作分配给适当的人，做到人尽其才；为了激励员工的积极性，必须建立完善的工资、福利和奖惩制度。

5. 建设企业文化

企业文化是指一个企业内部全体人员共同持有和遵守的价值标准、基本信念和行为准则。企业文化对企业经营思想和领导风格、职工的工作态度和作风，均起决定性作用。企业文化包括企业环境、价值观念、模范人员、仪式和文化网络五方面的内容。

企业的管理风格与企业文化是相连的。有一种管理者的管理风格属于“专权型”，他们发号施令，独揽大权，严格控制，坚持采用正式的信息沟通，不容忍非正式的组织和活动。另一种管理风格是“参与型”的，他们主张授权给下属，协调各部门的工作，鼓励下属的主动精神和非正式的交流和沟通。

企业文化和企业管理风格一旦形成，就具有相对稳定性和连续性，不易改变。因此，企业战略通常是为了适应企业文化和管理风格来制定的，而不宜轻易改变企业原有的文化和风格。

上述几个方面必须协调一致、相互配合，企业营销目标才可能实现。

12.2.2 影响市场营销计划有效实施的因素

1. 计划脱离实际

企业的营销战略和营销计划通常是由上层的专业计划人员制定的，而实施则要依靠营销管理人员，由于这两类人员之间往往缺少必要的沟通和协调，导致下列问题的出现：

（1）企业的专业人员只考虑总体战略而忽视了实施中的细节，结果使计划过于笼统和流于形式。

（2）专业计划人员往往不了解计划实施过程中的具体问题，所定计划脱离实际。

（3）专业计划人员和营销管理人员之间没有充分的交流与沟通，致使营销管理人员在实施过程中经常遇到困难，因为他们并不完全理解需要他们去实施的战略。

（4）脱离实际的战略导致专业计划人员和营销管理人员相互对立和不信任。

公司的专业计划人员无法为营销经理拟订战略，因为营销人员更了解实际，应由计划人员协助营销经理制定计划。现在很多公司都把制定计划的任务交给低层管理人员。

2. 长期目标和短期目标取舍不当

营销战略通常着眼于企业的长期目标，涉及今后三至五年的经营活动。但具体实施这些战略的营销人员通常是根据他们的短期工作绩效，如销售量、市场占有率或利润率等指标来进行评估和获得奖励。因此，营销管理人员会选择短期行为。所以，公司必须采取适当措施，克服这种长期目标和短期目标之间的矛盾，保证两者之间的协调。

3. 抗拒变革

企业当前的经营活动往往是为了实现既定的战略目标，新的战略目标如果不符合企业的传统和习惯就会遭到抵制。新旧战略的差异越大，实施新战略可能遇到的阻力也就越大。要想实施与旧战略截然不同的新战略，常常需要打破企业传统的组织机构和供销关系。

4. 缺乏具体明确的实施方案

许多企业面临的困境，只是因为缺乏一个能够使企业内部各有关部门协调一致作战的具体实施方案。管理当局应当制定详尽的实施方案，规定和协调各部门的活动，编制详细周密的项目时间表，明确各部门经理应负担的责任。

12.3 市场营销控制

市场营销控制是市场营销管理的重要步骤，在营销计划的实施过程中，常常会出现许多意外情况，所以必须严格控制各项营销活动，以确保企业目标的实现。

12.3.1 市场营销控制的含义与步骤

1. 市场营销控制的含义

市场营销控制是指衡量和评估营销策略与计划的成果以及采取纠正措施以确定营销目标的完成，即市场营销经理经常检查市场营销计划的执行情况，看计划与实绩是否一致，如果不一致或没有完成计划，就要找出原因所在，并采取适当措施和正确行动，以保证市场营销计划的完成。市场营销控制有四种主要类型，即年度计划控制、盈利能力控制、效率控制和战略控制。

2. 市场营销控制的步骤

市场营销控制是营销管理的主要职能之一，是营销管理过程中不可缺少的一个环节，它具有动态性和系统性，包含五个具体步骤。

（1）确定应评价的营销业务范围。企业通常要评价市场营销业务的各个方面，包括人员、计划、职能等，甚至市场营销全部工作的执行效果。在界定的范围内，再根据具体需要有所侧重。

（2）确定衡量标准。评价工作要有一个总的尺度，借以衡量营销目标和计划的实施情况。衡量的标准是企业的主要战略目标以及为此而规定的战术目标，如利润、销售量、市场占有率、顾客满意度等指标。当然，这些指标不是一成不变的，同一企业不同时期的标准可能会不一样，不同的企业有不同的标准。

（3）明确控制方法。基本的检查方法是建立并积累与营销活动相关的原始资料，如各种资料报告、报表和原始账单等，它们能及时、准确、全面、系统地记载并反映企业营销的绩效。另一种方法是直接观察法。选择哪一种方法，应根据实际情况而定。

（4）按标准检查工作进度。对工作完成好的部门要进行总结，在以后的工作中推广；任务完成较差的部门要及时找出问题，下一步再针对问题提出解决方案。

（5）及时纠正偏差并提出改进建议。对工作绩效进行差异分析、对比分析，针对问题提出解决方案，及时纠正任务执行中的偏差。

12.3.2 市场营销控制的内容与方法

市场营销控制主要包括年度计划控制、盈利能力控制、效率控制和战略控制，它们之间的区别见表12－2。

表12－2　营销控制内容

控制类型	主要负责人	控制目的	方法
年度计划控制	高层管理人员 中层管理人员	检查计划目标是否实现	销售分析、市场份额分析、费用与销售分析、财务分析等
盈利能力控制	营销主管人员	检查公司盈亏情况	盈利情况：产品、地区、顾客群、细分市场、销售渠道、订单大小
效率控制	营销主管人员	评价和提高经费开支效率及营销开支效果	效率：销售队伍、广告、促销、分销

续表

控制类型	主要负责人	控制目的	方法
战略控制	高层管理人员 营销审计人员	检查公司是否正在市场、产品和渠道等方面寻找最佳机会	营销效率等级评价，营销审计，营销杰出表现，公司道德与社会责任评价

1. 年度计划控制

年度计划控制指营销人员随时检查营业绩效与年度计划的差异，同时在必要时采取修正行动。年度控制是为了确保计划中所确定的销售、利润和其他目标的实现。年度计划控制的核心是目标管理。

（1）年度计划控制的步骤。①管理者要确定年度计划中的月份目标或季度目标；②管理者要监督营销计划的实施情况；③如果营销计划在实施中有较大的偏差，则要去找出发生的原因；④采取必要的补救或调整措施，以缩小计划与实际之间的差距。若发现问题，则应在计划实施过程中查找原因，并加以纠正。

（2）年度计划控制的内容。

①销售分析。销售分析主要用于衡量和评估所制定的计划销售目标与实际销售之间的关系。对其进行衡量和评估有两种主要方法。

一是销售差异分析。销售差异分析用于衡量各个不同的因素对销售效率的相应作用。例如，假设年度计划要求第一季度销售 4000 件产品，每件 1 元，即销售额 4000 元。在该季度末，只销售了 3000 件，每件 0.80 元，即实际销售额 2400 元。那么，这个销售绩效差异为 1600 元或预期销售额的 40%。问题是，绩效的降低有多少是由于价格下降所造成的？有多少是由于销售数量的下降所造成的？如下计算可回答这一问题：

价格下降所造成的差距 = （1 − 0.80） × 3000 = 600（元）

价格下降所造成的影响 = 600 ÷ 1600 = 37.5%

数量下降所造成的差距 = 1 × （4000 − 3000） = 1000（元）

数量下降所造成的影响 = 1000 ÷ 1600 = 62.5%

可见，没有完成预期的销售数量是造成销售差额的原因。因此，企业应该仔细检查为什么不能达到预期的销售量。

二是地区销售分析。地区销售分析是从产品、销售地区等方面考察未能达到预期销售额的原因。假设企业在三个地区销售，其预期销售额分别为 1500 元、500 元和 2000 元，总额为 4000 元。实际销售额分别是 1400 元、525 元、1075 元。与预期销售额相比，三个地区分别有 −6.67%、5% 和 −46.25% 的差距。主要问题显然在第三个地区，该地区的销售量大幅度减少，应进一步调查减少的原因。

②市场份额分析。企业的销售绩效并未反映出相对于其竞争者，企业的经营状况如何。如果企业销售额增加了，可能是由于企业所处的整个经济环境的发展，或可能是因为其市场营销工作较其竞争者有相对改善。市场份额分析正是剔除了一般的环境影响来考察企业本身的经营工作状况。如果企业的市场份额增加了，表明它较其竞争者发展得更好；如果下降，则说明相对于竞争者其绩效较差。衡量市场份额的第一个步骤是清楚地定义使用何种度量方法。一般来说，有四种不同的度量方法。

一是全部市场份额，它以企业的销售额占全行业销售额的百分比来表示。使用这种测量方法必须作两项决策：第一，要以单位销售量或销售额来表示市场份额；第二，正确认定行业范围，即明确本行业所应包括的产品、市场等。

二是服务市场份额，它以其销售额占企业所服务市场的百分比来表示。所谓服务市场是指企业产品较适合的市场或企业市场营销努力所及的市场。一个公司的服务市场份额总是大于公司总体市场份额，企业可能有近100%的服务市场份额，却只有相对较小百分比的全部市场份额。

三是相对市场份额（相对于三个最大竞争者），是以企业销售额对最大的三个竞争者的销售额总和的百分比来表示。如某企业有30%的市场份额，而最大的三个竞争者的市场份额分别为20%、10%、10%，则该企业的相对市场份额是75%（30÷40）。一般情况下，相对市场份额高于33%即被认为是实力较强的公司。

四是相对市场份额（相对于最大竞争者），是把企业销售额与市场最大竞争者的销售额相比。相对市场份额超过100%，表明该企业是市场领先者；相对市场份额等于100%，表明企业与市场最大竞争者同为市场领先者；相对市场份额的增加表明企业正接近市场最大竞争者。

③市场营销费用率分析。年度计划控制还要检查与销售有关的市场营销费用，以确定企业在达到销售目标时的费用支出。市场营销费用对销售额之比是一个主要的检查比率，其中包括：销售队伍对销售额之比；广告对销售额之比；促销销售额之比；营销调研销售额之比；销售管理销售额之比。营销管理人员的工作，就是密切注意这些比率，以发现是否有任何比率失去控制。当一项费用对销售额比率失去控制时，必须认真查找问题的原因。

2. 盈利能力控制

除了年度计划控制之外，企业还需要进行利润控制。通过盈利能力控制所获取的信息，有助于管理人员决定各种产品或市场营销活动是扩展、减少还是取消。进行获利能力分析的步骤如下：

（1）损益表中的有关营销费用转化为各营销职能费用，如广告、市场调研、包装、运输、仓储等。

（2）将已划分的各营销职能费用按分析目标，如产品、地区、客户、销售人员等分别计算。

（3）拟订各分析目标的损益表。

盈利能力分析的目的是为了找出影响获利的原因，以便采取相应措施，排除或削弱不利因素。

3. 效率控制

如果盈利能力分析显示出企业某一产品或地区所得的利润很差，那么企业就应该考虑该产品或地区在销售人员、广告、分销等环节的管理效率问题。

（1）销售人员效率。企业的各地区的销售经理要记录本地区内销售人员效率的几项主要指标，这些指标包括：①每个销售人员每天平均的销售访问次数；②每次会晤的平均访问时间；③每次销售访问的平均收益；④每次销售访问的平均成本；⑤每次访问的招待成本；⑥每百次销售访问而订购的百分比；⑦每期间的新顾客数；⑧每期间丧失的顾客数；⑨销售成本对总销售额的百分比。

（2）广告效率。企业应该做好如下统计：①每一媒体类型、每一媒体工具接触每千名购买者所花费的广告成本；②顾客对每一媒体工具注意、联想和阅读的百分比；③顾客对广告内容和效果的意见；④广告前后对产品态度的衡量；⑤受广告刺激而引起的询问次数。

企业高层管理者可以采取若干步骤来改进广告效率，包括：进行更加有效的产品定位；确定广告目标；利用电脑来指导广告媒体的选择；寻找较佳的媒体；进行广告后效果的测定。

（3）促销效率。为了改善销售促进的效率，企业管理者应该对每一次促销的成本和销售影响作记录，做好如下统计：①由于优惠而销售的百分比；②每一次销售额的陈列成本；③赠券收回的百分比；④因示范而引起询问的次数。同时，企业应观察不同促销手段的效果，并使用最有效果的促销手段。

（4）分销效率。分销效率主要是对企业的存货水平、仓库位置及运输方式进行分析和改进，以达到最佳配置并寻找最佳运输方式和途径。

效率控制的目的在于提高人员推销、广告、促销和分销等市场营销活动的效率，市场营销经理必须关注若干关键比率，这些比率表明上述市场营销职能执行的有效性，显示出应该如何采取措施以改进执行情况。

4. 战略控制

市场营销环境变化很快，往往会使企业制定的目标、策略、方案失去作用。因此，在企业市场营销战略实施过程中必然会出现战略控制问题。战略控制是指市场营销经理采取一系列行动，使实际市场营销工作与原规划尽可能一致，在控制中通过不断评审和信息反馈，对战略进行不断修正。市场营销战略的控制既重要又难以准确，因为企业战略的成功是总体的和全局性的，战略控制注意的是控制未来，是还没有发生的事件。战略控制必须根据最新的情况重新估价计划和进展，因而难度也就比较大。企业在进行战略控制时，可以运用市场营销审计这一重要工具。各个企业都有财务会计审核，在一定期间客观地对审核的财务资料或事项进行考察、询问、检查、分析，最后根据所获得的数据按照专业标准进行判断，得出结论并提出报告。这种财务会计的控制制度有一套标准的理论、做法。但是市场营销审计尚未建立一套规范的控制系统，有些企业往往只是在遇到危急情况时才进行，其目的是为了解决一些临时性的问题。目前，在国外越来越多的企业运用市场营销审计进行战略控制。

12.3.3　营销审计

所谓市场营销审计，是对一个企业市场营销环境、目标、战略、组织、方法、程序和业务等做综合的、系统的、独立的和定期性的核查，以便确定问题的范围和各项机会，提出行动计划，提高公司营销业绩。

1. 营销审计的特点

（1）全面性。市场营销审计实际上是在一定时期内对企业全部市场营销业务进行总的效果评价，其主要特点是不限于评价某一些问题，而是对全部活动进行评价。如果它仅仅涉及销售队伍，或者定价，或其他营销活动，那么它便是一种功能性的审计。功能性的审计虽然有用，但它会使管理者迷失方向，以致看不到问题的真实原因。

（2）系统性。市场营销审计包括一系列有秩序的步骤，如营销环境审计、营销战略审计、营销组织审计和其他具体营销活动审计。在审计结果的基础上制定调整行动计划，包括长期和短期计划，以提高组织的整体营销效益。

（3）独立性。营销审计可以通过以下六种途径：自我审计、交叉审计、上级审计、公司审计处审计、公司任务小组审计和局外人审计。一般而言，最好的审计来自外界经验丰富的顾问，这些人通常具有必要的客观性和独立性，又有丰富的经验，对本行业颇为熟悉。

（4）定期性。典型的营销审计都是在公司销售量下降或其他问题发生之后，才开始进行。然而，公司之所以陷入困境，正是因为没有在顺利时检查营销活动。所以，营销审计应定期进行，它既有利于业务发展正常的公司，也有利于那些处境不佳的公司。

2. 营销审计的基本步骤和主要内容

（1）营销审计的基本步骤。①营销审计的第一步是由公司高级管理人员和营销审计人员共同拟定有关审计的协议，其中包括审计目标、范围、资料来源、报告形式以及时间安排等内容；②审计人员根据协议内容，精心准备一份详细的计划，内容涉及要会见哪些人、询问什么问题、接洽的时间和地点，目的在于使审计所花时间和成本最小化；③审计计划通过后，严格按计划开始调查和收集各种资料；④根据调查结果拟订审计总结，对企业存在的问题提出合理建议。

（2）营销审计的主要内容。

①营销环境审计。市场营销必须审时度势，必须对市场营销环境进行分析，并在分析人口、经济、生态、技术、政治、文化等环境因素的基础上，制定企业的市场营销战略。这种分析是否正确，需要经过市场营销审计的检验。由于市场营销环境的不断变化，原来制定的市场营销战略必须相应地改变，也需要通过市场营销审计来进行修订。目前，我国许多企业重复投资、重复建设、盲目上马，不能适应市场需要，不利于形成适度的市场规模，因而难以取得理想的经济效益，原因就在于缺乏充分的市场营销环境的调查与分析。即使有些企业在这方面做了一些工作，但是绝大多数企业还没有进行市场营销环境审计。审计内容包括市场规模，市场增长率，顾客与潜在顾客对企业的评价，竞争者的目标、战略、优势、劣势、规模、市场占有率，供应商的推销方式，经销商的贸易渠道等。

②营销战略审计。企业是否能按照市场导向确定自己的任务、目标并设计企业形象，是否能选择与企业任务、目标相一致的竞争地位，是否能制定与产品生命周期、竞争者战略相适应的市场营销战略，是否能进行科学的市场细分并选择最佳的目标市场，是否能合理地配置市场营销资源并确定合适的市场营销组合，企业在市场定位、企业形象、公共关系等方面的战略是否卓有成效，所有这些都需要经过市场营销战略审计的检验。

③营销组织审计。市场营销组织审计，主要是评价企业的市场营销组织在执行市场营销战略方面的组织保证程度和对市场营销环境的应变能力，包括企业是否有坚强有力的市场营销主管人员及其明确的职责与权利，是否能按产品、用户、地区等有效地组织各项市场营销活动，是否有一支训练有素的销售队伍，对销售人员是否有健全的激励、监督机制和评价体系，市场营销部门与采购部门、生产部门、研究开发部门、财务部门以及其他部门的沟通情况以及是否有密切的合作关系等。

④营销系统审计。企业市场营销系统包括市场营销信息系统、市场营销计划系统、市场营销控制系统和新产品开发系统。对市场营销信息系统的审计，主要是审计企业是否有足够的有关市场发展变化的信息来源，是否有畅通的信息渠道，是否进行了充分的市场营销研究，是否恰当地运用市场营销信息进行科学的市场预测等。对市场营销计划系统的审计，主要是审计企业是否有周密的市场营销计划，计划的可行性、有效性以及执行情况如何，是否进行了销售潜量和市场潜量的科学预测，是否有长期的市场占有率增长计划，是否有适当的销售定额及其完成情况如何等。对市场营销控制系统的审计，主要是审计企业对年度计划目标、盈利能力、市场营销成本等是否有准确的考核和有效的控制。对新产品开发系统的审计，主要是审计企业开发新产品的系统是否健全，是否组织了新产品创意的收集与筛选，新产品开发的成功率如何，新产品开发的程序是否健全，包括开发前的充分的调查研究、开发过程中的测试以及投放市场的准备及效果等。

⑤营销职能审计。市场营销职能审计，是对企业的市场营销组合因素即产品、价格、地点、促销效率的审计。主要是审计企业的产品质量、特色、式样、品牌的顾客欢迎程度，企业定价目标和战略的有效性，市场覆盖率，企业分销商、经销商、代理商、供应商等渠道成员的效率，广告预算、媒体选择及广告效果，销售队伍的规模、素质以及能动性等。

本章小结

一个组织的结构影响着企业适应环境变化的能力，组织设置影响着企业的运作成本，也决定了企业中个人之间是怎样关联的。市场营销组织结构的演变经历了六个阶段：简单的销售部门、兼具营销职能的销售部门、独立的营销部门、现代营销部门、现代市场营销公司和以过程和结果为基础的公司。

市场营销组织的形式有五种：职能型、地区型、产品/品牌型、顾客型和矩阵式。企业无论采取哪一种形式，营销部门与其他职能部门之间都会因工作产生分歧，而企业总体目标的实现，有赖于企业内部各部门之间的密切配合，在营销实施中，部门之间的有效沟通和协调尤为重要，所以现代营销组织强调合作和以顾客为中心。

市场营销控制是指衡量和评估营销策略与计划的成果以及采取纠正措施以确定营销目标的完成。市场营销控制有四种主要类型，即年度计划控制、盈利能力控制、效率控制和战略控制。

思考与练习

1. 理论题

（1）单选题

①市场营销管理必须依托于一定的（　　）进行。

A. 财务部门　　B. 人事部门　　C. 主管部门　　D. 营销组织

②制定实施市场营销计划，评估和控制市场营销活动，是（　　）的重要任务。

A. 市场主管部门　　　　　　　　B. 市场营销组织
C. 广告部门　　　　　　　　　　D. 销售部门

③（　　）是最常见的市场营销组织形式。

A. 职能型组织　B. 产品型组织　C. 地区型组织　D. 管理型组织

④满足市场的需要，创造满意的顾客，是企业最为基本的（　　）。

A. 组织形式　B. 宗旨和责任　C. 主要职能　D. 营销观念

⑤设置（　　），能够对企业与外部环境，尤其是与市场、顾客之间关系的协调，发挥积极作用。

A. 市场营销机构　B. 市场营销职能　C. 市场营销企业　D. 市场营销控制

(2) 多选题

①推销和市场营销两个职能及其机构之间，需要（　　）。

A. 互相协调　　　　　　　　B. 默契配合
C. 互不干涉　　　　　　　　D. 各自为战
E. 前者在后者的指导下行动

②市场营销战略主要由（　　）组成。

A. 目标市场战略　　　　　　B. 市场营销组合战略
C. 市场营销控制　　　　　　D. 市场营销行为
E. 市场营销预算

③要发挥市场营销机构自身的整体效应，必须做到（　　）的协调一致。

A. 机构内部　B. 企业内部　C. 企业外部　D. 营销机构
E. 企业目标

④市场营销部门的组织形式为（　　）。

A. 职能型组织　　　　　　　B. 产品（品牌）管理型组织
C. 产品/市场管理型组织　　　D. 地区型组织
E. 市场管理型组织

⑤市场营销控制包括（　　）。

A. 年度计划控制　B. 盈利控制　C. 质量控制　D. 效率控制
E. 战略控制

(3) 判断题

①市场营销组织设置不应该都按一种模式设置市场营销机构。（　　）

②生产多种产品或拥有多个品牌的企业，通常设置市场管理型组织。（　　）

③设置的市场营销机构，要能够与企业内部的其他机构相互协调。（　　）

④通常情况下如果管理层次过少，容易造成信息失真与传递速度过慢。（　　）

⑤通常情况下管理跨度过大，超出领导者能够管辖的限度，又会造成整个机构内部的不协调、不平衡。（　　）

(4) 简答题

①企业内部营销组织结构及特征是什么？

②营销控制的基本方法是什么？

2. 实务训练题

“第一团队”的营销管理创新

中国人寿保险公司江苏省常熟支公司营销区部自 2015 年 2 月晨光一部创建以来，由最初 20 多人的小团队发展到 550 人，下设 3 个部，2017 年新单保费 2200 万元，2018 年新单保费 3000 万元。一支 550 人的营销队伍，为何能在业务总量上成为全国第三、江苏第一的团队呢？他们在经历无数光辉荣耀、艰难辛酸的日日夜夜之后，又将以什么样的姿态追求梦想？

（一）分享连通心灵

在营销一区部，大家有一个共同的感觉，职场就是自己的家，每个人都是家的一份子。你的欢乐就是我的欢乐，你的苦楚就是我的苦楚，大家荣辱与共，目标一致，心脉相连，相互勉励。当有人签下一份保单，伙伴们都向他恭贺，表示支持。有一个业务员曾说：“当我站到台上，与大家分享我的辛酸苦辣时，我有一种莫名的感动，外面的拒绝、不解和误会都烟消云散了，我自信我能成功。”在营销一区部，经理、主管、组训、业务员之间的沟通渠道是便捷而畅通的。一次早会，不仅了解伙伴的业绩和各团队发展状况，也可学到资深伙伴的心得、经验和先进的知识；两次晨会是主管、组训和业务员进步沟通与交流的会议，通过面对面的交流可了解把握业务员的展业状况、活动状况和思想状态，沟通的过程就是增进感情、加深了解的过程。

（二）竞争合作壮大团队

中国人寿常熟支公司营销一区部面对外部压力提出要建立自身的“竞争”与“合作”体系，孕育发展潜质，增强发展后劲，壮大团队实力，做大、做强、做高。他们引入良性的竞争机制和合理的激励机制，为业务伙伴提供施展才华和抱负、实现自身价值的舞台。为能把竞争与合作观念深入人心，并形成种制度，在营销一区部，他们精心设计了各式各类的竞争舞台，每日、每周、每月、每季、每年通过一系列评核产生相应的明星；他们借助“百舸争流”流动业务竞争方案，在各团队、职场进行评比，较好地建立起职场、团队之间的竞争与合作的机制；同时利用持续不断的业务劳动竞赛，加大了竞争的力度，竞争观念深入人心；此外，名人俱乐部、区部明星评比和先进事迹的上报、在媒体公开发表以示表彰与激励。在营销一区部，大家的竞争意识、团队意识和荣誉感强烈，他们会为了集体荣誉、团队荣誉全力以赴，披星戴月，走家串户，不计得失。

（三）用心良苦增对人

增员是营销单位永恒的话题，在增员问题上，中国人寿常熟营销一区部比较慎重。在增员大会上，区部与在职业务员、主管签订增员责任状，明确增员的数量、保证增员的质量和新人留存率。在增员活动中，以公司新的基本法为依托，责任到人，任务到人，业绩到人，层层有任务，人人有担子。在增员初期，他们十分强调打破以往的增员“瓶颈”，宣导业务人员树起“增对人、增好人”的增员观念，本着对被增人员、自己团队和公司负责的态度，要求各级主管主抓增员工作。在具体增员操作时，不再是以往的“1 + 1”模式，而是“1 + 多”形式，鼓励更多的人走组织发展道路；在增员活动中，通过新闻媒体、网络、人才市场等场所，挖掘人才，招聘年轻优秀的人才加盟到人寿保险队伍中来，效果明显。营销一区部五月份增员累计600人，从目前来看，留存率比预想的要好。

（四）诚信和持续学习

营销一区部的伙伴们在展业过程中，遵纪守法，诚实信用，把客户的要求列为自己工作的标准，确保诚信原则落实到行动中，融化在血液里。在具体展业过程中，不与同业公司比较，不比较产品，反对诋毁同业，制止恶性竞争，反对无序市场行为，全面配合中国人寿江苏省公司、苏州分公司“建立保险信用安全体系”的行动计划；不断学习吸取兄弟公司的管理经验、经营观念、教育模式和培训形式，加强对外交流的机会。培训和提高各级主管是营销一区部的重点工作，主管们管理与学习紧跟不放松，在不断的学习探索中努力打造千人大团队，培训百名主管是他们今后几年内的发展思路。有始有终地坚持分享、沟通的职场文化建设，大力倡导竞争和合作两大主题并举，富有人性化的管理和激励模式，把诚信和持续学习作为团队永续经营的根基，这是中国人寿常熟支公司营销一区部的基本做法，也是被实践证明了的成功的做法。

（资料来源：https：//www.233.com/bx/yingxiao/20060711/140900128.html。）

思考题：

（1）中国人寿保险公司江苏省常熟支公司营销一区部为什么能够成为“第一团队”？

（2）中国人寿保险公司江苏省常熟支公司营销一区部营销管理的创新在哪些地方？